国家高技术研究发展计划项目（项目编号：2006AA01Z139）
国家自然科学基金项目（批准号：61673322、60373080）
福建省科技重点项目（项目编号：2006H0038）

中国书籍学术之光文库

意义的转绎
——汉语隐喻的计算释义

周昌乐 | 著

中国书籍出版社
China Book Press

图书在版编目（CIP）数据

意义的转绎：汉语隐喻的计算释义/周昌乐著.—北京：中国书籍出版社，2021.1
ISBN 978-7-5068-8166-1

Ⅰ.①意… Ⅱ.①周… Ⅲ.①汉语—隐喻—计算语言学—研究 Ⅳ.①H15②H087

中国版本图书馆CIP数据核字（2020）第242235号

意义的转绎：汉语隐喻的计算释义

周昌乐 著

责任编辑	李　新
责任印制	孙马飞　马　芝
封面设计	中联华文
出版发行	中国书籍出版社
地　　址	北京市丰台区三路居路97号（邮编：100073）
电　　话	（010）52257143（总编室）　（010）52257140（发行部）
电子邮箱	eo@chinabp.com.cn
经　　销	全国新华书店
印　　刷	三河市华东印刷有限公司
开　　本	710毫米×1000毫米　1/16
字　　数	229千字
印　　张	15.5
版　　次	2021年1月第1版　2021年1月第1次印刷
书　　号	ISBN 978-7-5068-8166-1
定　　价	95.00元

版权所有　翻印必究

题　记

《易》之有象,以尽其意;《诗》之有比,以达其情。文之作也,可无喻乎?

[宋]陈骙①

---

① [宋]陈骙,《文则注译》,书目文献出版社,1998,第40页。

修订本序

《意义的转绎》第一版于2009年正式出版,巧合的是,第二年,我就有机会到美国访学。于是,带了刚出版的新书,我去了美国加利福尼亚大学伯克利分校,拜访了著名语言学家、隐喻认知学派创始人乔治·莱考夫(George Lakoff)教授,并赠送了这部新著。莱考夫看到这部新著,询问了主要内容,非常高兴,希望隐喻认知与计算研究能够在中国学术界广泛开展起来。

没有想到,转眼间已经过去了十个年头了。更令人出乎意料的是,这么多年过去了,国内有关汉语隐喻机器理解依然是一个冷门的研究领域,研究工作也没有实质性的进步。特别是,我发现当初书中所撰写的内容,即使从当今学术视角来看,居然依然非常新颖。有鉴于此,我决定对其加以修订再版,以期能够为推动汉语隐喻计算研究事业再尽一点儿微薄之力。

应该说,计算语言学是我最早进入的研究领域。这部学术著作也是我唯一一部有关计算语言学方面的学术专著,所以特别珍爱。此次修订,除了对第一版中的文字表述和错误做了处理外,主要增加了隐喻理解统计匹配方法全新的内容,即修订版中增加了第四章"统计匹配"。我希望这样能够全面覆盖隐喻理解的主要计算方法,更加全面地反映我们在汉语隐喻计算方面的研究成就。

我之所以开展计算语言学研究工作,主要是源自我的博士生导师马希文先生。马希文先生20世纪80年代初师从美国人工智能之父麦卡锡先生学习,回国后成为我国人工智能先驱、计算语言学开创者之一,也是认知逻辑引入中国的第一人。而我的这部专著核心内容跟人工智能、计算语言学和认知逻辑都有着密切的关联。所以此书的内容，最能代表师学渊源，以平生所学告慰恩师马希文先生栽培之情。巧合的是，第一版"后记"的撰写日，以及此篇"修订本序"的撰写日，均为恩师的诞辰纪念日。或许，此即所谓天意！

孔子在川上曰："逝者如斯夫，不舍昼夜。"趁着还有精力，只争朝夕，将我一生比较重要的研究工作做一番系统的整理，也是我退休之后的心愿之一。至于自己著述中的学术得失，自有后人评说。

周昌乐

2020年5月23日写于新西兰

目 录
CONTENTS

第一章 引 论 ··· 1
 第一节 言为心声的意义理论 ······················ 2
 第二节 隐喻是心智核心问题 ······················ 12
 第三节 隐喻机制的计算研究 ······················ 18

第二章 认知机制 ····································· 22
 第一节 作为认知手段的隐喻 ······················ 22
 第二节 隐喻意义的发生机制 ······················ 30
 第三节 隐喻理解的过程描述 ······················ 39

第三章 分类识别 ····································· 49
 第一节 汉语隐喻的分类研究 ······················ 49
 第二节 面向理解的分类体系 ······················ 58
 第三节 汉语隐喻的识别方法 ······················ 75

第四章 统计匹配 ····································· 86
 第一节 隐喻统计释义策略 ························ 87
 第二节 语境驱动计算模型 ························ 94
 第三节 集成分类匹配算法 ························ 101

第五章　逻辑推演 · · · · · · 113
  第一节　汉语隐喻逻辑表征 · · · · · · 114
  第二节　认知相似逻辑系统 · · · · · · 121
  第三节　隐喻认知理解逻辑 · · · · · · 129

第六章　过程释义 · · · · · · 138
  第一节　隐喻字面意义表示 · · · · · · 138
  第二节　隐喻意义获取方法 · · · · · · 145
  第三节　汉语隐喻理解系统 · · · · · · 162

第七章　综合理解 · · · · · · 170
  第一节　本体论隐喻知识描述 · · · · · · 170
  第二节　相似点动态获取方法 · · · · · · 180
  第三节　理想型计算理解系统 · · · · · · 195

第八章　结　语 · · · · · · 202
  第一节　隐喻思维的复杂性 · · · · · · 202
  第二节　计算所面临的困境 · · · · · · 210
  第三节　若干开放性的问题 · · · · · · 216

参考文献 · · · · · · 224
后　记 · · · · · · 235

第一章

引 论

> 语言本身通过从一种意义向另一种意义的过渡展现了它(诗歌)所欢迎世界本身的某种隐喻性。
>
> [美]惠尔赖特①

意大利著名人文学者埃科在《符号学与语言哲学》中论及隐喻时指出:"所有比喻中'最光辉、因为最光辉也是最必然和最常见的'隐喻可向百科全书的任何词目挑战。首先,从一开始,它就是哲学、语言学、美学和心理学的反思对象;没有一位从事不同人文科学著述的学者,没有就此题目写过一点儿东西(而更多的人谈论它是在探求它的科学和方法)。"②据不完全统计,单单西方国家,关于隐喻的书目有约三千种之多。如果加上中国诸子百家有关比兴或譬喻方面的论述,那么可以这么说,东西方几乎所有具备深刻洞见的思想家,都涉足过隐喻问题的研究。但尽管如此,隐喻依然是一个没有解决的难问题。

面对如此困难的隐喻问题,在认知科学、语言逻辑、人工智能、计算技术等学科高度成熟的当代,我们又能够对隐喻的研究给出什么新的洞见呢?或者说,我们立足于当代新的知识与方法,对于揭示隐喻机制的研究又能够做出什么新贡献呢?为此,让我们还是先从最基本的意义理论说起,首先给出我们看待语言表达意义的总体认识。

---

① 引自[法]P. 利科,《活的隐喻》,上海译文出版社,2004,第345页。
② [意]U. 埃科,《符号学与语言哲学》,百花文艺出版社,2006,第169页。

第一节 言为心声的意义理论

一般而言,意义理论属于语言哲学的范畴,主要关心的是语言是如何表达意义的这个中心问题。利科给出的界定是:"语言学研究具体的语言,而语言哲学则研究语言运用的方式。它特别关心对于语言运用十分重要的语义关系(指称、意义、真理等)的性质问题。它甚至从更基本的立场关心一个表达系统怎样能获得意义值,或者,语义关系如何可能的问题。"[①]着重说明的正是意义理论所关注的核心问题。因此,"意义理论的任务就是说明语言是如何发挥作用的,也即是,一般地说明一个语句在有熟悉它所属语言的听者在场的情况下被说出——这种陈说(utterance)即使就最简单的情形而言也称得上是我们所作出的最为复杂的事情——会引起什么样的效果"[②]。

西方的意义理论主要探索真概念的意义,因此非常注重一些基本范畴的界定,并且常常是围绕着界定的基本概念来建立不同的意义理论。其中涉及的主要范畴包括:(1)意思(Sense):指一个语词在与语言词汇中其他语词所构成的系列关系中所占的位置;(2)概念(Concept):是客观事物或现象在头脑中的反映;(3)意义(Meaning):是指"语言"与"客观世界"之间的联系;(4)指称(Reference):是指"词"和它们所代表的"客观事物和现象"之间的关系,这是一种表现在上下文,即具体的语境中的关系;(5)外延意义(Denotative Meaning):只对客观世界的事物或现象进行抽象概括;(6)内涵意义(Connotation Meaning):附加在概念意义上的意义。

比如英美逻辑实证主义学派在构建意义理论中就特别强调这些范畴的界定,并从本体论角度,或者说是从形而上学角度来看待意义,主要探索语言的理性意义。因此往往涉及三个方面的研究,也即:(1)基本指派函数;(2)复合

---

① [法]P. 利科,《哲学主要趋向》,商务印书馆,1988,第48页。
② [英]M. 达米特,《形而上学的逻辑基础》,中国人民大学出版社,2006,第20页。

规则;(3)有效性定义。所建立的各种意义理论也常划分为两类:指称(外延)理论,意义(内涵)理论。

指称理论强调沟通语词与事物之间的联系。早期的弗雷格、罗素的传统指称理论,以及后来的普特南等人的历史因果指称理论等都是典型的代表。塔斯基的模型论意义理论,主要论述外延意义,而由维特根斯坦提出设想,经卡尔纳普、卡普兰、克里普克到蒙塔古所建立的理论,则主要论述内涵语义。在这些理论中,内涵与外延的区分和联系一直是问题讨论的重心。克里普克的意义理论则通过可能世界语义学很好地解决了外延与内涵的关系。这种思想,到了蒙塔古语法中得到了更为有效的体现。"蒙塔古的语用学运用了类似的想法去解释其意义依赖于环境的语言表达。……,这样,有关情态语境、命题态度、指示词等等的研究都表示现代(句法的以及语义的)逻辑方法的应用逐步扩大到天然语言的领域中去了。"①

当然,在西方的意义理论流派中,不只是逻辑实证主义的天下。如果更全面地考察有关意义问题的研究,即使排除了欧陆现象学、存在主义、结构主义、阐释学和解构主义等具有广义上的意义理论思想,就现代英美哲学家有关研究意义理论的取向,也可以分为如下三类:

(1)卡尔纳普、艾耶尔、刘易斯、享普尔、塞拉斯、奎因等,他们均认为意义与证明和推论有关。

(2)莫里斯、斯蒂文森、格雷斯、卡茨,他们认为意义问题与词语表达传达的思想观念有关。

(3)维特根斯坦、奥斯汀、塞尔、戴维森、罗蒂等,他们认为意义与言语表达所执行的言语行为有关。

综观西方的有关意义理论研究成果,主要指英美分析学派,尽管取得了丰富的成果,但所建立的意义理论普遍只注重字面意义的逻辑表征方面的研究,而忽视言下之意、言外之意的隐喻、暗示,甚至那些不可言说的方面。尽管他们精细地从语形、语义和语用三个层面上去考察语言,但考察的内容只有能指

---

① [法]P. 利科,《哲学主要趋向》,商务印书馆,1988,第48页。

和所指两个层面,而所指又片面强调指称(外延的和内涵的)问题。

正如我国学者金元浦先生指出的那样:"英美分析学派的理想是要不断地巩固、加强、提高、扩大语言的逻辑功能,因为他们所要求的是概念的确定性、表达的明晰性、意义的可证实性。而当代欧陆人文学派则是要竭力淡化、弱化以至拆除消解语言的逻辑功能,因此,他们所诉诸的乃是语词的多义性,表达的象征与隐喻,意义的可增生性。总之,他们要做的就是:把语词从逻辑定义的规定性中解放出来,把语句从逻辑句法的束缚中解放出来。海德格尔对此说得最为明白:'形而上学很早就以西方的逻辑和语法形式霸占了对语言的解释。我们只是在今日才开始觉察到在这一过程中被遮蔽的东西。把语言从语法中解放出来,使之进入一个更原始的本质构架,这是思和诗的事。'"①

实际上,这里面的关键问题,就是意义不仅仅是理性意义,而且更重要的是感情的、态度的等意义。此时,如果一味像逻辑实证学派那样回避"心中的观念"的话②,那么要建立一种切实可行的意义理论是不可能的。就这一点而言,中国古代看待意义的有关观点,就更有可取之处。

同西方的意义理论一样,中国古代关于语言与意义的关系问题,首先体现在名实关系之上。比如公孙龙子的名学理论中就强调了"物""名""指"三者的联系,认为名之外延为物,名之内涵为指。③ 这与弗雷格的指称说相一致,而又较之能所(名实)简单的二分法更进一步,可见公孙龙子学说之深入和精细。至于荀子的:"名无固宜,约之以命,约定俗成谓之宜,异于约则谓之不宜,名无固实,约之以命实,约定俗成谓之实名。"④先于索绪尔两千多年就明确提出了符号能指与所指关系的任意性。需要指出的是,有关名实关系问题,在中国古

---

① 金元浦,《文学解释学》,东北师范大学出版社,1997,第 6 – 7 页。
② 美国分析哲学家蒯因在《从逻辑的观点看》一书中就多次强调:"不过人们似乎可以颇为有理地把意义解释为心中的观念,假定我们又能够弄清楚'心中的观念'这个观念的意义的话。"及"在现代语言学家中间已经取得了相当一致的意见,认为关于观念即关于语言形式的心理对应物的这个观念,对于语言学来说,是没有丝毫价值的"。分别参见[美]威拉德·蒯因,《从逻辑的观点看》,上海译文出版社,1987,第 9 页及第 44 页。
③ [春秋]公孙龙,《公孙龙子》,上海古籍出版社,1990,第 157 页。
④ [清]王先谦,《荀子集解》,中华书局,1988,第 420 页。

代的名家学派有着更为丰富的论述,这里不做展开。值得强调的是,在后来的意义理论发展中,中国古代思想家并没有局限于简单的名实关系,而是上升到了言意关系的讨论中,强调语言与义理的关系问题。

比如早在战国时代的庄子就指出:"语之所贵者意也,意有所随。意之所随者,不可以言传也,而世因贵言传书。"①突出强调意义是语言的中心问题。就这一点而言,宋代的苏轼讲得最为通俗明白:"儋州虽数百家之聚,州人之所须,取之市而足,然不可徒得也。必有一物以摄之,然后为己用。所谓一物者,钱是也。作文亦然。天下之事,散在经子史之中,不可徒使。必有一物以摄之,然后为己用。所谓一物者,意是也。不得钱不可以取物,不得意不可以明事,此作文之要也。"②正因为这样,早在吕不韦那里就得出这样的结论:"言者以喻意也。言意相离,凶也。"③

从春秋到魏晋,有关言意关系有三种观点:(1)言不尽意论;(2)得意忘言论;(3)言尽意论。前两种观点主要见于《周易·系辞》和《庄子·天道/秋水/外物》以及王弼的《老子指略》《周易略例》等中;后一种观点则见于欧阳建的《言尽意论》(《全晋文》卷一百九十),大抵意思是言意一体,尽言即尽意,没有分别。

不管是哪种观点,在中国哲学思想的发展中,强调心在言意关系中的关键作用则是一致的。比如《鬼谷子·捭阖》的:"口者,心之门户也;心者,神之主也。志意、喜欲、思虑、智谋,皆由门户出入。故关之捭阖,制之以出入。"④到西汉扬雄:"言不能达其心,书不能达其言,难矣哉!……言,心声也;书,心画也。"⑤已经初步提出了"言为心声"的口号(从汉字的构造上看,"意"就是"心"上之"音"的意思)。在此基础上,随着时代发展,这种"言为心声"的观点,在王阳明的心学体系中阐述得更加透彻。王阳明指出:"身之主宰便是心。

---

① [战国]庄周,《庄子集解》,中华书局,1981,第448页。
② [清]何文焕,《历代诗话》,中华书局,1981,第509页。
③ [战国]吕不韦,《吕氏春秋》,上海古籍出版社,1989,第157页。
④ [晋]陶弘景注,《鬼谷子》,上海古籍出版社,1990,第4页。
⑤ 汪荣宝,《法言义疏》,中华书局,1987,第159-160页。

心之所发便是意。意之本体便是知。意之所在便是物。如意在于事亲,即事亲便是一物。意在于事君,即事君便是一物。意在于仁民爱物,即仁民爱物便是一物。意在于视听言动,即视听言动便是一物。所以某说无心外之理,无心外之物。"①"人者天地万物之心也,心者天地万物之主也。心即天,言心则天地万物皆举之矣。"以及"心外无物,心外无言,心外无理,心外无义"②。

因为言意中有了"心",因此就不仅能够解决语言中的理性意义问题,同样也可以解决语言中的情感意义问题,就这一点而言,中国古代的意义理论较之西方现代的意义理论,更为全面。五代的徐铉在《肖庶子诗序》指出:"人之所以灵者,情也、情之所以通者,言也。其或情之深,思之远,郁积乎中,不可以言尽者,则发为诗。"③西汉的扬雄,甚至认为情在意义的表达中起到关键作用:"文者所以接物也,情,系于中而欲发于外者也。"④也就是可以说,诗人把情感发展为形象,又把形象发展为字句,情思支配语言。

因此,语言意义的研究,当围绕着"心"为核心展开,才是正确的出发点,"心"不但是意义表达的动力,也是意义理解的中枢。那么语言的意义又是如何通过心灵来表述与理解的呢?在《周易·系辞上》中有:"子曰:书不尽言,言不尽意。然则圣人之意,其不可见乎?子曰:圣人立象以尽意,设卦以尽情伪,系辞焉以尽其言,变而通之以尽利,鼓之舞之以尽神。"⑤王弼在《周易略例》中展开解释道:"夫象者,出意者也;言者,明象者也。尽意莫若象,尽象莫若言。言生于象,故可寻言以观象;象生于意,故可寻象以观意。意以象尽,象以言著。故言者所以明象,得象而忘言;象者所以存意,得意而忘象。……是故存言者非得象者也,存象者非得意者也。象生于意而存象焉,则所存者乃非其象也;言生于象而存言焉,则所存者乃非其言也。然则忘象者乃得意者也,忘言者乃得象者也。得意在忘象,得象在忘言。"⑥也就是说,意义是通过"象"的机

---

① [明]王守仁,《阳明传习录》,上海古籍出版社,2000,第172页。
② [明]王守仁,《王阳明全集》,红旗出版社,1982,第457页、第396页。
③ 胡经之,《中国美学史资料选编》,中华书局,1988,第19页。
④ 刘文典,《淮南鸿烈》,中华书局,1989,第329页。
⑤ [宋]朱熹,《周易本义》,上海古籍出版社,1987,第63页。
⑥ 转引自蔡仲德,《中国音乐美学史》,人民音乐出版社,1995,第455页。

制来达成的,这其中便是离不开"意"从"象"出这种"心象"的隐喻认知转绎机制。其实,语言要通情达理,依靠的确实就是隐喻认知机制。如果一定要分而论之,那么语言的修辞力量是通情、是情感力量;而语言的逻辑力量是达理,是理智力量。两者相辅相成的叠加,便只有依靠隐喻不可了,这种机制甚至可以化解悖论,超越感悟高一层次的"知性"。

迄今为止,意义理论有许多,如有强调意义与对象间的指称理论、强调意义与经验间的实证理论、强调意义与行为间的关系理论、强调意义的真值条件理论、强调私人语言的意义理论以及强调意义的意向理论等等。但依我看,这些理论都各执一端,均有缺陷,普遍的问题是忽略了心的作用本源。

语言是心智的一种能力,其所描述反映的世界是人心中的世界,如果说意义理论指的是语言、世界和人三者之间的关系问题,那么其研究的核心就是心象的表现问题,起码是内心知识的语言表现问题。"在意义和知识之间似乎存在着某种关联,这种关联可表述如下:一表达式的意义就是说话者所拥有的知识的内容,这种内容构成他们对于该表达式的理解;这便是我们若想成为这种语言的有资格的言说者——亦即,按通常的说法,要真正了解这种语言——而必须了解的关于这一表达式的东西。"①

语言的意义由所处的文化背景知识确定,由内心丰富多彩的社会生活经验来说明。其实,我们对世界的描述,起码经过了两次间接投射,一次是心脑投射,一次是语言投射。投射的结果就必然存在心与物和名与实这两个关系问题。遗憾的是由于对这两个问题本身的研究同样也是建立在两次投射基础上的,因此离开了心脑的基础来谈论意义,不能不使以往种种意义理论的研究缺乏坚实的基础,使得原本含糊不清的问题更加含糊不清(用禅师的话说,就是雪上加霜)。

现在,一旦确定了"心脑"在意义研究中的中心地位,那么语言与意义的互动关系就可以用图1.1来阐释。"义"为意之要,反映的便是"心之声",通过心脑活动编码入"言""语",从"语"到"悟"而得"意",也是心脑活动从"言""语"

---

① [英]M. 达米特,《形而上学的逻辑基础》,中国人民大学出版社,2006,第80页。

中通过解码"义"而获得的。而所有这些均有境的作用。语言的意义,离不开境;意与境的关系,才应是意义理论的核心问题;而境中生意,归根结底是反映到心境之中诸种因素相互作用的结果。于是,意是境之意;境为众意之境,形成意群动力学相互作用之场,一切均在心脑活动之中表现。

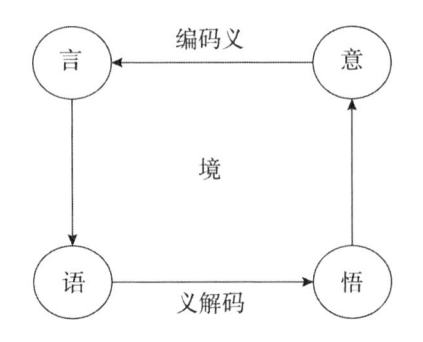

图 1.1 语言与意义互动图

首先,就意义理论而言,不管是强调名实问题,还是强调言意问题,分而论之,均可化而为具体的指物、叙事、抒情、说理和喻道五个方面的语言表现,如图1.2所示。

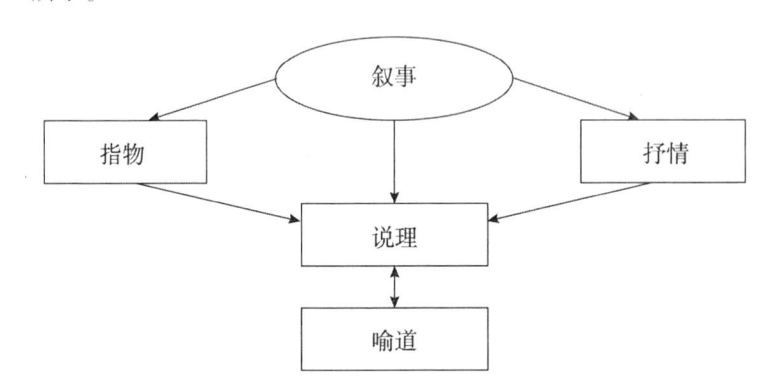

图 1.2 言意关系构成图示

语言叙事主要是过程性意义描述,包含了指物与抒情两种意义表现方面。指物是论述外在之事物,《公孙龙子·指物篇》:"物莫非指,而指非指。天下无指,无可以谓物。非指者,天下无物,可谓指乎?"①说的就是语言的这种功能。抒情则是指抒发内在之情志。《毛诗序》:"诗者,志之所之也,在心为志,发言为诗。情动于中而形于言,言之不足故嗟叹之,嗟叹之不足故咏歌之,咏歌之不足,不知手之舞之,足之蹈之也。"②讲的正是语言的抒情示志功能。至于说理是元意义描述,不管是物理还是情理,推至极致,就是描述不可言说的言说,归为喻道。惠洪在《石门文字禅》卷二十五《题让和尚传》中说:"心之妙不可以语言传,而可以语言见。盖语言者,心之源、道之标帜也。标帜审则心契,故学者每以语言为得道浅深之候。"③对此有深刻的认识。

这样一来,所谓言意关系,就可以分为言实(语言与事物的关系,叙事指物),言志(语言与情感的关系,抒情),言义(语言与思想的关系,说理喻道)。而事为心之事,物为事之物,理为事之理,情为事之情,其均为心之物、理与情;道,触事而显,亦为心之道。要之,事、物、情、理皆生于心,而言为心声,于是言意关系定矣!

首先,维特根斯坦认为世界是"事件"之集合,而非"事物"之集合,强调的乃是"事"的过程属性,怀特海的过程哲学正是发展了这种思维,而佛教中的"缘起"论则可以说是这种思想的先声了。"事"分"情"和"物"两面,故有"事情"和"事物"之说。

其次,一切"事实",不管是"事之情"还是"事之物"皆缘生于心,从根本上讲就是心脑活动之事,是"心之事"。

最后,"心之事"均有发生发展的过程规律,谓之"理",故有"物之理"和"情之理"之分说,实为一"心之理",也为"事之理"。而根本之理为"道",是为"道理",其反映的是"事之实"的"道之理",即终极本体之理。这个"理"因物我合一或天人合一,也即为"心之道"。

总之,综合上面的分析,我们可以看出语言表达意义的要点,就是"言为心声",所谓"心"就是人们的主观思想与情感表达。名以指实、言以缘情、文以载

---

① [春秋]公孙龙,《公孙龙子》,上海古籍出版社,1990,第6页。
② 转引自蔡仲德,《中国音乐美学史》,人民音乐出版社,1995,第357页。
③ 蓝吉富主编:《禅宗全书》,台北:文殊出版社,1988年,第95册,第343页。

道等学说不过都是"言为心声"的不同方面,即(1)事物经感知变为的形象与语言的关系;(2)情感与语言的关系;(3)思想与语言的关系。叙事显理,理为事之规律("事"为过程,"物"为实体,物只有在事中显现,是缘起因缘的结果),言之则为说理,而根本之理为"道",因其不可言说而只可喻之,故有"喻"道之说。世界发生的一切均为事,凡事均源于心,语言的作用便在于表述"心之事",强分别为"指物"与"抒情",一为"事之物",一为"事之情"。

任何关于语言的意义理论,如果不能很好地解释隐喻现象,那么就不能称其为一个好的意义理论。A. P. 马蒂尼奇指出:"任何一种关于语言使用的适当理论都必须不仅能对广泛多样的具有严格字面涵义的表述作出解释,而且能对被用作言语比喻的表述作出解释。"①当我们提出上述有关"言为心声"的意义理论时,自然同样也要能够说明一般语言的表述现象,特别是要说明隐喻语言是如何发挥作用的,以及隐喻能够产生什么样的意义效果等。

我们知道,从语言意义理解的迂回角度看,语言表达意义的方式有直有曲、有显有隐。中国古代将语言运用的手法分为赋、比、兴三种,朱熹在《诗经集传》中的说明是:"直叙其事者,赋也。……比是以一物比一物,而所指之事常在言外;兴是借彼一物以引起此事,而其事常在下句。"②钟嵘《诗品》:"故诗有三义焉:一曰兴,二曰比,三曰赋。文已尽而意有余,兴也;因物喻志,比也;直书其事,寓言写物,赋也。"③因此,一般就汉语而言(其他语言也然),对于语言的表现手法我们可以归纳如下:

    (赋)   (比)   (兴)
(显)直陈 ⟶ 隐喻 ⟶ 象征(隐)
    (同)   (同从异出) (异)

如果进一步从语言的符号性角度看,那么上述囊括一切语言表述的直陈、隐喻和象征之间还有相互转化的关系,即我们有如下关系:

---

① [美]A. P. 马蒂尼奇,《语言哲学》,商务印书馆,1998,第803页。
② [宋]朱熹,《朱子七经类语》,上海古籍出版社,1992,第366—368页。
③ [梁]钟嵘,《诗品注》,人民文学出版社,1961,第2页。

```
                    （亡隐喻）
              ┌─────────────┐
              ↓             │
直陈 →（削弱符号性）隐喻 →（打破符号性）象征
   ↑                           │
   └───────（约定俗成）──────────┘
```

也就是说，直陈是建立在约定俗成的符号化之上的，但为了能够使语言产生新奇性，必须要削弱这种既定的符号性约定，于是就有了隐喻手法。这种削弱的进一步强化，就形成了象征手法，完全打破了语言的符号性。不过，象征化语言的固定化，又使这种新奇性语言符号化，从而又形成新的约定俗成式的直陈；同样隐喻的习惯化也会产生"亡隐喻"，从而隐喻产生的新奇性也会复归于直陈。

这样一来，就语言意义的达成而言，如果我们假定语句意义为字面意义，是"显义"；表述意义为真实意义，是"隐义"，那么就有：

直陈意义＝语句意义＝表述意义

隐喻意义＝语句意义喻指的表述意义

象征意义＝语句意义托指的表述意义

因此，要解决语言与意义的关系问题，关键在于"喻指"与"托指"迂回转绎机制的实现。此时，从我们言为心声的意义理论上看，就可以统一地归结为一种心智思维机制，用法国汉学家于连的话讲，就是一种迂回进入的思维机制。

确实，隐喻性语言典型是一种通过迂回来进入的表述方式，因而也是典型中国语言的思维特质的表现。"迂回的价值在于：通过迂回引起的距离，迂回挫败了意义的所有指令（直接的和命令的），为变化留下了'余地'，并且尊重内在的可能性。"[①]这里的内在，更多体现的就是丰富的内心世界。这也是隐喻的价值所在，因此隐喻并非是可有可无的，而是语言表述的一种必须手段。"这样，就可能有两种扩伸我们对事物视线的方法：迂回的方法，在迂回中一个归结于另一个并与另一个沟通，因为二者并行并相关联；还有剥离为二的方法，在剥离中，一切都归结于自身但都在另一个领域，不管是摹仿还是赋之以

---

① ［法］F. 于连，《迂回与进入》，生活·读书·新知三联书店，1998，第365页。

形,一切都以这种方法获取自己的实在。"①

中国语言的这种思维根基,为隐喻的运用留下了最为广阔的天地。迂回基于相似性,剥离基于差异性,因此迂回与剥离也同样相辅相成。

总之,语言表达的意义是内心世界的"意义",并且通过内心思维机制达成,因此其意义的表现从本质上是隐喻性的,反映了我们思维方式的迂回性,使得我们的思想和情感充满着丰富的蕴意。

第二节 隐喻是心智核心问题

英语"metaphor"一词,一般译为"隐喻",来源于希腊语"metapherein",由"meta"和"pherein"合成。"meta"意为"over","pherein"意为"to carry",二者合起来的意思是将某物从一个地方载到另一个地方。因此,从语言运用上讲,所谓"隐喻"就是用乙事物或其某些特征来描述甲事物的语言现象。据此,我们对"隐喻"一词也不作严格的界定,采用上述比较宽泛的含义,只要利用了"以彼状此"的描述机制,我们均作为隐喻来看待,相当于把中国古代诗学中的"比兴"范畴和现代修辞学中的"比喻"范畴均看作是隐喻。

隐喻一般是由喻本(被喻,Topic 或 Tenor)、喻体(能喻,Vehicle)和喻词(Mark)三个要素构成,以昭示喻底(所喻,Ground)。构成的三要素显隐不同,隐喻可分为明喻、暗喻和借喻三种类型。进一步,如果字面意义即是喻底,则为非隐喻句(赋陈句)。陈望道在《修辞学发凡》中指出:"思想的对象同另外的事物有了类似点,说话和写文章时就用那另外的事物来比拟这思想的对象的,名叫譬喻。"②譬喻中的明喻、暗喻(狭义的隐喻,我们统称为"暗喻")和借喻三种形式,其"隐"的程度一个比一个显著。上述陈望道的定义,其实是把譬喻的构成分为三个要素:(1)思想的对象(表述意义);(2)譬喻语词(语句);(3)另外的事物(语句意义)。这一点与塞尔和戴维森的分析是一致的,没有本

---

① [法]F. 于连,《迂回与进入》,生活·读书·新知三联书店,1998,第386页。
② 陈望道,《修辞学发凡》,上海教育出版社,2001,第73页。

塞尔在"隐喻"一文则认为:"根据我的观点,阐明隐喻的问题就是要阐明说者和听者如何从字面的语句意义'S 是 P'进入到隐喻的表述意义'S 是 R'。"①而戴维森在文章"隐喻的含意"中认为:"隐喻是通过对语词和语句的富于想象力的运用而造就出的某种东西,隐喻完全依赖于这些语词的通常意义,从而完全依赖于由这些语词所组成的语句的通常意义。"②两人实际上都强调,在表述一个隐喻时,隐喻语句依然具有其严格的字面意义;为了理解隐喻,必须要理解隐喻语句的严格字面意义。

字面语言与隐喻语言的差别现在可以用同异标准来区分:全同无异是直陈,半同半异是隐喻,无同全异是象征。在隐喻中,同的程度越高就越靠近直陈;异的程度越高就越靠近象征,如此而已。区分隐喻与字面的语言,有一个程度问题。隐喻性具有若干程度,如矛盾言辞性(contra-dictoriness)、无法消除性比较(inexplicitness of comparison)、常规性以及转移距离。

(1)常规性是指通常隐喻的表现形式;(2)转移距离,指隐喻类比概念之间的联系程度;(3)无法消除性比较,指的是隐喻总是建立在概念之间的类比之上的,不管是"比喻"也罢,"比兴"也罢,隐喻总是具有"比"的性质,只是这"比"的程度不同而已;(4)矛盾言辞性,大概是指隐喻在字面意义上往往是不合逻辑的,因此也会在更深层的表述意义上去寻找隐喻意义。

隐喻是语言艺术中的艺术,是形象思维方法。"我们可以以这样的对差异的图解开始。隐喻的本质是归于某种没有说出来但以间接方式指明的东西。"③因此一个改进的隐喻定义应该是:"当某一话语单位用于指称某一它常规情况下不会指称的事物、概念、过程、性质、关系或者世界,或与其常规情况下不会搭配的话语单位搭配,而且这一非常规的指称和搭配行为在涉及至少以下两者的相似性或类推基础上被理解时:该单位的常规指称对象;该单位的实际指称对象;该单位是实际搭配的指称对象;该单位常规搭配的常规指称对

---

① [美]A. P. 马蒂尼奇,《语言哲学》,商务印书馆,1998,第815页。
② [美]A. P. 马蒂尼奇,《语言哲学》,商务印书馆,1998,第845页。
③ [法]F. 于连,《迂回与进入》,生活·读书·新知三联书店,1998,第182页。

象,就出现了隐喻。"①

从上面的隐喻界说及其分析说明中,我们不难发现,隐喻具有一般性语言现象的特点,也是语言的中心问题。因为直陈和象征是隐喻现象的特例。从"同异"关系上讲,直陈是"同显"(喻体与喻本),象征是"异隐","有同有异,有显有隐"的隐喻,则在"同显"与"异隐"之间,构成程度连续的区间,端点正是"直陈"和"象征"。比如"明喻"更靠近"直陈",而"借喻"则更靠近"象征"等等。

正如尼采所指出的:"比喻,这非字面的意指活动,被看作是修辞的最具巧艺的手段。然就其意义而论,一切词语本身从来就都是比喻。它们并不真正显示出来,却是呈现为声音形象,偕着时日逝去而渐趋模糊:语言决不会完整地表示某物,只是展呈某类它觉得突出的特征。……,比喻的第二种形式是隐喻。它并不产生新的词语,却让词语带上新的意义。……,通常称为语言的,其实都是种比喻表达法。"②

西方语言分析哲学偏见总是强调语言的字面逻辑意义,很少涉及隐喻和修辞格的使用问题,即言外之义。但偏见毕竟是偏见(当然也是西方分析哲学依赖于逻辑实证方法的必然结果),语句实际上经常使用非字面意义的。相对于字面意义,非字面意义使用更加普遍。尤其在隐喻中表现得最为突出:"在阐释隐喻表述时我们必须记住三个特征。第一,在字面表述中说者意谓他们说的东西;也就是说,字面的语句意义和说者的表述意义是相同的;第二,一般来说,一个语句的字面意义只相对于一组不是语句语义内容之组成部分的背景假定来说才确定一组真值条件;第三,相似概念在对任何字面断定的阐释中起基本的作用。"③

即使是字面意义的陈述,实际上也可以看作是"亡隐喻"的结果,是隐喻的一种特例。也就是,如果考虑到各种休眠程度不等的亡隐喻(Dead)、埋隐喻(Buried)、睡隐喻(Sleeping)和疲隐喻(Tired)等非活动性隐喻的话,那么加上

---

① A. Goatly,The Language of Metaphor, Routledge, London / New York, 1997:109.
② [德]F. 尼采,《古修辞学描述》,上海人民出版社,2001,第20 - 21 页。
③ [美]A. P. 马蒂尼奇,《语言哲学》,商务印书馆,1998,第809 页。

活隐喻(Active),所有的语言陈述都可以看作是隐喻性的,上述的隐喻性意义阐释原则,适合于一切语言陈述。

特别是,活隐喻(新奇性隐喻)与亡隐喻(字面陈述)是可以相互转换的,一个活隐喻经过长期使用后或许会成为亡隐喻;反之,亡隐喻的活用也会重新产生新奇效果而成为复活新奇性隐喻。"对我们的研究来说,亡隐喻是特别有趣的。因为从矛盾修辞法上说,亡隐喻一直活着。它们是通过不断的使用而灭亡的,但是它们的不断使用暗示出它们满足某些语义的需要。"[1]

所以,从隐喻的产生、消亡以及相互转化的角度上看,完全可以支持"语言的隐喻中心论"的观点。实际上,语言是表达思想和情感的,交流的要求必须在交流双方既有共同背景,又有新内容的传递,否则交流就要么是没有必要(完全是知道的内容),要么是不可能的(完全是不知道的内容)。而隐喻是真正体现这种要求的语言手段,因此其必然构成语言交流的核心地位。这与接受美学的观点是一致的,也同样支持"语言的隐喻中心论"。隐喻的适者生存论说明"直陈"(亡隐喻)存在问题,象征(前隐喻)存在问题等;隐喻的字面与表述意义的不完全重叠,则说明语言交流的中心法则。

因此,任何语言陈述都可以看作是隐喻式的,隐喻体现了语言陈述的一般形式,非隐喻陈述只是隐喻陈述的一种特定形式,就像线性是非线性的特例一样。所以,语言理解的一般理论应该是针对隐喻陈述的理解来构建的。

在以往普遍的情况中,隐喻往往当作是语言的异常运用,是使用语言的某种偏离方法,属于像文学性语言那样个别领域的现象,没有什么普遍性。所以哲学家们往往把隐喻严格限定在文学、修辞学和艺术研究之中,因为隐喻对于哲学中清晰思维是危险的因素!但这种立场实际上是回避复杂的隐喻现象,是过去哲学家们局限于理性方法而不敢正视实际丰富复杂语言现象的结果。而现在,当我们越来越清楚地看到隐喻在语言中所处的中心地位,看到所谓的"异常"语言用法实际更为普遍,而非隐喻使用才是"异常"的例外时,我们就再也没有理由来回避这一困难问题了。应该看到,隐喻问题不但不应该回避,实际上也是回避不了的——除非人类根本不想真正搞清我们语言思维的根本

---

[1] [美]A. P. 马蒂尼奇,《语言哲学》,商务印书馆,1998,第811页。

机制!

　　实际上,语言的诞生,文字的诞生本身,就是靠隐喻类比机制来达成的。就拿汉字的起源来说吧,那也是"近取诸身,远取诸物"的结果,东汉许慎指出:"仓颉之初作书,盖依类象形,故谓之文。其后形声相益,即谓之字。"①我国最古老的文献《易经》,也是建立在喻象机制之上的。而最早的逻辑推断理论中同样都明显地具有"喻"的机制,西方的逻辑、中国的墨辩和印度的因明,无不如此。很难想象,离开了"喻比",语言还如何能进行真正体现思想和情感富有弹性的交流?!

　　还好,最近三十年,无论是哲学家,还是心理学家、语言学家,乃至逻辑学家都开始认识到隐喻不是可以回避的问题,而是语言和思维绝对必要的基础。如果考虑到亡隐喻现象,那么可以说,离开了隐喻,使用语言就成了不可能的事情!

　　进一步对隐喻思维机制深入研究,我们还会发现,隐喻涉及的范畴最广泛,诗性的、创造性的、认知的、象征的、符号性的等问题都是要考虑的内容,因此比起一般语言问题更要复杂。

　　首先,D. 戴维森在《隐喻的含意》一文指出:"(对隐喻)作出解释这一行为本身便是想象的产物。理解一个隐喻也如此,它既是在做出一个隐喻,又在同样程度上是一项努力作出的有创造性的工作,这项工作很少为规则所左右。"②特别是:"隐喻作为话语的策略而出现,该策略在保留和发展语言的创造能力的同时也保留和发展了由虚构所展现出来的启发能力。"③

　　其实,隐喻机制不仅是创造性心灵最强有力的属性,我们的概念系统、认知思维机制等,从本质上讲也都是隐喻性的。更广泛地讲,我们的顿悟力、想象力、理解力、创造力、洞察力均离不开隐喻的类比思维机制、离不开事物之间相似性关系的建立和利用。莱可夫和约翰逊说道:"隐喻不仅仅是语言修辞手段,而且是一种思维方式——隐喻概念体系。作为人们认知、思维、经历、语言

---

① [汉]许慎,《说文解字》,中华书局,1963,第314页。
② [美]A. P. 马蒂尼奇,《语言哲学》,商务印书馆,1998,第843页。
③ [法]P. 利科,《活的隐喻》,上海译文出版社,2004,第5页。

甚至行为的基础,隐喻是人类生存主要的和基本的方式。"①反过来,"我们已经说过,概念科学,包括认知心理学,其特性是比喻性的。自然的模型,包括认知模型,是来源于对观察进行推论而得到的抽象的有组织的观念"②。

的确,"取象比类"是一种重要的思维方式,包括比喻、象征、借代、类比等,往往更多地属于形象思维,是逻辑思维所难以企及的。清代批评家沈德潜在《说诗晬语》中指出:"事难显陈,理难言罄,每托物连类以形之。郁情欲舒,天机随触,每借物引怀以抒之。"③也就是说,不仅是理性思辨,离不开隐喻;即使是情感表达,同样也离不开隐喻。就隐喻的情感表达这一点而言,利科解说得更加明白:"如果隐喻丝毫不增加对世界的描述,至少它会增加我们的感知方式。这便是隐喻的诗意功能。后者取决于相似性,但这是情感层次的相似性:通过用一种情境来象征另一种情境,隐喻将情感融入了被象征的情境,而这些情感与起象征作用的情境联系。在'情感的这种转移'中,情感间的相似性是由情境的相似性引发的;因此,在诗歌的功能中,隐喻将双重意义的能力从认识扩大到了情感。"④

美国著名学者侯世达教授曾经对智能下过这样一种定义:"但是智能的基本能力还是确定的,他们是:对于情境有很灵活的反应;充分利用机遇;弄懂含糊不清或彼此矛盾的信息;认识到一个情境中什么是重要的因素,什么是次要的;在存在差异的情景之间能发现他们的相似处;从那些由相似之处联系在一起的事物中找出差异;用旧的概念综合出新的概念,把他们用新的方法组合起来;提出全新的观念。"⑤实际上讲的都是隐喻思维机制所体现出来的特性。因此,也可以说,隐喻机制,就是全部智能能力的一种集中体现。从这个意义上讲,说隐喻是心智的核心问题,是一点儿也不为过的。

总之,隐喻性是语言的根本特征,人类语言从根本上来说是隐喻性的。隐

---

① G. Lakoff, M. Johnson, Metaphors We Live By, The University of Chicago Press, 1980:67.
② [美]R. L. 索尔索,《认知心理学》,教育科学出版社,1990,第 18 页。
③ 转引自冯广艺,《汉语比喻研究史》,湖北教育出版社,2002,第 145 页。
④ [法]P. 利科,《活的隐喻》,上海译文出版社,2004,第 260 页。
⑤ [美]侯世达,《哥德尔、艾舍尔、巴赫:集异璧之大成》,商务印书馆,1997,第 34 - 35 页。

喻不仅仅是一种语言现象,它更重要的是一种人类的认知现象和思维方式。它是人类将其某一领域的经验用来说明或理解另一类领域的经验的一种认知活动。

第三节　隐喻机制的计算研究

我们知道,隐喻是一切语言普遍存在的语言现象,特别是从认知角度看,隐喻现象已不仅仅是简单的一种修辞手段,而是人类语言运用的一种认知机制。而从前面两小节的讨论中我们还了解到,隐喻也是语言研究的中心问题,不仅反映着我们根本的思维方式,而且也构成我们心智的核心问题。

既然隐喻在我们心智和语言活动中有如此重要的作用,那么对于人工智能,特别是对于自然语言处理而言,开展隐喻机制的计算实现方面的研究,理应成为极为重要的研究工作。但遗憾的是,长期以来,也许是因为隐喻过于复杂、困难的缘故,也许是人们还没有引起足够的重视的缘故,隐喻的计算化研究却一直没有成为人工智能乃至自然语言处理的中心问题。

在人工智能领域里,直到20世纪70年代,国际学术界才出现一些探索性的零星研究[1],第一部有关隐喻计算研究的专著于1990年出版[2],而迟到21世纪初,才出版了第一部隐喻逻辑方面的专著[3]。至于汉语隐喻计算的研究则开展得更晚,在国家自然科学基金项目的资助下,2002年前后才由我们率先开启了有关汉语隐喻的计算研究进程[4],这不能不说是一件憾事。

确实,在很长的时间里,无论是西方还是东方,学者主要是把隐喻看作是

---

[1] C. L. Zhou, Y. Yang, X. X. Huang, Computational Mechanisms for Metaphor in Languages: A Survey, Journal of Computer Science and Technology, vol. 22, no. 2, 2007.

[2] J. H. Martin, A Computational Model of Metaphor Interpretation, Boston: Academic Press, 1990.

[3] E. C. Steinhart, The Logic of Metaphor: Analogous Parts of Possible Worlds, Kluwer Academic Publishers, 2001.

[4] 周昌乐,《探索汉语隐喻计算化研究之路》,《浙江大学学报》(人文社会科学版),2007年第5期。

一种修辞手段来加以研究,并没有关注作为重要思维方式的隐喻认知机制。比如在修辞学领域有着重要影响的隐喻理论,古希腊亚里士多德提出的对比论和替代论①,就是将隐喻看作是词语层次的一种修辞方式,认为隐喻的功能可以看作是一种附加的,可有可无的"装饰",这种观点一致影响到20世纪初。只是到了20世纪30年代,Richards从修辞哲学角度提出了隐喻的互动理论学说②,并经Black引入结构主义语言学的发展③,开始认识到隐喻理解涉及喻本概念和喻体概念之间的认知互动过程。到了20世纪80年代,Lakoff和Johnson从认知角度提出概念隐喻理论④,才逐步确立了隐喻机制在思维及语言中的中心地位。

在此之后,从认知角度开展对隐喻进行系统研究得到快速发展,学术研究方面接踵出现了隐喻理解的多种认知模型,比如结构映射匹配理论⑤、现代隐喻理论⑥、概念映射模型⑦、Searle的言语行为理论⑧等,这样才为隐喻计算化研究奠定了必要的认知基础。

所谓隐喻的计算化研究,主要是在隐喻认知机制了解的基础上,通过运用计算的方法(算法+表征),来解决语言中普适存在的隐喻类比机制实现问题,并应用到具体自然语言处理系统构造之中。一般而言,可以将计算看作是客观化、形式化和自动化的代名词,因此隐喻计算化研究的内容也主要包括如下

---

① [古希腊]亚里士多德,《修辞学》,生活·读书·新知三联书店,1991。
② I. A. Richards, The Philosophy of Rhetoric, Oxford University Press, 1936.
③ M. Black, More About Metaphor, in Metaphor and Thought, A. Ortony, Cambridge: Cambridge University Press, 1993.
④ G. Lakoff, M. Johnson, Metaphors We Live By, Chicago: The University of Chicago Press, 1980.
⑤ D. Gentner, Structure-Mapping: A Theoretical Framework for Analogy. Cognitive Science, 1983, (7):155-170.
⑥ G. Lakoff, The Contemporary Theory of Metaphor. In: A. Ortony, Metaphor and Thought, 2nd ed.. Cambridge: Cambridge University Press, 1993.
⑦ K. Ahrens, When Love is not Digested: Underlying Reasons for Source to Target Domain Pairing in the Contemporary Theory of Metaphor, Presented at Proceedings of the First Cognitive Linguistics Conference, Taipei, 2002.
⑧ J. R. Searle, Metaphor, in: A. Ortony, Metaphor and Thought, 2nd ed., Cambridge: Cambridge University Press, 1993.

相应的三个方面内容。

首先第一个方面是隐喻语言的分类识别研究。充分利用传统修辞学长期积累的成就,在当代隐喻研究思想的指导下,利用语料统计的计算方法,给出比较系统的隐喻思维方式的分类体系,并据此完成有关隐喻语句的识别与相似属性信息的理解获取。这方面的研究基本属于客观化语言现象分析研究,大量客观性隐喻语料的收集与有效处理是关键。针对具体的语言,选择合适的语料统计计算模型和分类模式识别方法,是获取隐喻分类信息与区分不同隐喻模式的主要措施。国外由 Mason 博士给出的一个基于语料计算的隐喻抽取系统 CorMet[1],代表的是这方面研究工作比较典型的成果。

第二个方面是有关隐喻意义的逻辑描述研究。对于隐喻理解而言,有效意义描述的形式化方法是隐喻计算化研究的一个核心问题。由于隐喻意义的理解涉及能喻与所喻两个层次的意义表达,因此有关隐喻意义的逻辑描述研究的主要目标不仅是要给出隐喻语句的字面意义和表述意义的逻辑形式化描述方法,而且更重要的是要建立能够根据字面意义来推导出表述意义的逻辑形式化推导系统。国外在这个方面已经开展了许多具体的研究,比较典型的研究工作代表可以参见由 Hanis 所建立的一种逻辑描述系统[2]。

第三个方面则是要建立完整的隐喻理解的计算模型研究。就隐喻计算化研究的最终目的而言,所谓建立一种隐喻意义理解的计算模型,就是要能够通过计算手段,在某种范围或程度上实现人类隐喻思维机制并解决语言隐喻性意义的自动获取问题,并可以应用到具体自然语言处理系统的构造之中。因此,这方面的研究,主要是围绕着人类隐喻理解的认知机制,充分考虑语境、知识和语义等诸方面信息的综合利用,给出能够切实解决隐喻意义有效理解的计算模型。然后运用隐喻计算模型来解决具体的语言计算问题。Terai 等人从多方法融合的

---

[1] Z. Mason, CorMet: A Computational, Corpus - Based Conventional Metaphor Extraction System. Computational Linguistics, 30(1), 2004:23 - 44.

[2] I. D'Hanis, A Logical Approach to the Analysis of Metaphors, In Magnani. L(eds), Logical and Computational Aspects of Model - based Reasoning, Kluwer Academic Dordrecht, 2002: 21 - 37.

角度,给出了一个比较典型的研究成果①,是这方面工作的一个代表。

可以说,语言理解的最大困难之处,也是最高境界,就是达到对隐喻意义的理解。因此,建立隐喻认知的计算理论,不仅仅为隐喻语言理解提供解决的计算途径,更重要的也是为所有语言理解模式提供一种计算理解的方法途径,并从而可以真正找出语言机器理解的根本方法和途径。也就是说,一旦隐喻的机器理解问题得到了解决,那么一般语言的机器理解问题也因而得到了根本的解决。这便是隐喻认知计算研究的重要意义所在。

过去,由于对隐喻在语言中的重要地位认识不足,由于对隐喻机制在心智活动中的重要作用认识不足,在自然语言处理研究中仅仅停留在字面意义的处理上,在人工智能研究中也很少涉及隐喻思维机制,这显然是不全面的。应该看到,不解决隐喻语言的理解问题而仅仅局限于字面意义的获取之上,要很好地解决语言理解问题是远远不够的。同样,不解决人类思维中的隐喻认知机制的机器实现问题,要全面提高机器的智能水平也是远远不够的。从这个意义上讲,反过来,找到隐喻语言理解的解决方法,哪怕是初步的,也必定有助于更好地提高自然语言处理水平,有助于更好地提高机器的智能水平。

现在,随着有关隐喻计算化研究的渐渐开展,越来越多的有识之士认识到在语言处理与人工智能研究中隐喻机制的重要,并在更为广泛的范围内开展有关隐喻计算及其应用的研究工作。特别是,随着认知语言学、脑科学、人工智能、非线性科学等相关学科的迅速发展,从认知的、逻辑的、计算的角度来建立隐喻机制的意义转绎理论已经成为可能。所以,有理由相信,随着隐喻计算化研究工作的不断深入,一定能够不断推动自然语言处理的研究进程,乃至推动人工智能的研究进程。

当然,隐喻的计算化研究任重道远,特别是面向汉语的隐喻计算模型的研究及其应用,更是一项迫切需要解决的科学难题。殷切希望我们的工作,能够为我国语言智能信息技术的发展做出重要贡献。

---

① A. Terai, Nakagawa M. , A Neural Network Model of Metaphor Understanding with Dynamic Interaction Based on a Statistical Language Analysis, Artificial Neural Networks – ICANN 2006, Lecture Notes in Computer Science, Vol. 4131, 2006:495 – 504.

第二章

认知机制

夫说者,固以其所知谕其所不知,而使人知之。今王曰"无譬",则不可矣。

[战国]惠施①

传统的比喻研究主要是将比喻作为修辞手法来加以展开的,强调的是比喻语言材料的收集、辞格分析、归纳和分类。至于对隐喻认知机制的研究,特别是对语言活动中隐喻的产生和理解过程机理、人类隐喻能力的神经生物学与认知心理学基础等的研究,均相对忽略。随着当代认知科学、神经科学与智能科学的迅速发展,随着希望用机器部分代替人类语言能力需求的日见强烈,隐喻研究也不再停留在修辞学的范围之内,而是更加关注隐喻作为一种认知手段的研究工作。

第一节 作为认知手段的隐喻

在长期的语言实践和思想活动中,隐喻不仅仅当作一种语言修辞的表达手段来运用,更多的时候是作为一种认识事物的认知手段来运用,体现了一种形象化的思维能力。

其实,有关隐喻具有认知功能的认识,早在西汉刘向的《说苑·善说》中就

---

① [汉]刘向,《说苑·善说》,上海古籍出版社,1990,第93页。

有明确的论述:"客谓梁王曰:惠子之言事也善譬,王使无譬,则不能言矣。王曰:诺。明日见,谓惠子曰:愿先生言事则直言耳,无譬也。惠子曰:今有人于此而不知弹者,曰:弹之状何若? 应曰:'弹之状如弹。'则谕乎? 王曰:未谕也。于是更应曰:'弹之状如弓,而以竹为弦。'则知乎? 王曰:可知矣。惠子曰:夫说者,固以其所知谕其所不知,而使人知之。今王曰:无譬,则不可矣。王曰:善。"①

这里,惠子就是通过讲如何解释"弹"的问题,明确阐明了隐喻是"以其所知谕其所不知而使人知之"的认知机制,并且强调了对于认识新事物,隐喻是不可或缺的手段。进一步讲,正像我们第一章里强调的,从认知角度看,隐喻投射反映的是语言运用的根本机制,即使"直陈"语言,也离不开这种机制,更何况隐喻语言是普遍存在的现象。

但是在西方正统学术界,真正确立了隐喻在认知中地位的,却晚到20世纪80年代,也即从莱可夫和约翰逊1980年出版的《我们赖以生存的隐喻》才开始。可以说,是莱可夫和约翰逊的这本书,才正式开辟了从认知角度来研究隐喻的途径。近三十年来,沿着这条途径摸索前行的学者所取得丰硕的成果,其主要观点可以概括如下:②

(1)隐喻无处不在:隐喻是日常语言中随处可见的现象,诗歌隐喻与日常语言中的隐喻没有本质的区别,前者只是利用和丰富了每一个语言使用者都能创造和领会的普通隐喻。

(2)隐喻在本质上是认知的:隐喻不是修辞格,不是简单语言的产物;它更确切地说是一种通过语言表现出来的思维方式。

(3)隐喻是有系统的:一个隐喻概念会生发出大量的、彼此和谐的语言表达;而不同的隐喻概念又共同构成了一个协调一致的网络体系,影响着我们的言语和思维。

(4)隐喻由两个域构成:一个结构相对清晰的始源域(Source Domain)和一

---

① [汉]刘向,《说苑·善说》,上海古籍出版社,1990,第93页。
② G. Lakoff and M. Johnson, Metaphors We Live By, The University of Chicago Press, 1980: 111–112.

个结构相对模糊的目标域(target domain)。隐喻就是将始源域的图式结构映射到目标域之上,让我们通过始源域的结构来构建和理解目标域。

(5)隐喻投射(metaphorical projection)不是随意产生的,而是植根于我们的涉身经验。一个隐喻投射一旦建立起来,为大多数语言使用者所接受,就会反过来将自身的结构强加于真实生活之上,从而被以各种各样的方式实现。

总之,莱可夫和约翰逊认为:"隐喻不仅仅是语言修辞手段,而且是一种思维方式——隐喻概念体系。作为人们认知、思维、经历、语言甚至行为的基础,隐喻是人类生存主要的和基本的方式。"[①]所以,隐喻绝不是语词、语句的单纯替代或比较,而是思维相互作用的产物。通过隐喻,我们可以以已知喻未知,以熟悉喻生疏,以简单喻复杂,以具体喻抽象,以通俗喻艰涩,从而形成一种抽象思维手段,发挥特殊的思维功能。

理查德在《修辞学的哲学》一书中说:"当人们使用隐喻时,就把表示两个不同事物(事物被一个词或短语支撑着)的思想放在一起,这两个思想活跃地相互作用,其结果就是隐喻的意义。"[②]也就是说,从隐喻思维的角度看,隐喻由两个概念域构成,隐喻思维便是两个概念域之间的意义映射,即在两个表面上看似完全不同的概念之间建立联系。这便是隐喻作为认知工具的基础所在,也是通过隐喻认识事物的基本原理。

从上述的简单讨论中可以看出,隐喻不仅是一种重要的认知手段,而且还构成了我们语言和思维活动的重要基础。进一步,清晰地了解隐喻这一认知机制,不仅有助于对我们语言能力的理解,而且有助于对我们整个心智能力的理解。可以说,隐喻不但普遍存在,而且更重要的是我们正是通过隐喻来构造我们的思维。这样一来,我们就可以通过隐喻,运用事物的某些特征来关注另一些特征,并因此能够产生新奇意义!

用埃科的话做总结就是:"我们感兴趣的是:隐喻是一种认识工具,这种认

---

① G. Lakoff and M. Johnson, Metaphors We Live By, The University of Chicago Press,1980:67.
② I. A. Richards, The Philosophy of Rhetoric, Oxford: Oxford University Press,1936:93.

识是增加性的而不是替代性的。"①也就是说,隐喻不仅是一种认知手段,而且是一种不可替代的获取新知识的认知手段。

既然隐喻是人类思维的一种认知手段,那么隐喻的这种认知手段具有哪些认知功能呢?从认知的作用深度讲,作为认知手段的隐喻,我们认为其主要具有这样三个不同层次的认知功能,即描述功能、认识功能和创造功能。

对于使用隐喻来描述事物,由于特别富有弹性,因此往往具有生动、形象的特点,有时效果直达精神深处,往往令人印象深刻。于连指出:"隐喻的价值始终是模糊不清的,它使我们看到针对具体的另外一种精神体验。"②"通过这种文字隐喻,一种意义转瞬突现,一旦人们深入这种意义之中,这种意义对我们就显得至关重要。"③讲的都是隐喻作用效果的深刻性。而桑塔耶纳指出:"凡是一件事物暗示另一事物,或者从联系到另一事物而取得其感情色彩者,它就会具有表现能力。"④讲的则是隐喻描述事物的情感表现能力。

至于隐喻认识事物的功能,是指使用隐喻可以通过一事物来认识另一事物。隐喻的这种认识事物的认知功能,与一般的非隐喻方式的特点也有不同,主要体现在对新事物认知的顿悟性上。当然,隐喻认识事物的这种顿悟性,主要建立在隐喻机制的灵活性之上。灵活性的基础是可选择性,而富有意义弹性的不同概念域之间属性搭配无疑将增加可选择性,从而增加了灵活性;这样无疑为顿悟性认识事物提供了机制上的保障。正如燕卜荪指出的:"(隐喻)它是一种复杂的思想表达,它借助的不是分析,也不是直接的陈述,而是对一种客观关系的突然的领悟。"⑤

最后,也是隐喻最重要的认知功能,就是隐喻的创造事物意义的认知功能,其体现的便是隐喻机制能够产生新奇意义的本性。可以说,将"不可能"变成"可能",这种体现创造性奥秘所在的机制,在隐喻活动中得到了最好的体

---

① [意]U. 埃科,《符号学与语言哲学》,百花文艺出版社,2006,第172页。
② [法]F. 于连,《迂回与进入》,生活·读书·新知三联书店,1998,第183页。
③ [法]F. 于连,《迂回与进入》,生活·读书·新知三联书店,1998,第349页。
④ [美]G. 桑塔耶纳,《美感》,社会科学文献出版社,1982,第177页。
⑤ [英]W. 燕卜荪,《朦胧的七种类型》,中国美术学院出版社,1996,第3页。

现。因为隐喻,就必然会涉及类比过程,而隐喻的底蕴便是解读此类比过程的旁效意义。这里,旁效意义便是一种创生的意义,是通过摧毁了原先的程序而建立起一种意义的新秩序。应该说,旁效意义也是一种自涌现现象,因此也常称为意义突现。从隐喻意义达成的根本机制上讲,隐喻的这种意义创生的认知功能,是隐喻作为一种认知手段的根本性功能,隐喻思维之所以被看作一种认知事物的重要手段,而不单单是语言修辞方法,其根源便在于此。

除了反映不同认知深度的描述、认识和创造方面的认知能力外,其他如想象力、洞察力、判断力、感知力、理解力、记忆力、预见力、意志力、适应力、应变力、领悟力、推断力等这些体现心智能力不同方面的认知能力,也都或多或少地在隐喻思维中得到了一定的反映,甚至我们可以用隐喻思维能力来反映人类智慧水平的高下。因为从某种意义上讲,人类的认知能力就是根植于将两个事物联系起来的隐喻能力之上。换言之,智慧水平越高就越能够寻找两个不同知识域的共性,看出它们之间的相似性,从而将两个知识域的内涵联系在一起,反之亦然。

当然,从对作用心灵的方式角度来讲,从我们概念体系的形成过程看,隐喻思维也是一种不可或缺的涉身认知能力,包括感知的、经验的、概念的、情感的等认知功能,是我们认识世界和建构世界的重要手段。

首先,我们知道,语言隐喻实际上是概念隐喻在语言中的体现。这就是说,我们首先建立的是概念上将一个范畴隐喻化为另一个范畴,然后才有语言中将一个词语隐喻化为另一词语的现象。因此,隐喻必然涉及概念系统,涉及概念获取的思维过程。而人类的概念获取思维过程,往往是一种由近及远、由简及繁、由易及难循序渐进的学习积累过程,这其中隐喻思维机制起到了关键的作用。特别是抽象概念的获取形成,离开了隐喻涉身性认知机制,几乎是不可能的。

所谓涉身性概念认知,是指我们概念的形成是依赖于概念性涉身经验的。我们婴儿时的前概念性经验,如身体运动经验,移动物体的能力,整体感知经验,日常躯体经验中的图像图式,即容器、路径、平衡、上下、部分与整体、前后等,均是日后概念形成与认知的基础。推而广之,整个概念体系的建立,也是根据"近取诸身,远取诸物"①的隐喻类比原则来进行的。也就是说:"自然的对象和现实是通过比喻,和人的身体各部分的比喻而被命名的。"②或者说:"人对辽远的求知的事物,都根据已熟悉的近在手边的事物去进行判断。"③这便是涉身性隐喻认知作用机制。

涉身性隐喻认知作用机制的具体表现为7个方面:(1)具体的词语和概念直接标记我们的涉身经验;(2)空间关系;(3)我们对事件、事件的推理和语言表达的概念化方式;(4)抽象思维源自具体的涉身经验,典型是运动—感知经验性的;(5)类比思维;(6)语法由把声音与涉身概念配对的神经回路组成;(7)儿童通过声音与熟悉的经验配对开始最初的语法学习。的确,涉身隐喻认知是儿童语言认知能力发展的基础。我的女儿(小名叫"零零")在牙牙学语的年龄,看到小熊故事图片,立刻就把最大的、次大的及最小的小熊分别称为熊爸爸、熊妈妈、熊零零。这是一种地地道道的涉身认知,通过自身一家成员的关系来隐喻小熊一家。而在更广泛的范围内,我们也确实愿意使用身体的各部分来描述其他事物。在一份宣传厦门旅游的小册子中,在标题"厦门,一个最适合居住的城市"下,有一段是如此介绍厦门这个城市的:"海是厦门的眼睛,山是厦门的眉峰,文化是厦门的唇,一个如此性感和温存的厦门,她是休闲的、适合居住的、让人恋家的城市。海的味道咸咸的,舒缓的日子淡淡的,这是一个很容易让人放慢脚步的城市。"

正像著名思想家维柯指出的那样:"人们在认识不到产生事物的自然原因,而且也不能拿同类事物进行类比来说明这些原因时,人们就把自己的本性移加到那些事物上去,例如俗话说:'磁石爱铁。'"④以及"值得注意的是在一切语种里大部分涉及无生命的事物的表达方式都是用人体及其各部分以及用

---

① 在《周易·系辞下》中指出:"古者包牺氏之王天下也,仰则观象于天,俯则观法于地,观鸟兽之文与地之宜,近取诸身,远取诸物,于是始作八卦。"(文字的产生也与此类同)。
② [意]U.埃科,《符号学与语言哲学》,百花文艺出版社,2006,第204页。
③ [意]G.维柯,《新科学》,商务印书馆,1989,第99页。
④ [意]G.维柯,《新科学》,商务印书馆,1989,第114页。

人的感觉和情欲的隐喻来形成的"①。

关于这种涉身性隐喻认知作用机制,中国古代的隐喻观点也十分强调:"能近取譬,可谓仁之方也已。"②"言近而能指远者,善言也。"③"何以为辩?喻深以浅。何以为智?喻难以易。"④

所谓近譬诸身,就是涉身隐喻。这样一来,人们首先获取的是涉身基本概念事物(日常知识、涉身知识),可称为涉身认知概念,然后通过隐喻性映射扩大到更大的概念体系,这便是涉身隐喻机制的作用,这也就是莱可夫和约翰逊所谓"赖以生存的隐喻"的含义所在。正是在这样的思想基础上,近年来在认知科学、心智哲学、神经科学、语言科学以及人工智能等不同领域学者的共同努力下,认识到了人类认知活动的一种根本规律,即所谓的涉身性认知机制⑤。

涉身性(embodiment,也有译成具身性)认知一般广义上包括情境认知(Situated Cognition)⑥、涉身认知(Embodied Cognition)⑦和动力学认知理论(Dynamicist Theory of Cognition)⑧三个方面的内容。涉身性认知共同强调的关键概念有:(1)"情境性"(situatedness),指认知主体处在直接影响它们行为的情境中,其行为是靠具有动态结构的目标驱动的,完全不需要涉及抽象表征;(2)"涉身性"(embodiment),认知主体利用躯体、感知器官、视觉系统等进行认知,他们有来自周围环境的直接体验,其认知行为是涉身的;(3)"智能"(intelligence),智能的来源不限于计算装置,还来自周围情境、来自系统多感应器间

---

① [意]G. 维柯,《新科学》,商务印书馆,1989,第201页。
② 见《论语·雍也》,引自[宋]朱熹撰,《四书章句集注》,中华书局,1983,第92页。
③ 见《孟子·尽心章句下》,引自[宋]朱熹撰,《四书章句集注》,中华书局,1983,第372页。
④ [汉]王充,《论衡·自纪篇》,上海古籍出版社,1990,第279页。
⑤ M. L. Anderson, Embodied Cognition: A Field Guide, Artificial Intelligence, 149, 2003: 91–130.
⑥ R. Blooks, Cambrian Intelligence: The Early History of the New AI, MIT Press, Cambridge, MA, 1999.
⑦ A. Clark, Being There: Putting Brain, Body, and World Together Again, The MIT Press, 1998.
⑧ E. Thelen, G. Schoner, C. Scheier, L. B. Smith, The Dynamics of Embodiment: A Field Theory of Infant Perserative Reaching, Behavioral and Brain Sciences, 24, 2001: 1–86.

的交互作用以及主体与环境的交互作用;(4)"突现"(emergent),智能是由系统多部件之间的交互作用以及与环境交互作用所突现出来的总体行为①。如果把这里涉及的"情境""涉身性""交互作用""智能""突现"和"动力学系统"这些概念所反映的不同侧面关联起来理解,我们就可以看到一幅涉身性认知的生动图景:认知是依赖于我们有机体的身体,依赖于我们不同的经验种类的,依赖于认知主体的语言、意向性行为和文化情境的。对此,拉可夫和约翰逊就认知本质提出了三个总结性断言:(1)心灵本质上是涉身的;(2)思想大部分是无意识的;(3)抽象概念大多是隐喻的,认为隐喻是离不开思想与语言的,而思想与语言又是结构化神经活动的表现,其十分强力地由我们的身体、大脑和日常经验功能的本性所塑造,因此说到底是涉身性的②。

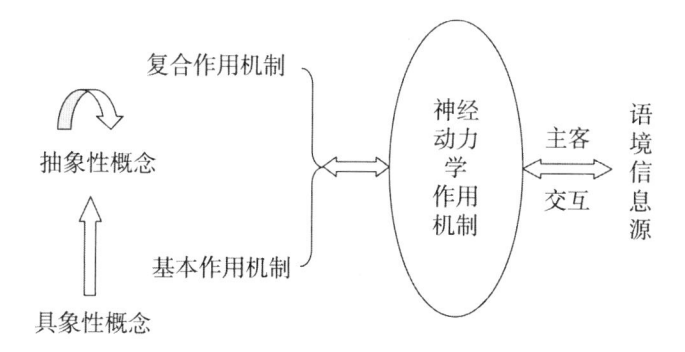

图 2.1　涉身性隐喻作用概念体系原理图

既然隐喻从根本上是建立在涉身认知基础上的,那么根据涉身认知理论,就隐喻理解的问题而言,我们可以给出涉身性隐喻作用概念体系原理,如图 2.1 所示。在图 2.1 中,具象性概念是指通过感知—运动直接涉身经验形成的概念,抽象性概念则是指经隐喻认知作用机制形成的间接涉身性概念,而神经动力学作用机制则是隐喻意义产生的核心机制,其中语境信息是指包括话语

---

① R. Blooks, Cambrian Intelligence: The Early History of the New AI, MIT Press, Cambridge, MA, 1999:133 – 186.
② G. Lakoff, M. Johnson, Philosophy in the Flesh: The Embodied Mind and Its Challenge to Western Thought Basic Books, New York. 1999:5.

情境信息、语言上下文信息以及主体知识背景在内的大语境。

　　当代脑科学研究也已经揭示,不仅隐喻认知是一种具有涉身性的认知机制①,而且证实了一般语言机制,从本质上讲也是涉身性的②。归纳起来,对于隐喻的理解而言,涉身性隐喻认知主要是指我们对隐喻的运用与理解是依赖我们身体及其环境的、通过大脑神经动力学系统实现的以及作为认知情境因素的语境作用的③。因此,要真正解决好隐喻理解的计算问题,必须从这种涉身性认知机制的计算实现出发,才是根本的出路。

第二节　隐喻意义的发生机制

　　当我们论述了隐喻思维是一种重要的认知手段后,想要明白这种隐喻思维如何起作用的,就成为我们进一步需要解决的问题。也就是说,通过运用隐喻可以创生意义,那么这隐喻创生的意义又是通过什么样的认知机制来传达的呢?

　　我们知道,隐喻主要采用"取象比类"的思维方式。《墨子·小取》说:"辟也者,举也(他)物而以明之也。"④这就是比类的本意,涉及的便是两个事物之间的比较。既然是比较,就必须同中有异,异中有同。宋代学者叶适在《习学记言序目》中指出:"类族者,异而同也;辨物者,同而异也。君子不以苟同于我者为悦也。故族之异者类而同之,物之同者辨而异之,深察于同异之故,而后得所谓诚同者。"⑤这与新知识获取原理是一样的,起着关键作用的隐喻也是

---

①　Jr. R. W. Gibbs, Paula Lenz Costa Lima and Edson Francozo, Metaphor is Grounded in Embodied Experience, Journal of Pragmatics, 36(7), 2004: 1189 – 1210.
②　J. Feldman and Srinivas Narayanan, Embodied Meaning in a Neural Theory of Language, Brain and Language, 89(2), 2004, 385 – 392. 及 R. W. Gibbs, Embodied Experience and Linguistic Meaning, Brain and Language, 84(1), 2003: 1 – 15.
③　J. Feldman, From Molecule to Metaphor: A Neural Theory of Language, The MIT Press, Cambridge, Massachusetts, 2006.
④　[清]孙诒让,《墨子闲诂》,中华书局,1986,第379页。
⑤　[宋]叶适,《习学记言序目》,中华书局,1977,第8 – 9页。

知识与知识联系的纽带,此时,通过某种"同从异出"机制才能建立真正有价值的联系。因为"全同"不增加知识,"全异"又无联系,也不会增加知识;只有"同从异出"原则,或具有"同从异出"的隐喻关系,才真正增加了我们对事物认识的新知识。在隐喻运用中也一样,"同从异出"的隐喻关联,是话语新奇意义产生的源泉。

当然,除了同异关系问题外,两个事物之间的适切性,也是隐喻有效意义产生的条件。刘勰指出:"夫比之为义,取类不常,或喻于声,或方于貌,或拟于心,或譬于事。……,故比类虽繁,以切至为贵,若刻鹄类鹜,则无所取焉。"①这里关键便是"切至"两字。《荀子·正名篇》说:"凡同类同情者,其天官之意物也同,故比方之疑似而通。是所以共守约名以相期也。"②讲的也是这种关联性。

因此,运用隐喻的基本条件:(1)喻体和喻本必须是属于不同的两种事物(异),并有其相似之处(同,如形态、特征、形状等),这称为"同从异出"原则;(2)运用隐喻还要具体贴切,这称为"适切度"原则。因此隐喻常常是以浅显生动,为人们所熟悉的事物作比,才能使人易于感染和理解。

显然,要产生一个隐喻离不开"同从异出"和"适切度"原则,说到底就是要在异质的不同事物间,建立起相似性联系。那么,什么是"相似性"(similarity)呢?我们知道,事物总具有与其他事物相同或不同的特性或特征(characteristics or features),相似性指的就是不同事物具有共同性的某些特征。必须强调,相似性与差异性是相辅相成的,没有差异性也就没有相似性而只有绝对的同一性。真正的相似性界定应该是:不像中有像处,即相似性是同一性与差异性的叠加同显,此乃形似之机。钱钟书在《读〈拉奥孔〉》一文中说:"'如'而不'是',不'是'而'如',比喻体现也相反相成的道理。……,'似是而非,似非而是';'是雨亦无奇,如雨乃可乐';唐文和宋词十八个字把比喻的构成和诱力综括无遗了。"③亦即"不即不离,以不同类为类"之意。可见钱钟书独具慧眼,一

---

① 周振甫,《文心雕龙选译》,中华书局,1980,第211页。
② [清]王先谦撰,《荀子集解》,中华书局,1988,第415-416页。
③ 钱钟书,《钱钟书论学文选》,花城出版社,1990,第71-72页。

眼看到了"同一性"与"差异性"的叠加构成"相似性",是"同""异"同显。也就是说,我们必须牢记的公式是:

$$|像> = |是> \oplus |非>$$

这才是一事物"像"另一事物的相似性定义,其中"⊕"为量子态叠加运算。说一物"像"另一物,就是说此物既"是"彼物又"非"彼物。

福柯指出:"正是相似性才主要地引导着文本的注解与阐释;正是相似性才组织着符号的运作,使人类知晓许多可见和不可见的事物,并引导着表象事物的艺术。"①因此,相似性不只是在隐喻意义产生机制中起着关键作用,其他在任何关于字面表述的阐释中,相似概念同样也起着关键的作用。

不过,在福柯那里,相似性分为四种类别,即"适合""仿效""交感"和"类推",但正是最后的类推相似性,才是隐喻得以实现其意义表现的基点。因此,类推相似性也就是隐喻相似性。"在这一类推中,适合与仿效重叠在一起。类似于仿效,类推确保穿越空间的相似性神奇地相对抗;但是,类似于适合,它也谈及配合、联系和接合。类推的力量是巨大的,因为它所处理的相似性并不是事物本身之间的可见的实体的相似性;它们只需是较为奥妙的关系相似性。"②这便是隐喻意义解读之复杂性的根源。

当然,事物相似性也有一个程度问题,并且只有在动态的事物比较之中,才能显现出来。"因为只有两个事物的相似性已至少引起了它们的比较,它们之间才能确立起相等或秩序关系。"③一般,在一个隐喻中当我们喻本概念与喻体概念之间的接近距离较小时,就说其间的相似度较大,反之则说其间的相似度较小。那么相似度与隐喻性程度有什么联系呢?试比较如下系列语句的相似度:猴子如花、男人如花、女人如花、柳絮如花、玫瑰如花,其相似度逐渐增加,但隐喻性程度却似乎并非与之有线性关系,而是处于中间位置的最高。

除了相似性有上述程度问题外,相似性还有一个层次问题。韩玉民认

---

① [法]M. 福柯,《词与物——人文科学考古学》,上海三联书店,2001,第23页。
② [法]M. 福柯,《词与物——人文科学考古学》,上海三联书店,2001,第29页。
③ [法]M. 福柯,《词与物——人文科学考古学》,上海三联书店,2001,第90页。

为①：比喻的喻本和喻体两个事物的相似性包含着表层的"形似"、深层的"态似"和"神似"几个方面，其审美特征和功能并不都处在同一个层面上，而是呈现出一个层次系统。形似，就是在创作比喻的审美过程中，以喻本和喻体外形相似为中介。态似，就是在创作比喻的审美过程中，以喻本和喻体的性状相似为中介。神似，就是在创作比喻的审美过程中，以喻本和喻体间的神韵相似为中介。

但不管是在哪个层次上，根据我们上述有关相似性的界说，隐喻性程度高的应该是相似度保持适中的那些隐喻，而不是走向两个极端：最低或最高。因此，问题是如何给出事物概念之间相似度的某种估算函数（其中还要考虑喻词的相似度刻画问题：比如"是"的相似度要高于"像"的相似度，等等），以便能够恰当地度量隐喻程度呢？以及如何确定事物之间类比的属性特征，以便能够有效选择决定隐喻意义的相似点呢？这些正是我们需要进一步解决的新问题。

总之，隐喻思维的认知机制，说到底是一种建立在"同从异出"原则上的选择性关注机制。一方面通过对喻体某些特征的隐藏来突现另一些特征；另一方面又要求这些突现的特征与喻本刻画要求有很高程度的适切性，从而达到对喻本所喻特征刻画的修辞效果。前者是"异出"，后者是"同从"，而突现（或用"突显"两字）就是一种选择性关注机制。从隐喻理解的计算观点的角度看，现在的问题就是要从逻辑层面来构筑这样一种选择性关注演绎系统，用于描述隐喻的这种思维机制。如果我们称喻本为"被喻"，喻体为"能喻"，喻底为"所喻"，那么对于形如喻本是喻体这样的隐喻，上述思维机制可归纳为：

(1) 突现特征集 = select(能喻)，

(2) 适切特征集 = Describe(被喻)，

(3) 寻找 y = Select(能喻)，使得对于给定的 x = Describe(被喻)，有 just(y, x) < ε，那么所喻 = Emerge(y, x)。

这里 Select 为选择特征算子，通过隐藏部分特征来选择余剩特征；Describe

---

① 韩玉民，《比喻的审美层次》，《修辞学习》，1991 年第 4 期。

为特征描述算子;just 为适切度函数;ε 为最小阈值;最后 Emerge 为意义涌现算子。

突显(high lighting)和消隐(suppression)是隐喻思维机制的两个方面。实际上,忽略差异性,突显有选择的相似性,对于任何概念化和分类都是绝对需要的。因此所谓"同从异出"就是相"同"随"从",差"异"除"出"而已。

根据格雷马斯的语义学理论,意义显现的两个必要条件:"(1)在显现中,两个层面必须结合,也就是说在分属不同层面的最少量义素之间必须建立某种关系,使诸异质成分组合。我们称这种组合为显现(manifestation),从而限制了此术语的含义;(2)这样获取的诸内容组合还必须返回表达(expression)层面,找到表达之平行的但不同构的组合,从而以互为前提的方式构成真正意义上的语言显现。我们认为这是以话语形式完成的意义显现,它使内容表现为一连串意义效应。"[①]

就我们的隐喻意义的显现而言,关键便在于如何通过字面意义与隐喻意义两个层面的结合关系来获取喻本与喻体之间的相似点,从而实现所喻意义的达成。

所谓相似点,是指在一个隐喻中喻本与喻体共同拥有的唯一符合该隐喻理解语境要求的属性特征。因此,相似点的动态选择问题是深深依赖于语境的,这不仅是因为构成隐喻的喻本与喻体语词本身往往都是歧义的,需要在一定的语境中才能确定其具体的词义(属性集),而且是因为,即使是确定了词义的喻本与喻体之间共有的属性,其往往也不是唯一的,同样需要在一定的语境中才能确定其唯一可用的共同属性,即相似点。

相似点是认知性隐喻发生作用的基础,一词语同另一词语的意义(隐喻)联系,正是喻本与喻体的特征属性子集具有部分同一性(相似点),从而带动其余特征属性构成的余集所体现意义的联动。如果将描述语词意义的特征分为必有的、可能的和不可能的,那么借助于其他语词使某一语词产生了不可能特征,这就是隐喻相似点的意义涌现,是由新的相似性关系确定的。而这一过

[①] [法]A. J. 格雷马斯,《结构语义学》,百花文艺出版社,2001,第157页。

程,均离不开语境的作用。

语境作用的基础在于语词意义含糊性的事实,对于隐喻而言同样也是如此:"我们或许能把隐喻解释为一种含混性,这也就是说,在隐喻的语境中,某些语词既具有新的意义又具有原有的意义,而隐喻的力量则依赖于我们在这两种意义之间犹豫不定的不确定性。"①因此,毫无例外,对于隐喻动态意义也只有在具体的语境中才能确定。"更确切地说,我同意这些作家的基本观点:一个词在特定语境中获得一种隐喻的意义,在特定的语境中,隐喻与其他具有字面的意义的词相对立。意义中的变化最初起源于字面意义之间的冲突,这种冲突排斥这些我们正在讨论的词的字面用法,并提供一些线索来发现一种能和语句的语境相一致,并使语句在其中有意义的新意义。"②

必须注意,构成的语境意义不仅制约着语境中的语义,而且这些受制约的语义本身也均对语境意义做出贡献。也就是说整体意义离不开部分意义的整合,部分意义又受制于整体意义并只有在整体意义中才起作用。当然,我们这里的语境范畴与"语境上下文"略有不同,不但指语言外的,更是指语言内的多层次跨越尺度的上下文,甚至可以指相互作用的语义群。因此,任何脱离语境的孤立成分是没有实际意义的。从这个意义上讲,除非在所有可能的活用语境中两个语词都能相互替代,否则就不能认为两个词语是同义的。"因为任何语言单位只能参照于较高层级时才被理解,最小的完整意义的载体是语句,而语句不是其组成字词词义(它们存于词汇系统中)的机械和。即意义是由诸单元在话语整体结构中的关系确定的。"③

隐喻相似点选择之所以深深地依赖于语境作用机制,是由主客观多方面因素决定的。因为对隐喻的理解涉及智力的许多方面,除了辨词、断义、按语法分割意群、将意群组合成句外,还广泛涉及推测词语间的相似性联系、推测作者或演讲者的隐喻意图、隐喻类比的知识记忆等,几乎涉及人类语言、心智和文化的所有方面。

---

① [美]A. P. 马蒂尼奇,《语言哲学》,商务印书馆,1998,第848页。
② [法]P. 利科著,《解释学与人文科学》,河北人民出版社,1987,第175页。
③ 李幼蒸,《理论符号学导论》,社会科学文献出版社,1993,第344页。

通常语句意义的最终选择不但需要通过客观化语句分析来获得支持,而且需要通过主观化认知活动的特殊语境分析获得支持!对于隐喻理解更是如此。"隐喻的效果不仅是由话语结构所决定,而且必然与'外空间'环境相关,因而具有易变的'语境值',却无恒定的语义值。就话语而言,它是词与句之间相互作用的场所。词保存由词汇系统产生的语义值,为词所在的语句提供一种'意义的潜势'。这种意义潜势具有形式,词的同一性乃一开放结构,它可在不同语境中保持此同一性。但它在句中所托现的实义却是在句结构中作用的结果。而词的词汇性潜在意义也是由先前语境值的沉淀和语言制度化的结果。雅克布森称单词均具有此'语境敏感性',此为自然语言的特征。语境功能可从字词多义性中进行删选,使恰当者浮现,不当者删汰。这样,语境(它包括语句、话语、篇章、外在情境等各个层次和方面)具有缩约单词多义性的功能。"①

这样语境不但是指话语内部上下文,而且还指话语外部环境,包括心理的、语言的和文化的三个相互交叠的作用场,这也是一种分层次跨越尺度的相互作用,通常可以看作是语言内和语言外两种语境的影响的结果。此时由于语言内外语境都是通过主观观念起作用,隐喻的意义实际上并非是由其成分意义逻辑地或句法地复合而来的,而是我们大脑神经动力学系统通过能动的作用机制来产生,即是意义自涌现的那种机制在起作用。正因为这样,由于心灵丰富知识与体验的支持,语境在隐喻相似点获取中发挥关键性作用。比如,语境可以确定动态变化了的相似点、语境可以得出被省略的相似点、语境可以赋予特定相似点以感情色彩、语境可以排除相似点歧义、语境可以创造条件来增加隐喻相似点运用的灵活性、语境可以丰富相似点的含意,等等。

总之,隐喻相似点的意义获取在于过程之中,在于不稳定相似点的选择和到达稳定相似点的历程。为此,根据我们提出的一种语言理解的意群动力学观点②,我们认为,对相似点选择的确认策略就是要充分利用各种语境信息,采

---

① 李幼蒸,《理论符号学导论》,中国社会科学出版社,1993,第304页。
② 周昌乐、丁晓君,《汉语机器理解的困境与对策:一种意群动力学的观点》,《现代汉语》,2000年第2期。

用强调整体关联的计算方法,在充分考虑语言意义理解的人脑动态分布式竞争机制的基础上①,构建一种非线性神经动力学模型,来进行喻本与喻体间相似点的动态选择确认。

如图 2.2 所示,在给定的语境场作用下,如果我们可以分别得到喻本和喻体各自的属性集,那么就可以形成喻本和喻体之间的属性关联网络,称为相似属性关联网 S,其中的元素均为带有一定相似度权值 w_{tivj} 的属性关系对,记为 $s_{tivj} = <属性_{ti},属性_{vj}>(i = 1, 2, \cdots, n; j = 1, 2, \cdots, m)$,代表所有可能的候选相似点。这样,就可以引入非线性动力学的思想和方法,通过某种语境场的作用机制,来动态选择最终的相似点。此时,有关最终隐喻相似点的自涌现机制、所有语词及其属性共生关系的组织系统、整体语境下的意群动力学非线性描述方程等,都将成为解决隐喻意义获取问题的重要研究内容。

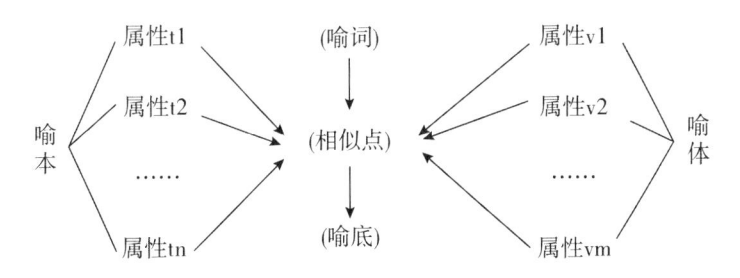

图 2.2 隐喻相似点选择获取原理

首先,对于给定隐喻话语,喻底往往存在多重选择性,对其含义的确切把握不仅依赖于主观心理定势,而且也依赖于话语本身所提供语词的微小变化。当然,对于有多种理解的情形,有时主观意向或意念也会起到重要作用。只有当一个意念,在一定的语境因素触动之下,被动的话语及其语境与其发生关系时,才会突现出来,成为最终理解的结果含义。因此在上述代表喻底的相似点选择机制的实现中,必须要考虑这种微小扰动所带来完全不同结果的突变机制。喻底是隐喻理解过程中动力学系统的一种动态显现,是指归到吸引子的一种趋向性反映。因此,只有能够刻画这种非线性意义涌现过程的动态选择

---

① 周昌乐、唐孝威,《对语言神经机制的新认识》,《心理科学》,2001 年第 4 期。

机制,才能够符合上述隐喻意义理解的需要。

其次,需要考虑的是,在语境作用下,语词间相似点意义分布的生态位问题,建立起语词之间动态语义相似性"共生"联系场,作为隐喻意义理解动力学机制实现的基础。我们知道,"在某种程序上说,大多数词的意义和用法,是受另一些词在语言中的存在或可用性制约的,这些词的语义功能在某一个或某几个方面跟同一环境或文化相联系"①。因此,所谓意义是隐含在关系之中,而对应到相似点的选择,其最终代表的喻底,也是隐含在语词及其属性的动态搭配的组合之中,这便是语境能够起着决定性作用的原因。用比较数学的术语讲,用于隐喻理解的非线性动力学方程所张起的相空间微分操作就构成了语境作用场,其基础便在于所有语词及其属性共生关系的组织系统。

最后,一个突出的关键问题就是,隐喻意义只有在活用中体现出来,因为活用离不开语境作用,而语言的这种语境作用是一种复杂的动力学过程,词义的边界对初始条件是敏感的,无疑会涉及混沌吸引子问题。此时,我们需要解决的就是给出这种整体语境下的意群动力学非线性描述方程的问题。另外,词义只能在具体的活用中按需要而确定理解的或表述的意义,不可能客观界定其静态意义。一词不同于另一词,主要是活用中的对比反差决定的,是语境相互作用的结果,有时明显,有时微妙。因此,在隐喻理解的整体意群动力学研究中,还必须考虑大语境与其所嵌套层层小语境的共同演化来确定喻底的问题。当然,如果把不管是来自多尺度语言单元方面的意义因素,还是来自语言环境、文化、心理等方面的意义因素,都看作是构成整体语境的意义组成要素,加上将隐喻经济原则作为动力学分析语境作用场的根据,那么语言的理解过程就可以看作是构成整体语境的意义组成要素相互作用的一种意群动力学过程,而语言理解的结果便是这种意群动力学过程的整体效应,明言也罢,暗喻也罢,意义尽在其中。

总之,我们不仅需要一种经济的、弹性的、对语境敏感的语词及其属性关联系,以便表达人类全部经验,而且需要一种能够对所有隐喻进行意义解释

---

① [英]L. H. 罗宾斯,《普通语言学概论》,上海译文出版社,1986,第85页。

的、对初始条件反应敏感的、具有整体语境作用能力的意群动力学方程。只有这样,才能有效刻画隐喻意义的动态获取机制,从而在根本上解决隐喻理解的认知机制规律性描述问题。

第三节 隐喻理解的过程描述

语言理解就是对语言中语词所表达的概念及其关系的把握,因为意义只有在关系中才能显现出来,而不是可以通过等价定义所能表述的。从属关系语法的开创人特思尼耶尔指出:"所谓造句,就是建立一堆词之间的各种关联,给这一堆词赋予使命;反之,所谓理解语句,就意味着要抓住把不同的词联系起来的各种关联。"①这样,对语言理解过程的研究,就是要给出人们如何获取语言中诸种意义关系的具体步骤。我国学者桂诗春教授认为:"语言理解研究试图回答话语是怎样切分、解释和给予心理表征的。从狭义上讲,语言理解就是根据声音(文字)建立话语的意义,即了解说话人所传递的消息的内容和意图。……因此语言理解除了建立意义过程外,还有一个意义的使用过程,这就是广义的语言理解。"②不只如此,更加广泛地讲,语言理解还应包括语言内容和意义的积累、融会、贯通和消化过程。

隐喻理解是一种复杂的语言理解,其过程不仅涉及一般语言理解过程的完整步骤,而且还有自身特有的诸多方面,因此往往更加复杂。比如对于隐喻理解而言,除了同样要进行一般字面意义的理解外,还要涉及从字面意义到隐喻意义的转换问题;再比如由于隐喻是从一个知识域投射到另一个知识域的认知思维活动,因此也涉及比一般语言理解更多的知识背景与经验的利用问题。传统的隐喻理解过程描述理论的研究,也正是由于强调这些不同侧面,即从强调字面意义的类比到隐喻意义的转换再到百科知识的利用,分别建立了

---

① L. Tesnière, Eléments de Syntaxe Structurale, Paris, Klincksieck, 1959.
② 桂诗春,《实验心理语言学纲要》,湖南教育出版社,1991,第332页。

一些具有代表性的描述理论。

21世纪初,斯但哈特在其出版的《The Logic of Metaphor》一书中首先系统地通过扩展可能世界语义学来处理隐喻类比推理问题①,并认为,索绪尔提出过语言交流说写者与听读者之间一系列的活动过程步骤,同样也适用于隐喻交流活动,于是结合提出的隐喻结构理论,给出了如下一种描述隐喻交流活动的过程步骤:

(1)说写者思考有关目标域的内容;

(2)说写者完成类比获取并搜索一个或多个始源域对象;

(3)说写者选择其中之一始源对象并完成类比映射和转移来产生类比(S,T,f_m);

(4)说写者测试隐喻结果系统的真值;

(5)如果该系统对满足会话标准是有效的,那么说写者使用隐喻生成规则来产生隐喻话语——这样的生成要格外小心,特别是写作方式形式更是如此;

(6)听读者听读隐喻话语;

(7)听读者识别某些语义偏差(可能是明显的重读等)并开始作为修辞格的话语,此处为隐喻话语;

(8)听读者将话语消解为一个种子类比作为一个(S,T,f_m)的子结构;

(9)听读者将种子类比扩展为完整类比(S,T,f_m),通过类比获取,映射和转移来实现;

(10)听读者构造出该隐喻结果系统真值的初步估值。

总之,斯但哈特认为,如果存在隐喻系统是夸张的一致情况,那么结果就是概念精练和逻辑分析的共同结论,通过其真值条件和精心推导来验证其衍推出的隐喻结论。

美国哲学家塞尔则通过强调隐喻意义与字面意义关系,也建立了一种隐喻理解的过程描述理论②。塞尔认为,隐喻是说者隐喻地意谓不同于语句字面

---

① E. C. Steinhart, The Logic of Metaphor: Analogous Parts of Possible Worlds, Kluwer Academic Publishers, 2001.
② [美]A. P. 马蒂尼奇,《语言哲学》,商务印书馆,1998,第805页。

意义的某种东西,指出:"解释隐喻如何起作用的问题是解释说者意义和语句与语词意义如何分离这个一般问题的一个特殊情况。即它是下面这个问题的一个特殊情况:说一件事而意谓别的事是如何可能的,在这个情形下即使说者和听者都知道由说者说出的语词的意义并不严格地在字面上表达说者所意谓的东西,然而人们却成功地交流他们所意谓的东西。"①

塞尔认为,说者的表述意义与语句的描述意义是有联系又不同的两个方面,而隐喻的意义是指"说者的表述意义"。因此,对于隐喻理解而言,问题是如何通过大语境和读者的主观知识来根据语句的描述意义来推断出"说者的表述意义",这便是建立隐喻意义理解模型的关键。对于语句意义(S 是 P)和表述意义(S 是 R)之间的关系,塞尔给出了具体 6 种情况:

(1)字面的表述。一个说者说 S 是 P 并且他意谓 S 是 P。因此,说者把对象 S 放置在概念 P 下,这里 P = R。语句意义和表述意义重合。

(2)简单的隐喻表述。一个说者说 S 是 P,但是隐喻地意谓 S 是 R。通过字面的语句意义达到表述意义。

(3)多重的隐喻表述。一个说者说 S 是 P,但是隐喻地意谓不确定的意义范围,S 是 R_1、S 是 R_2,等等。像简单的情况一样,通过字面意义达到表述意义。

(4)反话的表述。一个说者意谓与他所说的相反的东西。通过语句意义然后折回到语句意义的反面达到表述意义。

(5)亡隐喻。原先的语句意义被忽略,并且语句获得一个新的与以前的隐喻表述意义同一的字面意义。这是从上面(2)所示的隐喻表述(简单的)到(1)所示的字面表述的转变。

(6)间接言语行为。一个说者意谓他所说的,但是他也意谓更多的东西。因此,表述意义包括语句意义但又超越它。

所谓隐喻,就是说者说出的语句在字面上意谓对象 S 被归入概念 P,但是,说者用其表述意谓对象 S 被归入概念 R(被喻 S,所喻 R,能喻 P:语句意义为"S

---

① [美]A. P. 马蒂尼奇,《语言哲学》,商务印书馆,1998,第 805 页。

是P",表述意义实为"S是R")。因此,在隐喻意义的推断中,被喻与所喻的知识对于隐喻意义的理解至关重要。塞尔因此提出了可以根据所喻R来获得被喻S的关联特征的八条原则①:

(1)P事物在定义上为R;

(2)P事物在一定条件下是R;

(3)P事物经常被说成R;

(4)P事物不是R,但感觉到两者之间有某种联系;

(5)P事物与R事物不相似,但构成的条件相似;

(6)P事物与R在意义上相似,但R不能在字面上用于S,故用P;

(7)关系式隐喻,句式隐喻;

(8)区分换喻和提喻的不同。

隐喻是极其复杂的语言现象。当P明显不意谓R时,隐喻地说"S是P"并意谓"S是R"时,这是如何可能的?反之,对于听者来说理解"S是P"为"S是R"又是如何可能的?对此,塞尔指出:"简短的和没有提供多少信息的回答是,对P的表述以隐喻表述使人想起其他东西的特有方式使人想起R相关的意义和真值条件。"②

但话又说回来,对于隐喻的理解,仅仅理解严格字面意义又是不够的,否则隐喻也就不成其为隐喻了。"在对隐喻陈述的阐释中,我们不仅需要把它同字面表述区分开来,而且需要把它同上述在某些方面是违反或超过字面表述的其他形式区分开来。"③于是塞尔认为听者理解隐喻必须至少经过的三个步骤:

(1)确定(选择)对表述做出隐喻解释的策略;

(2)具有某些策略或原理来计算R的可能值;

(3)必须有一组限制R范围的策略或原理——决定哪些R可能是说话者正在对S断言的。

---

① [美]A. P. 马蒂尼奇,《语言哲学》,商务印书馆,1998,第832-836页。
② [美]A. P. 马蒂尼奇,《语言哲学》,商务印书馆,1998,第829页。
③ [美]A. P. 马蒂尼奇,《语言哲学》,商务印书馆,1998,第809页。

其中,塞尔进一步认为:"构成第一步骤基础的一个策略:如果一个表述在被字面上理解时是有缺陷的,就去寻找不同于语句意义的表述意义。"①当然,这不是必要条件。至于第二步的一种原理,塞尔认为是应该这样来处理的:"当你听见'S 是 P'时,要发现 R 的可能的值,寻找 S 可能像 P 的方式,要弄清 S 在哪个方面像 P,寻找 P 事物的显著的、众所周知的和与众不同的特征。"②在这时利用事实知识和公共知识就显得十分重要。提供的特征范围往往是无限的,因此 R 的可能值也有众多的选择范围,此时就需要有第三步骤,限制 R 的可能范围。对此状况,最常用的策略是:"返回到 S 词项并且看在 R 的值的许多候选者之中哪些可能是 S 的可能的性质。"③

总之,基于上述的论述,塞尔给出了隐喻理解的一些原理,尽管不是全部有关原理,但也足以建立起一种利用字面意义来获取表述意义的隐喻理解过程描述理论了。

与塞尔强调的策略不同,意大利人文学者埃科对于隐喻理解过程的研究中特别强调知识的运用。埃科认为隐喻解释机制是建立在百科全书式的语义学之上的,隐喻主体对隐喻的熟悉度及其年龄和知识背景、隐喻本身的上下文语境、情境语境和文化语境等等,都是隐喻理解的因素,缺一不可,相互作用,制约着认知主体的隐喻认知过程。

埃科指出:"百科全书形式上的万分表现是潜在地无限的,它取的是 Q 模式的形式。也就是说,是诸属性的一种网络形式,其中,一些属性是另一些属性的解释成分,但没有任何属性能达到元语言构成的地位或达到属于语义全域的某种突出集装单位的地位。……,作为交换,建立在限制性解释之原则基础上的一种百科全书的表现(尽管是理想的)才能以纯粹地符号化的诸项解释诸属性间的'类似性'的概念。"④

不仅如此,由于隐喻不单单是建立在类似性(相似性)之上的,而且还是建立在对立性(差异性)之上的,因此"为考虑到这些现象,百科全书的表现应假

---

① [美]A. P. 马蒂尼奇,《语言哲学》,商务印书馆,1998,第 830 页。
②③ [美]A. P. 马蒂尼奇,《语言哲学》,商务印书馆,1998,第 831 页。
④ [意]U. 埃科,《符号学与语言哲学》,百花文艺出版社,2006,第 213 页。

定出格的语义学的规格,它要涉及施动者主语,施动者施动的对象,与之对立的可能的受动者,施动者使用的工具,动作的意图和目的,等等"①。鉴于此,埃科提出了一种隐喻共生文本(co-testuade)的解释理论,并具体给出了如下五条规则②:

(1)"构建出隐喻的义素的第一种成分表现。……这种表现应该只放大共有本文作为突出的属性而暗示出的诸属性,同时并'麻痹'其他的属性。这是第一次诱导(abductive,归因)的试验。"

(2)"在区域地被假设的百科全书中,区分出具有载体义素(隐喻的义素)的一个或多个义子(或语义标记)的另一个义素,同时使这个义素展现出其他的'令人感兴趣的'义子。"

(3)"请选择这些属性的一个或多个属性(或诸不同的义子),并根据它们构成波菲利之树,以至于诸对立的这些对组在高级的结点上相连结。"

(4)"当它们不同的诸属性或义子在波菲利之树相对较高的结点上相遇时,表达方式和载体展现出某种令人感兴趣的关系。"

(5)"检查一下在被假设出的隐喻的基础上,是否能够区分出新的语义关系,以便进一步丰富比喻的认识能力。"

应该说,埃科提出了这种隐喻共生文本(co-testuade)的解释理论,特别强调隐喻意义突显机制的描述方面,有非常重要的参考价值。

当然,不管斯但哈特的类比推理理论、塞尔的字面意义转换理论,还是埃科的共生文本理论,所有这些传统隐喻理解描述理论都有一个共同的薄弱环节,就是他们都是纯思辨的产物,缺乏对人类大脑中隐喻信息加工时有关神经机制的了解。20世纪70年代以来,随着脑科学研究的长足进步,为了建立有效的隐喻理解过程描述理论,我们也有必要来了解有关隐喻理解的大脑加工机制方面的研究成果,及其建立起来的各种隐喻理解的脑机制模型理论。

有关隐喻理解的大脑加工机制研究工作,目前主要关注的是隐喻理解过

---

① [意]U. 埃科,《符号学与语言哲学》,百花文艺出版社,2006,第213页。
② [意]U. 埃科,《符号学与语言哲学》,百花文艺出版社,2006,第228-230页。

程中加工模式和顺序两个方面的内容。根据 Gineste 的报告,对于隐喻大脑加工模式主要有"属性匹配法(Attribute Matching Approach)"和"概念隐喻观(Conceptual Metaphors View)"两种理论①。

由 Hubbell 和 O'Boyle 提出的"属性匹配法"理论②,主要关心的是记忆中词与词属性之间的联系,并认为隐喻的喻本和喻体由各自不同的属性组成,这些属性在不同的维度有不同的突显,在同一维度内分等级排列。当喻本和喻体的属性部分重叠时,更准确地说,当喻体的突显属性与喻本隐晦属性重叠时,隐喻意义得到理解,并在动态加工中,隐喻理解涉及喻本和喻体之间一种新的联系形式。

除了 Hubbell 和 O'Boyle 自己的实验外,也有其他隐喻理解方面的 ERP 实验证实了"属性匹配法"观点,如 Bonnaud 等人的研究③。

隐喻加工模式的"概念隐喻观"则是由 Lakoff④、Gibbs⑤ 和 Feldman⑥ 为代表提出和发展起来的一种加工模式理论。该理论的基本观点认为,隐喻是概念的,人类绝大部分的概念都是隐喻的,隐喻理解是神经连接主义的直接映射,因此隐喻理解牵涉的是人脑的运动—感觉系统。

在隐喻理解加工顺序的脑机制研究方面,则主要有三种不同的理论,即层次假说(hierarchical hypothesis 或 hierarchical approach)、平行假说(parallel hy-

---

① M. D. Gineste, V. Scart - Lhomme, Comment Comprenons - nous les Métaphores? L'Année Psychologique, 99, 1999:447 - 492.
② J. A. Hubbell, M. W. O'Boyle, The Effect of Metaphorical and Literal Comprehension Processes on Lexical Decision Latency of Sentence Components. J Psycholinguistic Research, 24, 1995:269 - 87.
③ V. Bonnaud, R. Gil, P. Ingrand, Metaphorical and Non - metaphorical Links: A Behavioral and ERP Study in Young and Elderly Adults. Clinical Neurophysiology, 32, 2002:258 - 268.
④ G. Lakoff, The Contemporary Theory of Metaphor. Metaphor and Thought. Cambridge: Cambridge University Press, 1993:202 - 251.
⑤ Jr. R. W. Gibbs, Evaluating Contemporary Models of Figurative Language Understanding. Metaphor and Symbol, 16(3&4), 2001:317 - 333.
⑥ J. Feldman, From Molecule to Metaphor: A Neural Theory of Language, The MIT Press, Cambridge, Massachusetts, 2006.

pothesis)和语境依赖假说(context-dependent hypothesis)。由 Clark 和 Lucy 在 1975 年提出的"层次假说"认为①,隐喻的字面意义先进入加工,意指的隐喻意义要等到大脑处理了字面意义,觉得与语境不适宜或不一致之后才可以通达,即大脑加工隐喻时先系统进入隐喻的字面意义加工层面,然后进入隐喻意义加工层面。

与"层次假说"不同,由 Glucksberg,Gildea 和 Bookin 提出的"平行假说"则体现了一种完全不同的认识观点,这种假说认为②,隐喻意义和字面意义可以平行进入加工,即隐喻意义和字面意义可以同时进入加工,因为隐喻语句和一般语句使用相同的"认知机制(cognitive machinery)"加工,即隐喻理解不需要分两步走,在理解隐喻意义时不一定要先排斥字面意义,即两种意义可以同时直接进入加工。

"语境依赖假说"则认为③,大脑在接受不适宜的字面意义之前,语境可以帮助发现隐喻意义。当语境相关时,只有隐喻意义进入加工,即在适当语境中,隐喻意义是唯一进入加工的语义。隐喻与其字面意义不同,它们只有在相关的上下文中才能被充分理解。如果有恰当的上下文,大脑可以不通过字面意义,直接加工隐喻意义;如果上下文不当,也可阻碍隐喻意义的理解。

综合上述有关已有的种种理论与观点,隐喻理解过程涉及内容是多方面的,除了一般语言理解过程所必需的(字面意义到表述意义,分步加工模型),理解一个隐喻牵扯到底层的隐喻概念涉身性获取问题(隐喻概念观),核心层的属性关联涌现意义问题(属性匹配观、同时加工模型)、隐喻知识利用问题(百科知识观)、语境作用机制问题(语境依赖假说),以及高层类比推理机制(类比逻辑理论),等等。

---

① H. C. Herbert and Peter Lucy. Understanding What is Meant from What is Said: A Study in Conversationally Conveyed Requests, Journal of Verbal Learning and Verbal Behavior 14, 1975:56 – 72.
② S. Glucksberg,P. Gildea, H. A. Bookin, On Understanding Speech: Can People Ignore Metaphors? Journal of Verbal Learning and Verbal Behavior,21,1982:85 – 98.
③ S. Glucksberg, The Psycholinguistics of Metaphor, Trends in Cognitive Sciences,7(2), 2003:92 – 96.

因此，我们比较赞同在隐喻理解的"全脑说"理论①，该理论认为，不同的隐喻理解在不同的大脑区域加工，因为对于语言理解的完整的神经语言学模型，必须包括大脑左右半球表征和加工。隐喻理解，特别是对于新隐喻的理解，是一种创造性的思维过程，因此很可能会涉及更多的右脑加工。

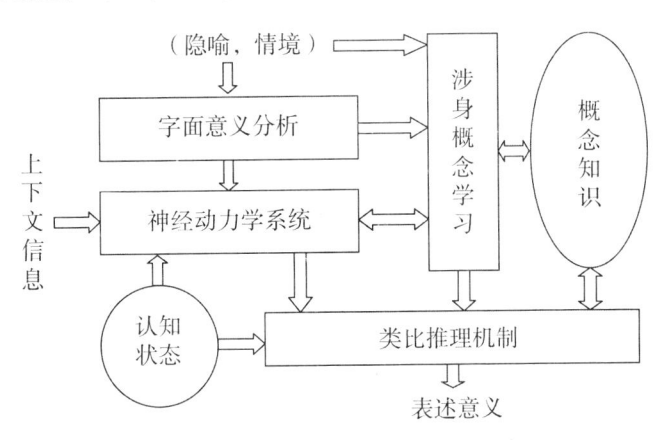

图 2.3　隐喻理解的过程模型

我们认为，隐喻理解的认知过程不能简单地看作是一个分步骤串行的信息加工过程，而应看作是一种具有不可逆特点的非线性多因素神经动力学过程。理解和学习是互动的两个方面，理解是一种能力和机制，学习通过这种能力活动得以进行，并反过来促进这种理解能力的加强和发展完善。对于研究喻底获得机制而言，我们也不必关心喻本与喻体的本身意义是什么，而只需关心其成分属性是如何通过相互作用来形成相似点（喻底）的，特别是不依赖于分解层次的一般性整合机制。于是，对于隐喻理解过程的描述，也就可以采用图 2.3 所给出的模型来解释。

一方面，对一定话语情景下给定的隐喻进行字面意义分析，获取喻本、喻词与喻体及其对应的语词意义，然后在当前的认知状态（提供文化背景、经验知识、思想意图等主观语境信息），我们的神经动力学系统针对获取的字面意

---

① C. Burgess, C. Chiarello, Neurocognitive Mechanisms Underlying Metaphor Comprehension and Other Figurative Language. Metaphor and Symbolic Activity, II(1), 1996:67-84.

义信息,在上下文与话语情境等客观语境支持下,结合已有概念属性内容,动态选择喻本与喻体之间的相似性属性,作为相似点,据此最后进行隐喻类比推理,获得喻底,即隐喻的表述意义。

另一方面,作为一种隐喻理解过程互补性机制,还有一个隐喻性概念的学习积累过程,就是在隐喻理解过程的各个环节,同时始终存在着一个涉身概念的学习机制以及概念知识的积累过程,反映的是有关语言知识习得与运用能力的发展。

在我们上述给出的隐喻理解过程描述模型中,语境作用机制是处于核心地位,分布于理解过程的各个方面。不管是隐喻概念的适应学习,隐喻相似性属性的动态选择,还是隐喻意义的类比推理,其共同需要解决的关键问题均是如何利用语境信息交互作用,来有效获取隐喻意义的理解。

一般语境大致可分为话语语境(话语情境与话语上下文)和认知状态(背景知识与主观心境)两个部分,其中原则上文化、社会等因素可以反映在背景知识之中,而话语情境因素与话语上下文可归纳为话语语境。在我们的模型中,特别强调的就是理解主体认知状态在隐喻理解过程中所起的重要作用。我们认为,认知状态实际上起到提供说话者和听话者共享知识、信念和假设的作用,因为隐喻之所以能够被理解,是建立在话语交流双方共同生活经历的同显性基础上的,包括:(1)语言同显:共同语言知识为基础;(2)物理同显:共同生活经验为基础;(3)社会同显:共同社会准则为基础(文化社会背景、主观个人体验以及客观群体知识)。在隐喻理解中,只有充分考虑反映这些交流双方同显性因素的认知状态,才能处理好隐喻意义的推断问题。

总之,隐喻理解过程是一个依赖于这样三个内容相互作用的过程:(1)语言系统知识;(2)客观语境信息(情境和上下文);(3)主观认知状态(背景知识和主观心境)。通过这样的相互作用,就可以:(1)确定隐喻化的语言含义;(2)可以补充省略隐含的内容;(3)赋予特定的感情色彩;(4)排除隐喻歧义;(5)提供前提条件正确推断表述意义;(6)丰富隐喻的含义;(7)揭示隐喻的言外之意。这正是隐喻理解过程所要达到的最终目的。

第三章

分类识别

> 模式识别是研究模式的自动处理与判读的数学技术问题,它既包含简单模式的分类,也包含复杂模式的分析。
>
> [德]尼曼①

为了使机器能够完成隐喻话语"字面意义分析"的任务,首先需要进行的工作,就是要按照计算实现途径的要求,开展有关隐喻语言分析、归类、识别研究,以便能够有效地获取不同隐喻类别中的喻本、喻词、喻体及其相应的属性。因此,作为汉语隐喻计算释义的第一步,就是要对汉语隐喻进行分类识别,为隐喻意义的计算理解奠定基础。

第一节 汉语隐喻的分类研究

汉语比喻(隐喻)不但是十分重要的语言现象,而且同西方的隐喻一样,也是无处不在的语言现象。正因为如此,比喻在语言中的表现形式也丰富多彩,不同的结构形式、不同的喻体与喻本间的关系对比喻的表现方式都起着重要作用。在传统汉语语言学中,对比喻的讨论一直停留在辞格层面,甚至可以这么说,全部传统汉语比喻的研究史,就是一部辞格分类史。这样的研究基点

---

① [德]H. 尼曼,《模式分类》,科学出版社,1988,第4页。

是,比喻作为一种语言现象,只是一种主要用于诗歌和其他文学作品的修辞手段,而并不关注比喻的认知语义问题。也就是说,传统比喻研究,主要是传统修辞学对比喻的归类研究,一般是从修辞的语用效果出发来展开,并形成了各自的体系,其结果因观点的不同而不同。我国的比喻分类研究一般认为始于南朝,延伸到近代,经历了上千年的历史,大致可以分为草创、集成、发展和困顿这样几个阶段①。

从南朝到宋代,关于比喻分类的论述不多,刘勰的《文心雕龙》可以看作是比喻分类研究的先河之作②。刘勰从喻本的性质出发把比喻分为"比义"和"比类"两类,比义指以具体喻抽象的比喻,比类则指以具体喻具体的比喻。除了刘勰的"比义比类说",还有《涅槃经》中关于八种譬喻方式的分析。这些可以算作是我国最早比较鲜明的比喻分类理论。

比喻分类研究比较完整的成果出自宋朝,陈骙的《文则》是我国古代的一部修辞学专著,其中对比喻分类的论述,代表了古代比喻理论的最高水平。陈骙从喻词的有无,语句的多寡,喻体的多寡,喻体的类别、语气,喻本的虚实等角度,或以形式结构或以语义内含为标准,将比喻分为十类。即"比喻之法,大概有十……一曰直喻。或言'犹',或言'若',或言'如',或言'似',灼然可见。……二曰隐喻。其文虽晦,义则可寻。……三曰类喻。取其一类,依次喻之。……四曰诘喻。虽为喻文,似成诘难。……五曰对喻。先比后证,上下相符。……六曰博喻。取以为喻,不一而足。……七曰简喻。其文虽略,其意甚明。……八曰详喻。须假多辞,然后义显。……九曰引喻。援取前言,以证其事。……十曰虚喻。既不指物,亦不指事"③。

这十类比喻的划分对汉语比喻分类研究影响极为深远,其成果一直被后人所沿用,其划分标准也为以后的比喻分类研究树立了标尺,形式结构的不同成为切分比喻类型的一个重要依据。

---

① 王雪梅、周昌乐,《从隐喻认知的角度来看汉语比喻分类问题》,《和田师范专科学校学报》(汉文综合版),2005年第2期。
② [南朝]刘勰,《文心雕龙》,中华书局,1986。
③ [宋]陈骙,《文则》,人民文学出版社,1998。

当然,近现代比喻分类的科学体系诞生于20世纪初,当时正处于中西文化的碰撞交融时期,一些学者一方面继承前人观点,另一方面借鉴西方修辞理论,比喻作为修辞学一个分支开始受到广大学者的重视。近现代比喻分类研究较之以往有所突破,开始从句法和篇章角度探讨比喻,但更多的是对前人的因袭和西方修辞学成果的生搬硬套。直到1932年陈望道的《修辞学发凡》出版,才标志着中国现代修辞学的正式创立①。

陈望道先生抛弃了多重标准的分类方法,完全以喻本、喻体和喻词的异同和隐现为标准,分出了"明喻""隐喻"和"借喻"三种类型,不过,他同时也抛弃了《文则》中用其他标准划分出来的不少有特点、有价值的类型。

到了20世纪80年代,比喻分类研究可谓百花齐放、百家争鸣,短短十来年的时间里,具体的比喻小类很快增到三十类,各种专著、教科书、文献,都有对比喻的论及,甚至出现了论述比喻的专著。但由于各家分类缺乏一个统一的参照点,造成各种比喻类别庞杂,彼此之间互相交错,难以区分,以致不少修辞学家要花去大量笔墨讨论它们之间的区别,如比喻与比拟、比喻和象征等,传统比喻分类的研究也开始走向繁琐化的误区。而到了当代,这种穷枝末节的探讨已经发展到了极致②。比喻的传统分类学研究,也终于走进了困顿之中。

尽管如此,如从语用效果分析角度看,传统修辞学的比喻分类成果还是极为丰富的。比如仅《汉语修辞格大辞典》中比喻的类别就有24种③;加上《修辞通鉴》三版中24类的不同类别④,喻格多达32种。它们是:明喻、暗喻、借喻、潜喻、博喻、约喻、缩喻、扩喻、属喻、引喻、曲喻、联喻(连喻)、回喻、择喻、反喻、逆喻、对喻、疑喻、物喻、事喻、互喻、合喻、顶喻、较喻、进喻、倒喻、提喻、补喻、不喻、派生喻、兼喻、类喻。此外,散见在各类教科书和文章中的喻类还有:是喻、非喻、正喻、讽喻、复喻、换喻、提喻、单喻、简喻、详喻、诘喻、强喻、弱喻、显比、隐比、直比、直喻、象喻、质喻、假喻、等喻、迂喻、环喻、饰喻等。其他书籍

---

① 陈望道,《修辞学发凡》,上海教育出版社,2001。
② 冯广艺,《汉语比喻研究史》,湖北教育出版社,2001。
③ 唐松波、黄建霖,《汉语修辞格大辞典》,中国国际广播出版社,1989。
④ 成伟钧、唐仲扬、向宏业,《修辞通鉴》,中国青年出版社,1991。

中，还有更为复杂的喻格，如联合式、解析式、对照式比喻，低级和高级比喻，对等式、不对等式、综合式、没有喻词的比喻，程度不等的比喻，否定方面的比喻等。

综观繁杂的比喻分类体系就会发现，传统汉语比喻的分类研究存在着严重的缺陷，概括起来有以下几大方面：

（1）名目设立杂糅：中国古代修辞学研究原本就缺乏系统性，对比喻的分类研究仅散见于各类文论。而到了近代，西方修辞理论的涌入，大量全新术语的借鉴，又没有同传统理论和汉语现状有效地融合，就造成现有类与类之间，既没有一个完整的体系，又没有科学的界定，中西术语杂糅，古今名类同在。

（2）标准缺乏统一：如果说缺乏统一的规范和界定，造成了比喻类别的繁复；那么分类标准的各异，就导致比喻类别的杂陈。研究者把目光集中在比喻活动的表象，而不注重研究材料的客观收集与分析，一见到形式结构有异，便立刻命名立类，一人一个标准，一人一个看法。

（3）名目同异交错：在比喻类别系统中，由于在命名时缺乏对既有分类成果的传承以及外来成果和汉语现状的有效融合，各种喻类命名存在着严重的冗余，很多以不同名称出现的比喻原就是同一类别，而以同一名称出现的类别又是异类。比如博喻、复喻和连喻，象喻和质喻，类喻和派喻，逆喻和倒喻，互喻和环喻，饰喻和缩喻等，其实都是异名而同类。

（4）外延过于狭窄：比喻基于相似性联想，以甲事物来描述乙事物，说它是一种思维方式也好，是一种修辞方式也好，其中所谓的事物，不管是喻本还是喻体，都应既包括事物本身，也包括事物以外的行为动作、性质状态等，即事物的外延。但传统的修辞学研究往往拘泥于词的本身意义，把许多基于相似性的辞格排除在比喻之外，比如拟人、拟物、移就、通感等等。

（5）缺乏机制认识：在认知科学的角度看，隐喻是一种基于类比思维的语言现象，是通过类比映射来完成字面意义到表述意义的达成。因此如何通过复杂纷繁的比喻形式，透过现象看本质，从认知机制上来提出比喻分类的标准，是传统比喻分类研究的一个空白。

长期以来，由于比喻研究始终立足于修辞功能，对其本身的语法格式和构成规律,及除语用以外的其他研究,始终少有人涉及,即使偶有,最终也还是回归到其在文章表达所产生"敷华""惊听"的效果之上。而表达效果本身就是一个主观性极强的参数,比喻分类研究者们往往根据自己的理解各行其是,其类别名目自然也就不一而足。因此很难形成真正统一的、具有内在一致性的、科学的比喻分类体系。

20世纪80年代以后,随着学术界的语言学转向以及认知科学在西方的兴起和发展,哲学家、认知科学家、计算机科学家都开始关注比喻(隐喻)这一特殊又普遍的语言现象,并开始了认知与计算化研究。于是,如何从认知与计算的视角出发,来对比喻进行重新分类就成为一项十分重要的研究课题[1]。但遗憾的是,就汉语而言,尽管前人对比喻分类已经进行了卓有成效的研究,并取得了巨大的成就,但这些成就却无法直接为认知与计算的研究所运用。因此,我们需要重新构筑汉语比喻分类体系,以满足隐喻计算理解研究的需要。

显然,根据不同的角度、观点与目标,完全可以产生与传统比喻分类不同的分类结果。从是否含有隐喻词的角度,隐喻被分为显性隐喻(明喻,如"她的脸蛋像苹果")和隐性隐喻(暗喻,如"人类乃一会思想的芦苇")。从隐喻认知功能的角度,隐喻被分为根隐喻与派生隐喻;根隐喻指的是一个作为中心概念的隐喻,如"人生是一种旅途",由此而衍生出来的隐喻,如"人生的起点或终点""生命的车站"等就叫作"派生隐喻"。从隐喻的句法构成特点的角度,隐喻被分为名词性隐喻(如"思想的线索")、动词性隐喻(如"船犁大海")、形容词性隐喻(如"生活很仁慈")、副词性隐喻(如"他绵羊似地跟在她身后")和介词性隐喻(如英语里"within hours"将时间比喻成空间)。从隐喻语义结构的角度,隐喻被分成喻体、喻本和喻底同现式隐喻(如"她的脸像苹果一样圆"),喻本喻体同现式隐喻(如"祖国是母亲"),喻体式隐喻(如"推翻三座大山",这里三座大山的喻本没有出现)和喻本式隐喻(如"Her son had been damaged in a crash 她儿子在一次撞车中受伤了"隐含的隐喻是 human being is an object 人是

---

[1] 周昌乐,《关于构建新的汉语比喻分类体系的思考》:一种认知计算的观点,《外国语言文学研究》,2005年第3期。

一个物体)。从认知概念的角度,则可以将比喻(隐喻)分为陈述型、主题型、基本型、传达型、具象型、生机型、拟人型和通感型等等。以及从类型层次的角度,又可将隐喻分为基于性质的隐喻(如"小李是条狼"),基于关系的隐喻(如"船耕大海")和基于多元谓词的隐喻(如"李兵融化在军队的熔炉之中"),如此等等。

  从计算的角度看,对于隐喻的分类研究又必须从可计算化实现的立场来进行。客观化、形式化和自动化,是对隐喻重新进行归类研究的必然要求。只有这样,才能为自然语言的机器处理提供有效的帮助。因此,进行汉语比喻分类体系的构建研究,主要是明确目标并采用计算化的方法来辅助进行。很明显,我们关心比喻分类的目的在于能用唯一正确的机制来解释比喻义,而比喻义的理解不能单凭研究者个人的经验推得,必须依据客观化的指导原则,并尽可能采用精确的形式化方法描述、自动化计算来辅助。只有这样,才能建立明确的标准和精确的规则,使各种喻类在所建分类体系中各个层次内都有着唯一精确的定位,从而不但克服传统比喻分类的缺陷,而且能够为汉语比喻信息处理提供最可靠的有效资源。

  首先,比喻分类的目标是确定比喻表现底层的认知机制和规律。主要可以通过三个层次的研究来进行,即认知神经的层次、认知心理的层次和认知概念的层次。前两者是后者的基础,主要任务是研究比喻运用的人脑机制,从而指导比喻分类标准的制定。后者,对认知概念层次的研究则是要基于人脑机制给出的分类准则,对比喻的范畴进行严格的认知界定。根据同从异出的原则,厘清事物之间类比关系,要涵盖事物以外的行为动作、性质状态等外延特征。通过这样的研究,最终给出建立分类体系的认知原则,从而能够指导比喻分类的具体展开。

  其次,就是要充分运用计算化方法,来对比喻分类进行客观化、形式化、自动化的具体工作。计算的客观化研究方法,主要是在大量比喻语料的基础上,运用统计计算模型,来进行的一种分类研究。有时,为了分类的效果更加完善,往往需要采用数据挖掘、软计算、机器学习等一些高级人工智能方法来进行。当然,精确的计算分类也离不开分类系统结构的形式化,运用语料统计以唯一的形式确定各种喻类,依赖于所建立分类规则的清晰无矛盾性,包括结构规则和语义规则。一般,可以采用形式语法、知识表示和逻辑描述等方法来完成比喻中喻本与喻体、形式与意义等要素之间构成规律的描述。为此,要充分考虑比喻中有关相异性、相似性、相关度问题。

最后,面向形式化计算研究的需要,在对隐喻现象与规律进行语言分析研究基础之上,要根据隐喻机器理解的要求,给出一般情况下隐喻表现形式与理解方式的分类体系,包括理解不同隐喻类别所涉及的属性知识域。

比如,表3.1就是我们从喻本、喻体和相似性关系三者的认知结构来进行的比喻分类研究的初步结果,将汉语比喻分为九种类别①。表中三角形表示喻本喻体事物的属性金字塔,从塔尖到塔底表示特征从显著到微弱的程度递变,其中T表示喻本,V表示喻体,S和表中阴影部分表示相似性。研究中我们充分利用了计算机辅助方法,并通过语料统计进行了结果验证。

表3.1 一种汉语比喻的认知结构分类结果表

号	名称	特点说明	关系图示
1	明确隐喻	喻本T,喻体V,相似性S均在句中。S有三种位置。	T 像V一样 S T S 一样 S T 像 V S
2	特性隐喻	喻本T,喻体V,相似性S隐藏,但为喻体最显著特性。	(T/V图示,S在中间)
3	相关隐喻	喻本T,喻体V,相似性S隐藏,在H范畴下两者具有相似性。	(H范畴下T、S、V图示)

---

① 杨芸、周昌乐等,《基于理解的汉语隐喻分类研究初步》,《中文信息学报》,2004年第3期。

续表

号	名称	特点说明	关系图示
4	事件隐喻	喻本喻体为一件完整的事件。主语、谓语、宾语之间的结合存在相似性。	
5	关系隐喻	喻本显著而喻体隐蔽,它们之间通过某种动作行为或状态F产生相似,形成隐喻。	
6	位移隐喻	喻体V,从自己的领域转移到喻本的领域,相似性即为喻体的特征。	
7	比拟	喻体V的特征经过相关性转换,加入喻本属性中,并且成为属性金字塔塔尖的最显著特征。	
8	借喻	喻体V直接替代喻本T,喻体的属性为喻本属性的子集。喻本与喻体之间为隶属关系。	
9	夸喻	喻体V:是把词义在范围或程度上向外或向上扩大,或者向内或向下缩小。	

戴帅湘在上述分类的基础上,基于图论的思想提出了一种隐喻语义网络[1]:语句被形式化为包含对象、方法和属性的三层结构,隐喻网络就是把隐喻抽象为一个由隐喻语义特征作为节点,语义关系作为节点间有向连接弧的几

---

[1] 戴帅湘、周昌乐等,《隐喻计算模型及其在隐喻分类上的应用》,《计算机科学》,2005年第5期。

何语义网络,隐喻网络试图通过几何运算来推导隐喻含义。隐喻网络的各个节点之间一定存在一个含隐喻弧的封闭语义回路,简称为隐喻回路。比如,图3.1 为"船犁大海"的隐喻网络:α 称为"调用弧",表示对象之间的字面关系;β 称为"常识弧",表示与对象有关的常识;θ 称为"隐喻弧",表示对象之间隐喻函数关系成立;节点"航行"为虚节点,用来表示句中未直接出现的喻本。在还未判断出隐喻关系是否成立的情况下 θ 弧暂用同性弧 γ 代替,当 θ 弧取代 γ 弧的时候,语义网络便成为隐喻网络。在未发现隐喻网络之前构建的该网络仍为一个语义网络,当发生语义冲突时,原语义网络便成为一个隐喻网络。这是对汉语隐喻分类形式化的首次理论尝试,但是对语义网络如何转化为隐喻网络从而完成隐喻识别任务则没有进一步实现。

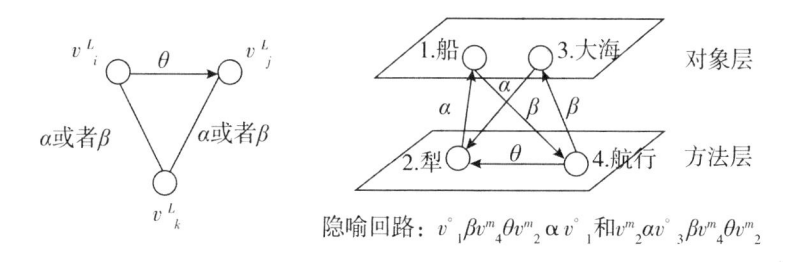

隐喻回路:$v^\circ_1 \beta v^m_4 \theta v^m_2 \alpha v^\circ_1$ 和 $v^m_2 \alpha v^\circ_3 \beta v^m_4 \theta v^m_2$

图 3.1　隐喻网络

当然,面向计算化研究的隐喻分类,还有一个分类系统的实现与应用问题。就这一点而言,不但要通过机器程序的开发,如果不是全面的话,起码也要尽可能自动完成汉语比喻分类体系的辅助构建;而且,比喻认知机制及其分类体系的建立,不仅要解决汉语比喻分类问题,更重要的是要有助于汉语比喻信息处理的研究工作,为中文信息处理技术的发展,奠定新的基础。

总之,比喻分类问题是一个古老的话题,如何运用当代新兴学科来重新开展汉语比喻分类研究,是我们关注的主题。通过对传统喻类进行分析和述评,我们不但指出了传统比喻分类体系的缺陷,而且讨论了进行汉语比喻分类再研究的新方法,即计算的方法。我们相信,这种全新的方法,必定会将汉语比喻的分类研究带入一个新的发展时期,不但可以解决传统比喻分类研究中存在的问题,而且可以直接推动我国中文信息处理技术的发展。

第二节　面向理解的分类体系

所谓面向理解的汉语隐喻分类研究,就是要在隐喻语言分析的基础上[1],根据隐喻机器理解的要求,给出一般情况下汉语隐喻表现形式与理解方式的分类体系,包括理解不同隐喻类别所涉及的属性知识域,为汉语隐喻的分类识别及其意义推断方法的构建策略提供基础。我们知道,汉语的隐喻表达形式比较复杂,不同的隐喻表达往往需要采用不同的理解策略进行处理,这就需要从意义理解的角度对隐喻表达形式进行分类。我们的研究结果表明,隐喻表达形式的复杂性主要体现在隐喻角色之间的句法依存关系的不同模式上,因此我们采用语义依存关系分析方法来对汉语隐喻的表达形式进行分类,建立一种基于隐喻角色依存模式的汉语隐喻分类体系。

根据依存语法[2],语句中语词之间是具有方向性支配关系的,这种支配与被支配的关系就称作依存关系。依存关系既可以是语句中语词之间的句法关系,也可以是语义关系。在语义依存语法中,支配语词又称为被支配语词的中心词。中心词通常体现所在短语的主要语法、语义特征,而短语间的支配、被支配关系则由短语中心词之间的支配、被支配关系来表示。当然,隐喻语句也是一种语句表现形式,因此依存语法分析方法同样也适用于隐喻语句的依存关系分析。比如,对于如下两个隐喻语句:

a. 他是一只狮子。

b. 他是一只困在笼中的狮子。

对应的依存语法分析树分别见图 3.2(图中结点内部为词性标记,详见表 3.2)。

---

[1] 杨芸、周昌乐,《汉语隐喻的语言形式特征及其对隐喻机器理解研究的影响》,《心智与计算》,2007 年第 4 期。

[2] J. J. Robinson, Dependency Structures and Transformational Rules. Language, 46(2), 1970: 259–285.

（a）他是一只狮子

（b）他是一只困在笼中的狮子

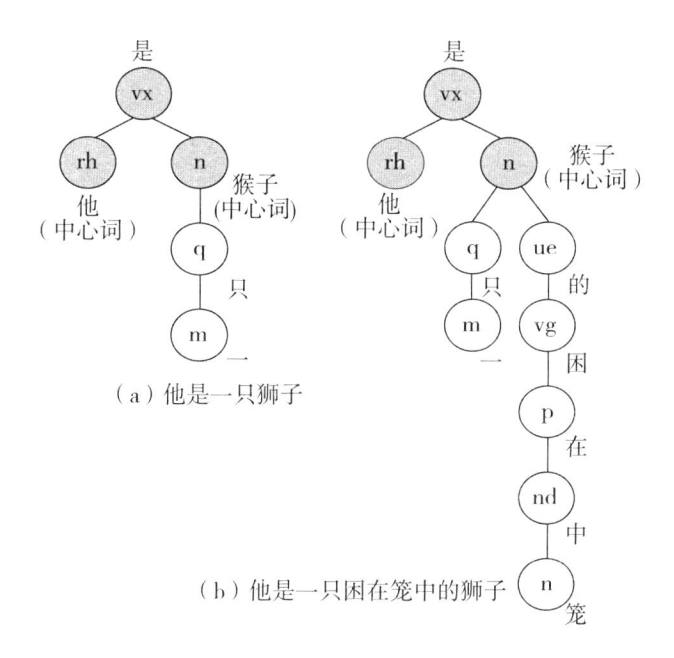

图 3.2　隐喻依存句法结构图

表 3.2　汉语隐喻分类体系标记说明

a	形容词	r	代词	LAD	前附加关系
b	区别词	u	助词	ARD	后附加关系
c	连词	v	动词	VV	连谓结构
d	副词	vb	助动词	ADV	状中结构
e	叹词	vd	副动词	CNJ	关联结构
g	语素字	vf	形式动词	IS	独立结构
h	前接成分	vg	一般动词	MT	语态结构
i	习用语	vn	名动词	CMP	动补结构
j	简称	vq	趋向动词	DE	"的"字结构
k	后接成分	vx	系动词	DI	"地"字结构
m	数词	vz	能愿动词	DEI	"得"字结构
n	名词	wp	标点	BA	"把"字结构

续表

nd 方位名词	ws 字符串	BEI "被"字结构
nh 人名	x 非语素字	HED 核心
ni 组织专名	ATT 定中关系	IC 独立分句
nl 处所名词	COO 并列关系	DC 依存分句
ns 地名	QUN 数量关系	Met_t 喻本角色
nt 时间名词	POB 介宾关系	Met_v 喻体角色
nz 其他专名	VOB 动宾关系	Met_g 喻底角色
o 拟声词	SBV 主谓关系	Met_m 喻词角色
p 介词	APP 同位关系	\<EOS\> 句号标志
q 量词	SIM 相似关系	

但除了能够对隐喻语句进行依存语法分析外,仔细分析图3.2我们还能发现,虽然两个语句均是将"他"等同于"狮子",虽然两句中"狮子"和"他"的相对位置不同,并且b句中的"狮子"还有前置定语的制约,但当我们将它们转化成依存句法树的形式,就会发现两个喻体表达的中心语均出现在相同的位置上。也就是说,我们可以看到"他是一只狮子"和"他是一只困在笼中的狮子"的喻本描述"他",喻词"是"和喻体描述的中心词"狮子",同处一个相同的句法依存框架,如图3.2阴影部分所示。反映了这两个隐喻语句具有相同的隐喻结构模式,也即喻本、喻词和喻体之间的依存关系相同。这样,就为隐喻语句表达形式的分类提供了依据。

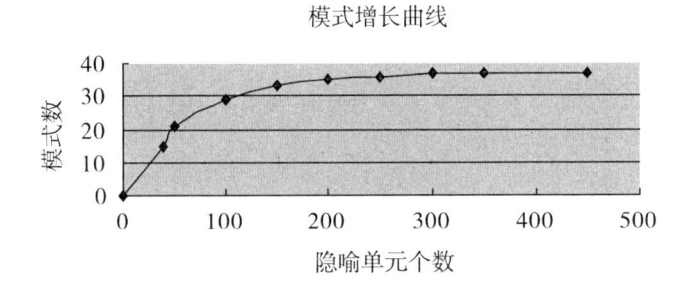

模式增长曲线

图3.3 隐喻依存句法结构增长曲线

实际上，经过我们对汉语隐喻语料库中500个语句，约1000个隐喻单元的依存句法标注分析发现①，一个隐喻单元（不仅限于一句话，短语或单、复句都可以成为一个隐喻单元，只要符合隐喻发生的条件即可作为一个隐喻单元）中表达喻本、喻体的话语之间的依存结构关系是相对封闭和有限的。表达形式和意义差别极大的隐喻句在形成依存语法分析树之后，其喻本、喻体相关语言成分之间的依存关系却可以体现出共同的模式。图3.3是隐喻单元数目的增长与隐喻依存结构模型增长的关系图。从中可以看出，随着隐喻单元数目的增长，隐喻依存结构模型的数目趋于稳定。因此，我们确实可以借助依存语法来建立一种能体现隐喻构成要素（喻本、喻体、喻词和喻底）相关表达特征的有限依存结构模式，并据此建立汉语隐喻话语的分类系统。

为此，我们首先需要给出一些约定和说明。在一个隐喻话语单元中，出现的喻本、喻词、喻体和喻底通常都是由词语来表示，对应的是现实世界中的概念，为了方便形式化处理，我们将喻本、喻体、喻底和喻词的语言表达定义为如下相应的"隐喻角色"：

喻本角色：隐喻语言单元中用来指示喻本的语言描述。

喻体角色：隐喻语言单元中用来指示喻体的语言描述。

喻底角色：隐喻语言单元中用来揭示喻底的语言描述。

喻词角色：隐喻语言单元中用来标识喻词。

这里，在上述前三个角色说明中之所以强调"语言描述"，是为了能够处理在隐喻单元中即使这些角色对应语词或缺时，也能够映射该角色所属概念的内容。

比如，在"寂寞在唱歌"隐喻单元中，"寂寞"为语言中的一个单词，是语言层面的"喻本角色"并指向思维层面的"喻本"——抽象概念"寂寞"；与之对等的思维层面的"喻体"应该是作为具体概念的"人"，但"人"并没有在该话语中出现，而是通过人所特有的行为"唱歌"来指向，话语中的"唱歌"就是该隐喻语言层面的"喻体角色"。此外，该隐喻的特殊之处还在于，词语"唱歌"不仅充当

---

① 李剑锋、杨芸、周昌乐，《面向隐喻计算的语料库建设》，《心智与计算》，2007年第1期。

"喻体角色"指向真正的喻体"人",还充当"喻底角色",从"唱歌"的一些特征可以推导该隐喻为抽象概念"寂寞"所赋予的真实意义。

隐喻角色(喻本角色、喻体角色、喻底角色和喻词角色)是隐喻的语言表达成分,它们由语言字符串构成,并映射到认知世界中的喻本、喻体和喻底等实体。这样,将隐喻角色与依存语法分析相结合,我们就可以发现,无论一个隐喻话语表达有多么复杂,总能找到其中的隐喻角色,无论隐喻角色为词语、短语还是子句,总会存在一个中心词,即角色中心。

于是,我们可以依据依存语法分析方法,来发现一个隐喻单元中的隐喻角色,并寻找各隐喻角色中心及隐喻角色之间的句法依存关系,从而可以将一个隐喻话语单元形式转化为一个隐喻角色依存模式,具体规则如下:

(1)一个隐喻话语单元能够表示成由它的隐喻角色及角色之间的依存关系构成的结构依存树模式。

(2)每个隐喻角色可以是词语、短语、语句,但有且仅有一个独立的中心词语,成为"角色中心";隐喻角色表示为以其角色中心为根的依存子树。

(3)隐喻角色之间的依存关系通过各角色中心的依存关系来表示,也就是各子树之间的依存关系由子树根之间的依存关系来表示。

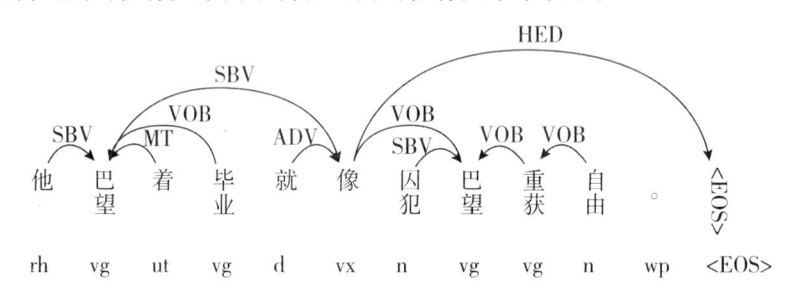

图 3.4 语句的依存句法表示

例如,对于语句:

他巴望着毕业就像囚犯巴望重获自由。

对应隐喻角色依存模式的构成过程如下所述。

首先,将该句表示为依存结构,如图 3.4 所示(图中出现的标记含义参见表 3.2)。词语下方为词语的词性标记,词语之间的依存关系用带属性的从被支配词指向中心词的有向弧表示。根据依存文法规则,动词"像"是该语句的中心,同时也是该隐喻的"喻词角色"。

a. 依存句法模式　　　b. 隐喻角色依存模式

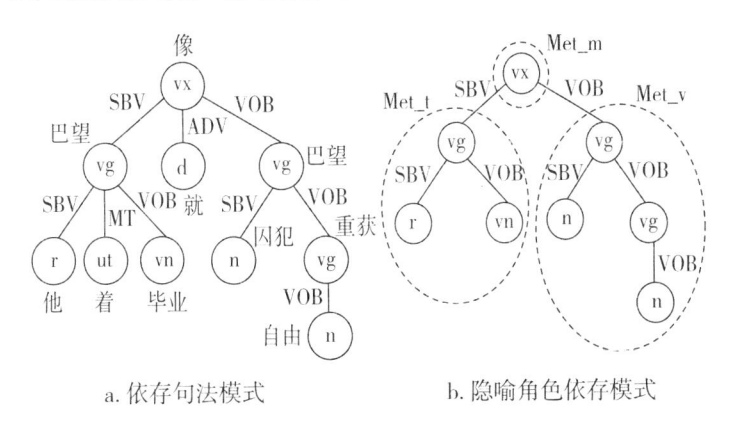

图 3.5　依存句法模式与隐喻角色依存模式对比

接着,依存句法结构被转换成一棵依存句法树,如图 3.5(a)所示。指称动词"像"是该依存句法树的树根,且为隐喻的"喻词角色",由"Met_m"标记;短语"他巴望着毕业"是该隐喻的"喻本角色",是一棵以角色中心"巴望"为根的子树,由"Met_t"标记;短语"囚犯巴望重获自由"是该隐喻的"喻体角色",也是一棵以角色中心"巴望"为根的子树,由"Met_v"来标记。"喻本角色"是动词"像"的主语,两者构成"主谓"语义关系,由"SBV"标记;"喻体角色"是动词"像"的宾语,两者构成"述宾"语义关系,由"VOB"标记。

如果将具体的词语和一些无实意的虚词去掉,仅保留依存句法结构,则得到该语句的依存句法模式,如图 3.5(b)所示:树根为动词 vx,左右分别有两棵子树:喻本角色 Met_t 和喻体角色 Met_v。在 Met_t 子树中,vg 为子树树根,直接与树根 vx 相连,子树根 vg 以下成分均依存于它;同样,在 Met_v 子树中,vg 为子树树根,直接与树根 vx 相连,子树根 vg 以下成分均依存于它。

这样,一个隐喻话语单元可以被形式化为一棵依存句法树和隐喻角色依存模式。每一个隐喻角色成为该模式中的一棵子树,角色中心就是子树树根。由于一棵树由其树根唯一地确定,这样,寻找隐喻角色之间的关系就转化为寻找子树根之间的关系。一旦我们找到了子树根之间的关系,即找到了隐喻角色之间的关系,并且通过找到的子树根就能标记整个子树,从而确定隐喻角色的范围。

定义 3.1 语句的依存句法树 $T=[V, DR, root(T)]$,其中 V 为词语集合,v_i 表示树的节点,i 表示词语在语句中的位置编号,$V=\{v_1,v_2,\cdots,v_n\}$;DR 为词语之间依存关系的集合,$DR=\{DR(1), DR(2),\cdots, DR(N)\}$,其中 $DR(i)=(H_i, R_i)$。DR(Dependency Relation)表示语句中第 i 个词的中心词为第 H_i 个词,它们之间的语义关系为 R_i。如果语句中第 j 个词是整个语句的中心词,那么 $DR(j)=(H_j, R_j)=(-1, \text{'HED'})$;root(T)表示依存句法树的根节点,表示语句的中心语。

性质 3.1 一个语句具有唯一的依存句法树 T。

由依存句法的定义及构造过程可知句意明确的语句只有一个语义依存结构,如果具有多个语义依存结构则说明语句一定有歧义,这里只讨论句意明确的语句,即假定所有待处理的语句都已经消歧。

定义 3.2 一个无嵌套的隐喻句 $M=\{Met\_t, Met\_v, Met\_g, Met\_m\}$,Met_t 表示喻本角色,为 T 的一棵子树;Met_v 表示喻体角色,为 T 的一棵子树;Met_g 表示喻底角色,为 T 的一棵子树;Met_m 表示标记角色,为 T 的一棵子树。

性质 3.2 隐喻角色之间的支配、被支配关系由隐喻角色的中心词间的支配、被支配关系表示。

隐喻角色本身为隐喻句依存树的子树,其子树根即为隐喻角色的中心,因此隐喻角色之间的依存关系可以通过角色中心词的依存结构来表示。

性质 3.3 隐喻角色 Met_v,Met_t 和 Met_g 是可以嵌套的,即隐喻句 M 中的隐喻角色仍然可以是另外一个隐喻结构。隐喻依存结构之间具有可嵌套的特性。

有了隐喻语言结构和语义双重形式化描述的"隐喻角色依存模式",我们就可以将其作为建立汉语隐喻分类体系的标准。具体来讲,根据"隐喻角色依存模式"对隐喻现象的分类即相当于对隐喻角色之间的语义关系、隐喻角色在语句中的分布以及它们出现的位置情况的分类。根据第一章第二小节 Goatly 给出的隐喻定义,一般触发隐喻的两大基本特征是指称异常和搭配异常。因此,相应地我们也将隐喻划分为两大系列,分别是"非常规指称型隐喻"和"非常规搭配型隐喻"。在两大隐喻系列之内,再根据不同的隐喻角色搭配的结构特征,来形成进一步细化子类(模式)。

(1)非常规指称型隐喻:非常规指称型隐喻是在一个指称型语言结构中,被指称事物由常规情况下不会指称它的事物来指称。主要通过以下几个语言结构来实现:

a. 由指称动词(由 vx 标记)为中心词连接主语和宾语(两事物),形成指称依存结构,其中,指称动词包括:是(不是)、叫、叫做、变成、成为、当成、当作、算、算作、为、作为、像、像是、如、犹如、倘若、恍如、好像、好似、俨然、就是、宛若、宛如等;

b. 由同位关系结构形成指称依存结构,常由破折号"——"或逗号连接。

c. 间接所指形式,由"像……"或"像……一样"结构引导一个状语或者补语,与主语或宾语之间形成间接所指关系。

如表3.3 所列前21 种角色依存模式均属于非常规指称型隐喻子类,每一种指称型隐喻子类模式中隐喻角色的位置、隐喻角色之间的关系都作为"类别模式"存储下来,可以作为隐喻分类识别算法和隐喻意义推理解释算法的依据。

从结构上看,非常规指称型隐喻通过直接指称和间接指称两种方式实现,从指称关系双方的特征上看,又可以得到4 种组合:"物被物指称""事被事指称""物被事指称""事被物指称",四种组合中以"物被物指称"和"事被事指称"为主,但是后两种指称关系从我们对隐喻语料的分析来看,也占有一定比例。

(2)非常规语义搭配型隐喻:语义搭配异常指的是一个语言单元中各成分之间符合语法约束条件,但是却在意义关联上与人们的常规认知相冲突,进而引发的隐喻。这一类情况的隐喻现象包括:主谓搭配异常型隐喻、述宾搭配异常型隐喻、主谓宾搭配异常型隐喻、定中搭配异常型隐喻、状中搭配异常型隐喻、动补搭配异常型隐喻等。

如表3.3 所列后11 种角色依存模式属于非常规语义搭配型隐喻子类。注意,在搭配异常中,虽然"语法"搭配异常也可导致隐喻的形成,如"生活可以很香港",但是,从我们对隐喻语料的分析来看,语法异常的隐喻属于极为少见的情况。通常情况下,语法的异常通常被当作语法错误来处理,加上语法上的异常,较易通过语法规则进行查找和判定,因此,我们这里不考虑语法类隐喻现象。

由语义搭配的异常而引发的隐喻,其判别较指称异常型隐喻要复杂,因为这种类型隐喻不仅涉及人们对万物分类体系的认知,还涉及人们对万物所具有属性的认知。但是所划分出的模式清晰地给出了可能的搭配双方以及双方之间的依存关系,因而借助知识库寻求计算上的量化判断也是可行的。

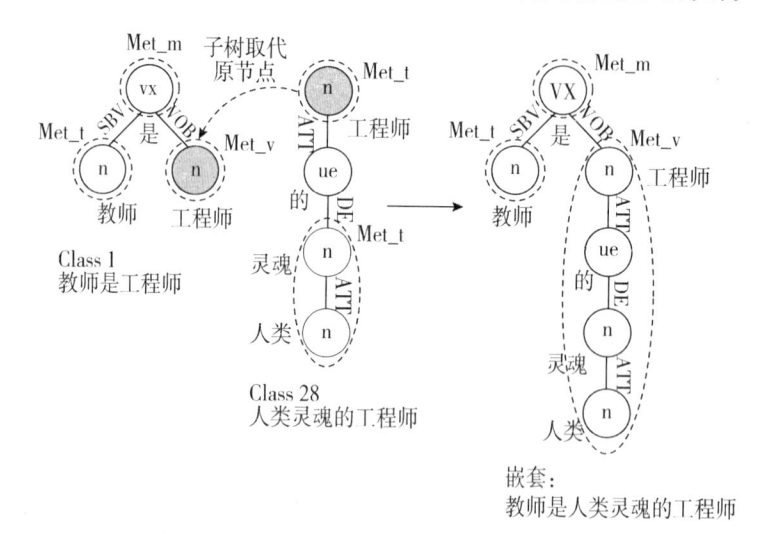

图 3.6 嵌套隐喻的构成示例

"非常规指称型隐喻"和"非常规搭配型隐喻"是汉语隐喻两类基本的表现方式,我们经过对《人民日报》隐喻语料库 500 隐喻句、约 1000 个隐喻单元的隐喻角色依存模式分析,结果发现这两类所辖 32 种隐喻类别模式的隐喻关系覆盖率达到 95% 以上。

对于复杂隐喻结构,则可以通过上述 32 种基本类别模式的组合来产生,形成更为复杂的嵌套隐喻。隐喻的嵌套发生在基本的隐喻类别模式之间,嵌入的方式是嵌入依存树作为被嵌入的依存树的子树取代原来节点的位置。图 3.6 为把"人类灵魂的工程师"嵌入"教师是工程师"的过程。

表 3.3　基于依存角色模式的汉语隐喻模式分类表

类别	基本模式描述及依存模式框架		例句
（1）	"A vx B"结构：A 和 B 均为单独的名词或代词（Entity ≈ Entity）	(依存树图：Met_m-vx，SBV连接Met_t A(n)，VOB连接Met_v B(n))	祖国像母亲。
（2）	"A vx B"结构：AB 是定中结构名词短语，A 或 B 的定语往往揭示该概念最显著的属性或特征（Entity ≈ Entity）	(依存树图：Met_m-vx，SBV连接n，VOB连接n，两n分别ATT连接?)	相扑比赛场堪称一件和谐完美的艺术品。
（3）	"A vx B"结构：A 和 B 为主谓结构短语或子句。分中心动词相同与否两种情况。	(依存树图：Met_m-vx，SBV和VOB分别连接vg，每个vg下SBV/VOB连接n,n)	他巴望着毕业就像囚徒巴望重获自由。
（4）	"A vx B"结构：A 是名词短语，B 为动词短语（Entity ≈ Event）	(依存树图：Met_m-vx，SBV连接Met_t A(n)，VOB连接vg，vg下SBV/VOB连接n,n)	眼泪像大堤溃决。

续表

类别	基本模式描述及依存模式框架	例句
(5)	"A vx B"结构：A 为动词短语，B 为名词短语（Event ≈ Entity）	她降临人间就像某个神灵叛逆的笑声。
(6)	"A vx B"后，有分句充当补语；或"A vx B"前，有分句充当状语。分句往往是隐喻的喻底角色。	他犹如一头困在笼中的狮子，动弹不得。
(7)	"A vx B1, vx B2, vx B3…"连谓结构，一个喻本角色由多个喻体角色指称	你是月亮，是星星，是整个世界。
(8)	"A vx B1, B2, B3…"多宾语结构，与模式(7)相比，多个喻体角色只由一个指称动词引导	爱情是一种感觉，一种默契，一种感应。
(9)	"A1, A2, …vx B"多主语结构，该模式通过一个喻体来喻两种以上的喻本	好的电影，好的文学作品，是我们的镜子。

续表

类别	基本模式描述及依存模式框架	例句
(10)	"A vx B"之后紧跟一个独立分句(隐喻递进现象多发结构)	嵩山像一朵莲花,少林寺建筑在莲花之中。
(11)	"A 像 B 一样",标记"SIM"将相互比较的概念链接在一起	这些人全像蚂蚁一样。
(12)	"A—B"同位结构,两者用比拟标记"SIM"链接	眉毛,眼睛的卫士。
(13)	"把 A 当作 B"结构,A 充当介词"把"的宾语,形成介宾短语	把她当作"稀世珍宝"。

类别	基本模式描述及依存模式框架		例句
(14)	"A + 形容词谓语 + '得'像 B"（AB 为间接指称）："得"字引导的结构作为谓语的补语，该谓语形容词往往是隐喻的喻底	依存模式框架图：a(Met_g) — SBV → n(Met_t A)；a — CMP → uf(Met_m) — DEI → vx — VOB → n(Met_v B)	脸蛋漂亮得像三色紫罗兰。
(15)	"A + 形容词谓语 + 像 B"（AB 为间接指称）："像 B"作 A 的谓语的补语，谓语形容词往往是隐喻喻底	依存模式框架图：a(Met_g) — SBV → n(Met_t A)；a — CMP → vx(Met_m) — VOB → n(Met_v B)	这些字清亮如溪。
(16)	"A 像 B 一样 + 形容词谓语"（AB 为间接指称）："像 B"作 A 的谓语的状语，谓语形容词往往是隐喻喻底	依存模式框架图：a(Met_g) — SBV → n(Met_t A)；a — ADV → vx(Met_m) — VOB → ub — SIM → n(Met_v B)	姿态像笛一样轻盈。

续表

类别	基本模式描述及依存模式框架	例句
(17)	"A+动词谓语+'得'像B"（AB 为间接指称）："得"字引导的结构作谓语的补语，谓语动词能揭示隐喻喻底	心儿扑腾得像头小鹿。
(18)	"A 像 B 一样+动词词谓语"（AB 为间接指称）："像 B"作为 A 的谓语的状语，谓语动词能揭示隐喻的喻底	所有的建筑物都像珠宝一样灿烂发光。
(19)	"像 B 一样的 A"（AB 为间接指称）："像 B 一样的"充当 A 的定语	这种像定时炸弹一样的潜意识。

续表

类别	基本模式描述及依存模式框架		例句
(20)	"……得像B一样的A"（AB为间接指称）："……得像B一样的"构成喻本角色A的述补结构定语，这是隐喻嵌套的多发结构	n (Met_t A) — a (Met_g) — uf — vx (Met_m) — ub — n (Met_v B)	坚硬得像石头一样的土层。
(21)	"像B一样……的A"（AB为间接指称）："像B一样……的"构成喻本角色A的定语，这是隐喻嵌套的多发结构	n (Met_t A) — a (Met_g) — vx (Met_m) — ub — n (Met_v B)	像歌一样美妙的工作。
(22)	"名词性A+动词性B"主谓关系，中心谓词B与其施动者A之间发生搭配异常	vg (Met_g / Met_v B) — n (Met_t A)	有生命的种子决不会悲观、叹息。

续表

类别	基本模式描述及依存模式框架	例句
(23)	"名词性A'把'名词性C+动词性B",AB构成主谓关系并有介宾成分做谓语的状语。	震耳欲聋的掌声把屋顶掀掉。
(24)	"名词性A+形容词性B"主谓关系	生活很仁厚。
(25)	"动词性A+名词性B"述宾关系	他喝了很多墨水。
(26)	主谓和述宾同时发生搭配异常	绝望孕育着希望。
(27)	"'用'名词性B+动词性A"状中关系;B为介词的宾语,充当A的状语	用拳头写的文章。

类别	基本模式描述及依存模式框架	例句
(28)	"名词性 A + 的 + 名词性 B"定中关系	人类历史的长河。
(29)	"名词性 B + 名词性 A"定中关系	水桶腰。
(30)	"动宾结构 A + 的 + 名词性 B"定中关系，A 本身可能也是一个隐喻（隐喻嵌套）	打开爱情之门的钥匙。
(31)	"主谓结构 A + 的 + 名词性 B"定中关系，A 本身可能也是一个隐喻（隐喻嵌套）	爱情燃尽的灰烬。

续表

类别	基本模式描述及依存模式框架	例句
(32)	"形容词性 B + 的 + 名词性 A"定中关系	枯竭的思想。

（图示：Met_t A — n —ATT— ue —DE— a — Met_v B）

总之，利用依存语法分析方法，基于隐喻角色依存模式，我们建立了一种汉语隐喻的分类体系，由于是根据句法结构和语义关系来对隐喻话语进行分类的，所建立的分类体系，特别有利于隐喻的分类识别和分类理解[①]。真正为汉语理解的计算释义，提供了语言处理层次上的保障。

第三节　汉语隐喻的识别方法

汉语隐喻分类体系的建立，是为了能够依据不同隐喻类别来采取不同的策略，以便更好地理解隐喻意义。因此对于给定的汉语话语，如果要利用这种隐喻类别信息来进行意义理解的话，首先就必须对给定话语进行隐喻性辨识，并给出其隐喻类别的归属，这便是一个隐喻识别问题。应该说，隐喻识别是联系语言表达层面和认知推理层面的桥梁，因此隐喻识别是隐喻释义过程中的一个重要环节。当然，隐喻识别直接面对复杂的话语表达，要从语言层面的话语表达中提取隐喻话语。此外，隐喻识别还要为思维层面的隐喻意义推理和生成服务，也就是说除了找出隐喻话语之外还要告诉隐喻推理程序该隐喻话

---

① 杨芸、周昌乐、李剑锋，《基于隐喻角色依存模式的汉语隐喻计算分类体系》，《语言文字应用》，2008 年第 3 期。

语属于什么类型,隐喻成分分别是哪些。只有做到这一点,才能称之为一个完整的隐喻识别。因此,一个完整的隐喻识别任务应该包括两个方面的内容:(1)隐喻话语的辨识;(2)对所识别出的隐语话语中的隐喻成分、隐喻类别的自动标注。

为了有效解决汉语隐喻识别的计算实现问题,我们通过心理实验的验证[1],主张将隐喻识别从隐喻理解中分离出来,当作一个独立的模式识别阶段。然后在前面"隐喻角色依存分析方法"和汉语隐喻分类体系的基础上,提出了一种"基于隐喻角色依存模式匹配"的汉语隐喻识别方法[2],强调如下两个基本假设:

可分离性假设:指人们识别隐喻句是一种简单的直觉或条件反射的过程,这个过程不需要进行任何形式的相似性推理。话语内部的句法和浅层语义框架内发生的与人们已经掌握的常识知识相抵触,即"异常",就能触发对隐喻的辨识。这个过程能快速地通过异常的条件反射即能完成,而只有过渡到对隐喻意义进行推断的时候人们才会去进行更深层的联想与推理。也就是说,隐喻的识别可以从隐喻的理解(相似性推理)中分离出来。

可模式化假设:所有的隐喻现象不可能被全部记录和掌握下来,人们通过发生隐喻关系的各成分之间存在的浅层语义关系,即"隐喻角色依存模式"来掌握隐喻的识别。隐喻角色依存模式就是在一个隐喻话语中定位出主要的语言成分以及他们之间的关系,并形式化所有可能的语言成分之间的隐喻关系。

这样,在我们的隐喻识别方法中,除了基本的隐喻角色依存类别模式和常识知识库之外,隐喻的识别将无须人工构建大量繁琐的选择优选语义规则,而只需要制定一个判断机制和量化标准便能更为灵活地处理隐喻的识别。

具体地讲,"基于隐喻角色依存模式匹配"的汉语隐喻识别方法包括"模式化","模式匹配","隐喻异常关系量化计算"和"隐喻角色定位与标记"等主要

---

[1] 杨芸、李剑锋、周昌乐,《隐喻识别心理过程的无差别性及其意义》,《心理科学》,2008年第5期。

[2] Y. Yang, C. L. Zhou, X. J. Ding, J. W. Chen, and X. D. Shi, Metaphor Recognition: CHMETA, A Pattern-based Method, Computational Intelligence, 25(4): 265–301, 2009.

步骤。如果以语句：

教师是人类灵魂的工程师。

为例,那么基于"隐喻角色依存模式匹配"识别方法的流程如图 3.7 所示,具体识别步骤说明如下。

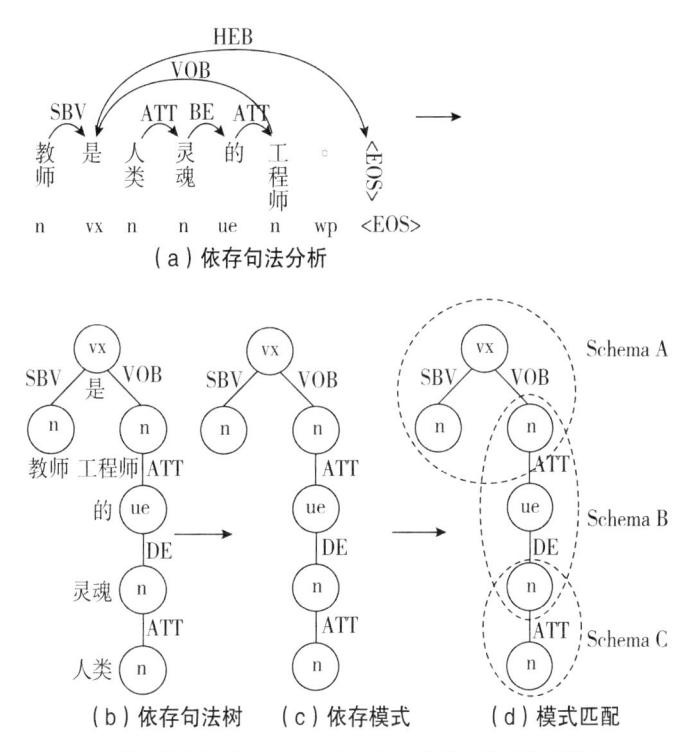

(a) 依存句法分析

(b) 依存句法树　　(c) 依存模式　　(d) 模式匹配

对于 schema A,计算"教师"是否是"工程师"(指称型隐喻类别模式)
对于 schema B,计算"灵魂"作"工程师"的定语是否存在异常(定中搭配型类别模式)
对于 schema C,计算"人类"作"灵魂"的定语是否存在异常(定中搭配型类别模式)

(e) 参数计算

Class A{教师}Met_t{是}Met_m{人类灵魂的工程师}Met_v
Class B{人类灵魂}Met_的{工程师}Met_t

(f) 输出带有类别标记和隐喻角色标记的隐喻话语单元

图 3.7　隐喻识别算法框架

Step 1　对输入语句进行依存句法分析[如图 3.7(a)]。这一句法分析过程说明人在识别隐喻之前首先具有认识语句以及句中语言成分之间的基本关系的语言能力。

Step 2　调用模式化程序,将句法分析的结果进行模式化,生成依存句法树[如图 3.7(b)]和待处理的目标依存句法模式[如图 3.7(c)]。

Step 3　调用模式匹配程序,寻找目标依存句法模式中可能含有的所有隐喻角色类别模式。这一步工作是在不知道该语句各成分之间是否存在隐喻关系的情况下,最大限度地找出它所含有的所有可能的隐喻单元。如图 3.7(d)所示,经过模式匹配,发现目标模式中嵌入了 3 个基本的类别模式,分别是 Class A,Class B 和 Class C。

Step 4　调用参数计算程序,进一步从所匹配出来的可能的隐喻模式中确定真实的隐喻模式。这一过程即对每个类别模式中依存结点对之间进行"隐喻相关异常度"计算[如图 3.7(e)所示]。在本例中,经过计算,Class C 模式存在隐喻的可能性被排除,Class A 和 Class B 两个模式的参数计算达到隐喻异常标准,被确定为隐喻用法。这样,本例句查找出来两处隐喻关系,即该句含有"指称型隐喻 Class A"和"定中搭配型隐喻 Class B"。

Step 5　根据 Class A 和 Class B 的模式规则,分别标记隐喻角色。根据 Class A,"教师"被确定为"喻本角色中心",以"教师"为根的子树被标记为"喻本角色","工程师"被确定为"喻体角色中心",以"工程师"为根的子树被标记为"喻体角色",即:ClassA{教师}Met_t{是}Met_m{人类灵魂的工程师}Met_v。根据 Class B,"工程师"还是另一个隐喻的"喻本角色","人类灵魂"是"喻体角色",即:ClassB{人类灵魂}Met_v{的}{工程师}Met_t。

根据上面隐喻识别算法框架的五个步骤,在例句中最终找到两个隐喻,其中隐喻"人类灵魂的工程师"嵌套在"教师是人类灵魂的工程师"这个隐喻话语之中。能够识别嵌套隐喻是我们识别算法的又一特点与优势。

图 3.8 给出了具体的隐喻识别实现系统框架,其中依存句法分析采用哈尔滨工业大学信息检索实验室提供的 HIT – IRLab – Shared – Parser 句法分析

程序来进行①;模式化模块的目的是生成与输入语句的依存句法相对应的依存模式,即去掉了具体的词、只包含词性和依存关系的模式框架;"隐喻角色依存类别模式库"存放32种隐喻类别标准模式,作为进行模式匹配的依据;"词林""知网"和"搭配"三个数据基分别是指《同义词词林(扩展版)》(HIT IRLab 2006)②、《知网2000版》③和我们构造的《词语常规搭配库》④,主要用于隐喻语义异常量化计算的;最后的隐喻信息标注,主要是给出隐喻语句中各隐喻角色(喻本、喻体、喻底及喻词)等隐喻信息的确认和标注,并作为结果输出。

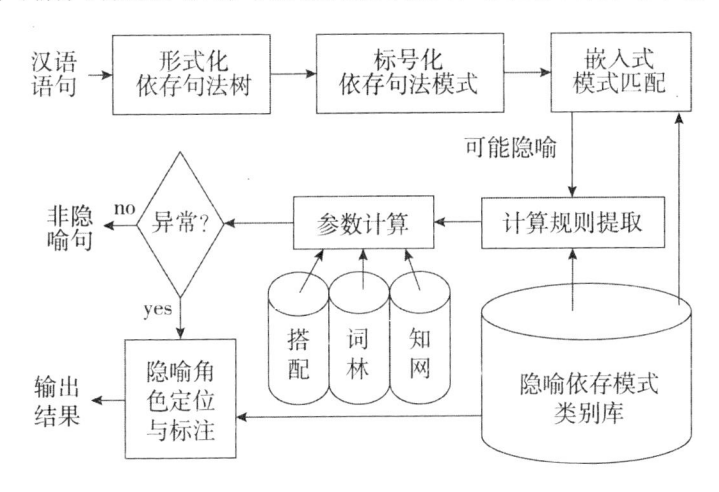

图 3.8　隐喻句自动分类识别和标注系统框架

从整个系统框架中可以看出,构成上述识别算法的核心内容主要是模式匹配算法(实现模式匹配)以及隐喻语义异常量化计算(完成参数计算来判断是否存在隐喻)两个方面的内容,其他方面的内容主要是辅助性的。因此,我们下面着重介绍这两方面的具体实现策略。

---

① 刘挺、马金山等,《基于词汇支配度的汉语依存分析模型》,《软件学报》,2006年第9期。
② 梅家驹,《同义词词林》,上海辞书出版社,1983。
③ Z. D. Dong and Q. Dong, HowNet and the Computation of Meaning. Singapore: World Scientific Publishing Co. Pte. Ltd, 2006.
④ 李剑锋、杨芸、周昌乐,《面向隐喻计算的语料库研究和建设》,《心智与计算》,2007年第1期。

首先,对于模式匹配而言,其目的就是寻找目标模式中可能含有的所有隐喻角色依存类别模式及它们在目标模式中的位置,并将作为目标树的子树被临时保存起来,供后续的参数计算模块调用①。为了能够有效地实现这样的目的,我们通过寻找依存句法树中相对应的嵌入式节点来确定模式的匹配与否。

定义 3.3(依存句法模式) 依存句法树用 T 表示,有

$$T = (V, E, root(T))$$

其中 V 表示一个有限的节点集;root(T)表示依存句法树的根节点,为语句的中心语;E 表示边集,是 V 上的一个二元关系。如果$(u,v) \in E$,则称 u 节点是 v 节点的父节点,记为 u = father(v)。如果两个节点 v_1, v_2,有$(v_1, v_2) \in E^+$(其中 E^+ 是 E 的传递闭包),则称 v_1 是 v_2 的祖先,记为 v_1 = ancestor(v_2)。节点 v 所在的高度记为 height(v)。该依存树是一种无序树,兄弟节点的左右顺序是无意义的。

定义 3.4(节点标签) 依存句法树的每一个节点 v 都设置了一个标签,标签由该节点所代表的词性和与其父节点之间的依存关系两部分构成,分别用 label(v)和 dependency(v)表示。对于 v 为根节点的情况,dependency(v) = "HEAD",其中"HEAD"是语句中心语的标志,用来表示根节点的依存关系。

定义 3.5(不同节点) 在依存句法树 T = (V, E, root(T))中,节点 u, v ∈ V,且 height(v) = height(u),label(v) = label(u),dependency(v) = dependency(u),father(v) = father(u),有可能 v ≠ u。例如图 3.9 中依存树 T_2 的⑤⑥节点为不同节点。

定义 3.6(对应节点) 设 $T_1 = (V, E, root(T_1))$,$T_2 = (W, F, root(T_2))$,为两棵依存树,v ∈ V, w ∈ W,满足以下条件:

(1)如果 v 为根节点,label(v) = label(w);

(2)如果 v 为非根节点,label(v) = label(w)且 dependency(v) = dependency(w),则称 w 为 v 在 T_2 中的对应节点。

---

① 李剑锋、杨芸、周昌乐,《面向汉语隐喻信息处理的句法依存模式匹配算法》,《厦门大学学报》(自然科学版),2008 年第 4 期。

<<< 第三章 分类识别

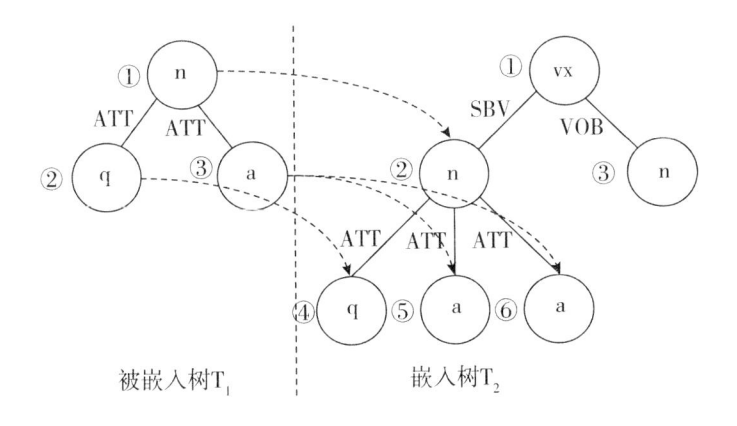

图3.9 映射嵌入匹配示例

由定义3.5和3.6，我们可以得出依存树T_1中一个节点在T_2存在多个对应节点的可能。如图3.9中T_1节点①在T_2中有对应节点②和③，③在T_2中有对应节点⑤和⑥。当然，满足该定义的对应节点还不一定属于最终满足嵌入匹配条件后的对应嵌入匹配节点，因此我们还需要给出如下嵌入匹配节点的定义。

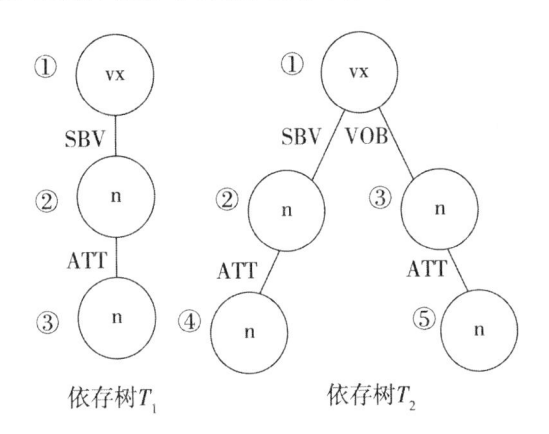

图3.10 满足嵌入匹配，T_1嵌入T_2

定义3.7（嵌入匹配，嵌入匹配节点） 设$T_1 = (V, E, root(T_1))$，$T_2 = (W, F, root(T_2))$为两棵依存树，如果存在节点w_1和$root(T_1)$，w和v满足如下条件(1)至(3)，那么称他们互为嵌入匹配节点：

81

(1) $\exists w_t \in W$ 且 w_t 是 $root(T_1)$ 在 T_2 中的对应节点;

(2) 对 V 中所有的非根节点 v,$\exists w \in W$ 使得:w 是 v 在 T_2 中的对应节点,且 $w_t = ancestor(w)$,height(v) 为 w 到 w_t 的路径长度,且 father(w) 是 father(v) 在 T_2 中的对应节点;

(3) 满足上述条件(2)的 w 的个数应该不少于 T_1 中与 v 的高度、标签、父节点都相同的不同节点个数则称存在依存树 T_1 到 T_2 的嵌入匹配,称 T_1 为被嵌入树,T_2 为嵌入树。

定义 3.7 中,条件(1)保证了 T_1 的根节点在目标树中有对应节点 w_t。条件(2)中 $w_t = ancestor(w)$ 和 height(v) 等于 w 到 w_t 的路径长度,保证了 w 节点在以 w_t 为根节点的子树中且它在子树中的高度和 v 节点在 T_1 所在的高度相同。但是仅这些条件并不能完全保证这两个节点就是最终的嵌入匹配节点,如图 3.10 中 T_1 中节点③和 T_2 中的节点⑤并不匹配,故条件(2)中用 father(w) 是 father(v) 在 T_2 中的对应节点来保证匹配的正确性。这样条件(1)和(2)保证了 T_1 中每个节点在 T_2 中都有相应的嵌入匹配节点。由于有可能出现 T_1 中的多个节点都和 T_2 中同一个的节点相匹配,导致 T_2 中相匹配的节点的数目还少于 T_1 中对应节点的数目,如图 3.11 所示,故加上条件(3)排除了这种情况。图 3.9 即为依存树 T_1 到 T_2 的嵌入匹配情况,其中 T_1 中节点①②③在 T_2 中的嵌入匹配节点分别为②④和⑤⑥。

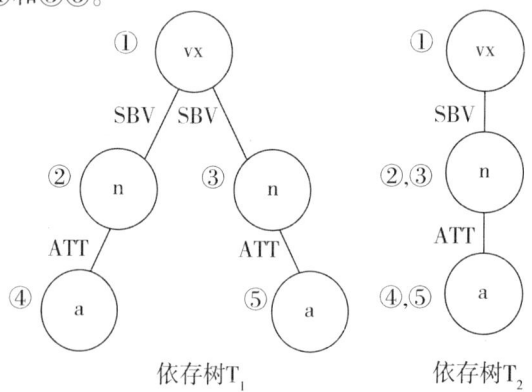

图 3.11 不满足嵌入匹配,T_1 不能嵌入 T_2

这样,通过上述的定义说明,我们就可以具体给出嵌入式模式匹配的实现方法,从而找出语句模式中可能含有的所有隐喻角色依存类别模式及其所处的位置①。

在完成嵌入式模式匹配之后,话语中所有可能的隐喻结构被定位出来,但还无法使之与结构相同的普通语言现象区分开来,而区分它们是隐喻和普通表达的原则就是判断这些结构内部是否存在触发隐喻的"异常",此时就需要隐喻语义异常的量化计算,既完成参数计算任务。实际上,根据我们的计算分类体系划定的原则也就是要进一步判断满足指称或搭配关系的词语之间是否出现了违背常识的语义异常来最终完成隐喻的辨识。

我们知道,根据汉语隐喻分类体系,两大类别分别是非常规指称型隐喻和非常规语义搭配型隐喻。因此,为了能够有效计算语义异常的计算,我们相应地也定义两个度量参数,即指称异常度和搭配异常度,来量化词语之间的指称和搭配违背人们正常认知的程度并设定相应的隐喻阈值,具体定义如下:

定义 3.8(指称异常度) 指称异常度是指构成指称关系的两个词语之间,被指称的词被当作指称词的情况与人们常规认知存在差别的程度。量化定义为 w_1 与 w_2 类别相似度与上下义相关度最大值的倒数,其中 w_1 是被指称词,w_2 是指称词。取值越高则认为越偏离常规认知,如果取值高于系统设定的阈值,则判断为隐喻型指称(我们不考虑不规范的错误表达,因此不设定上限阈值)。

根据定义 3.8,指称异常度的具体计算方法可以根据不同的知识资源定义不同的计算公式。利用"词林""知网"和"搭配"三个数据基,我们规定的具体计算公式为:

$$\mathrm{UnReferto}(w_1,w_2) = (\max[\mathrm{Sim}(w_1,w_2),\mathrm{Hypo}(w_1,w_2)])^{-1}$$

这里 $\mathrm{Sim}(w_1,w_2)$ 为 w_1 与 w_2 类别相似度计算函数,即 w_1 可以被等同于 w_2 的程度,有:

---

① J. F. Li, Y. Yang, and C. L. Zhou, An Embedded Tree Matching Algorithm on Metaphorical Dependency Semantic Structure Extraction. In Proceedings of 2007 International Conference on Convergence Information Technology, 2007:607-611.

$$Sim(w_1,w_2) = \frac{\beta}{Dis(w_1,w_2) + \beta}$$

其中 β 是可调节参数,实验中取值为 1.1 效果较好;$Dis(w_1,w_2)$ 为 w_1 和 w_2 在《词林》中的路径长度,路径越长则层次越深相似度越大。在 $UnReferto(w_1, w_2)$ 计算公式中,$Hypo(w_1,w_2)$ 为 w_1 与 w_2 上下义相关度计算函数,即依据《知网》w_1 是 w_2 下义词的可能性,有:

$$Hypo(w_1,w_2) = \frac{L - \min_{i=1\cdots n} location(c_1,s_{2i})}{L}$$

其中 n 为 w_2 的概念描述义原个数,s_{2i} 为 w_2 的概念描述义原,c_1 为词语 w_1 所代表的概念,L 为概念 c_1 的描述义原序列长度(描述义原的个数),函数 $location(c_1, s_{2i})$ 表示义原 s_{2i} 在概念 c_1 的描述义原序列中的位置,取值范围为 0 到 L 之间。义原 s_{2i} 在 c_1 描述义原序列中的位置越靠前($location(c_1,s_{2i})$ 值越小),则 s_{2i} 与 c_1 越相关;如果 s_{2i} 没有出现在 c_1 描述义原序列中,则 $location(c_1,s_{2i}) = L$。

注意,由于 $Sim(w_1,w_2)$ 与 $Hypo(w_1,w_2)$ 取值范围均是 [0,1] 中的实数,因此指称异常度函数 $UnReferto(w_1,w_2)$ 取值也为实数,且有 $UnReferto(w_1,w_2) \geqslant 1$。从上面计算公式的定义中不难看出,我们在相似度计算方法中,考虑了影响指称关系成立的同类别指称和上下义指称两种情况,这无疑是突破传统单纯相似度的计算方法,因此能更好地处理指称型隐喻的判断。

定义 3.9(搭配异常度) 搭配异常度是指同一语境下共现并构成依存搭配关系的两个词语偏离常规认知的程度。量化定义为依存搭配中被支配词语 w_d 与中心词语 w_h 的常规搭配实例词语中最大距离的倒数,取值越高则认为越偏离常规认知的语义搭配,如果取值高于系统设定的阈值,则判断为搭配型隐喻。

基于我们构造的《词语常规搭配库》,搭配异常度的具体计算公式规定为①:

---

① 杨芸、周昌乐、李剑锋、黄孝喜,《基于实例的汉语语义超常搭配的自动发现》,《计算机科学》,2008 年第 9 期。

$$UnColloca(w_h, w_d) = \frac{1}{\max\limits_{i=1,\cdots,n}\left[Sim(w_h, s_i) \max\limits_{j=1,\cdots,m} Sim(e_{s,j}, w_d)\right]}$$

其中，$s_i \in S_k$，S_k 为《词语常规搭配库》中与中心词 w_k 最相似的词语集合，$S_k = \{s_i : Sim(w_k, s_i) > \theta\}$ ($0 < \theta \leq 1$)，根据实验数据将 θ 取值为 0.9，变量 n 为集合 S_k 的元素个数。$e_{si} \in E_{si}$，E_{si} 为与中心词 s_i 形成当前搭配关系的实例集合，变量 m 为集合 E_{si} 的元素个数。

指称异常度和搭配异常度参数的计算受到知识库的知识量和知识表示的影响以及计算公式有效性的影响，但是《同义词词林》和《知网》是目前最大最全使用最为广泛的汉语知识资源，从一定程度上保障了基于这些资源为基础的计算有效性。

实验结果表明，根据上述识别算法构建的识别系统，基本满足了实际的需要，并具有较好的识别效果。比如，对语句中可能存在隐喻关系的发现和定位准确率达到 95%，指称型隐喻的识别性能接近 70%，动词为中心的搭配型隐喻的识别性能也接近 60%。从中可以得出，"基于隐喻角色依存模式匹配"的汉语隐喻识别方法，对于处理汉语隐喻语句的识别问题，基本上是行之有效的。能够满足汉语隐喻识别自动处理的需要。

总之，我们基于隐喻角色依存模式匹配的隐喻自动识别方法，通过指称异常度和搭配异常度的具体计算分析，能够区分隐喻句与非隐喻句，从而能够正确识别隐喻单元，并给出其隐喻角色的定位与标注，这样就为进一步的隐喻意义分析和推理提供了可靠的保障。

第四章

统计匹配

赞曰:诗人比兴,触物圆览;物虽胡越,合则肝胆。拟容取心,断辞必敢;攒杂咏歌,如川之澹。

[梁]刘勰①

自 20 世纪 70 年代以来,国外学者就开始针对英语隐喻构建了部分隐喻理解的各种初步计算模型②。简要地说,早期国外已有的隐喻计算模型还是存在许多不足之处的,比如普遍对隐喻字面语义表示考虑不够,对隐喻意义的来源考虑得也不够充分,而且没有充分考虑语境知识对隐喻意义产生的作用,以及对隐喻理解者主观因素几乎均没有考虑等等。因此这些早期计算方法不能完全适用于汉语隐喻意义的自动获取问题。为此,我们将有针对性地来开展有关汉语隐喻的计算释义研究。首先从简单统计模型入手,给出隐喻相似属性的匹配,来解决隐喻理解问题③。

---

① 周振甫,《文心雕龙选译》,北京:中华书局,1986,第 211 页。
② 黄孝喜、周昌乐,《隐喻理解的计算模型综述》,《计算机科学》,2006 年第 8 期。
③ 曾华琳、周昌乐、陈毅东、史晓东,《基于特征自动选择方法的汉语隐喻计算》,《厦门大学学报》(自然科学版),2016 年第 03 期,第 406 - 412 页。

第一节 隐喻统计释义策略

隐喻理解的关键是要在给定语境的约束条件下,确定喻本与喻体之间的相似属性匹配来获得相似点,完成喻底释义任务。从计算的角度看,一种最为简单的解决方法就是自然语言的统计学习方法,将相似点的确定视为机器学习中的分类问题。为此,我们将以语言统计模型为框架,加入隐喻认知加工机制,给出不同层次描述的语境对于隐喻理解所起的作用,运用机器分类学习算法,提出一种基于语境的相似点匹配统计模型。然后,通过大量隐喻语料训练获得良好性能的统计模型,再用训练好的统计模型去理解新的隐喻句,以得到代表喻底意义的属性相似点。

在隐喻语句中,喻本与喻体之间的相似点,并不是凭空存在的,只有在给定的隐喻环境下才能确定相似点。在语言意义的理解过程中,我们不难发现,从字面意义到隐含意义,这正是语言交流过程中隐喻机制的本质。于是,不管是哪种隐喻理论,不管是哪种特殊的隐喻现象,通过相似属性的比较匹配来得到隐喻相似点,是一个自然过程。可以说,如果不对言说者的隐喻成分进行分析比较,就不会有进一步属性相似点的获取,更不会有最终隐喻意义的理解结果。

根据第一章中图1.1所示的语言表述原理,语言所要表达的意义分为两个不同的过程。将意义表达成"语言",是一种编码手段,这是说话者完成的过程;而将"语言"理解成"意义",是一种解码手段,这是听话者完成的过程。如果此时进一步将语言编码看作是在隐喻意义约束条件下来给出字面意义,那么依据图1.1给出的语言与意义互动原理,要进行隐喻意义的解码,我们就可以采用如下统计模型计算公式来描述相似属性匹配的条件概率:

$$P(S \mid M) = \frac{P(S)P(M \mid S)}{P(M)}$$

其中 S 为字面意义(Semantics),M 为隐喻意义(Metaphor)。

进一步,由于上述公式中右边的分母 P(M)与 S 无关,可以用贝叶斯公式对上式进行展开,并寻找一个使得公式右边的分子两项乘积 P(S)P(M|S)取得最大值的选项,即:

$$e = \mathrm{argmax}\, P(S)P(M\mid S)$$

这里 e 就可以看作是最佳匹配的相似属性,也称相似点,即隐喻的喻底。

因此,隐喻理解的相似属性匹配统计模型,可以用图 4.1 来表示。图 4.1 中,s 为隐喻句,P(S)为字面意义的语言模型(Language Model),P(M|S)为给定字面意义情况下隐喻意义的理解概率,也称为隐喻理解模型(Metaphor Model),e 为代表隐喻意义的相似属性。

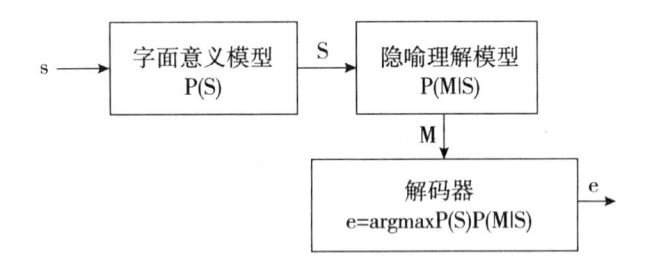

图 4.1 相似属性匹配的统计模型

显然,相似点是构成隐喻理解的基础,一旦确定了一个具体隐喻实例中喻本和喻体之间的相似点,也就理解其中的隐喻意义了。喻本与喻体两个不同的概念,可以用各自的属性集合来表征。于是二者在属性层面是否达成一致,可以采纳概念属性描述,以表征通过喻体认知本体的理解过程。

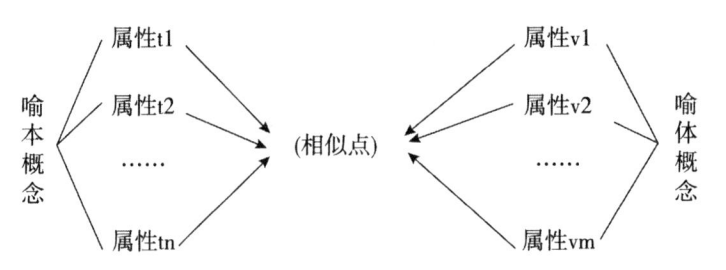

图 4.2 属性匹配的隐喻相似点描述

我们认为,不管是哪一类隐喻现象,其相似点的确认最终都可以归结到以概念为主体的属性集合描述之中。构建隐喻意义的理解模型,就是对喻本概念和喻体概念之间属性相似点的选择匹配,从而达到隐喻意义的理解。因此,对第二章中图2.2给出的隐喻相似点选择获取原理做进一步简化,我们可以具体给出基于属性匹配的隐喻相似点描述,如图4.2所示。

"同从异出"是隐喻意义理解的根本机制,隐喻是以相似点为基础的,只有成功构建了隐喻的共同属性结构关系,才能完成相似点的确认。所谓的"相似点",即为事物的共有属性特征,相似点的发现,实质上就是属性特征的比较过程。具体来讲,相似点的选择,是一个多因素共同作用下的结果,其中涉及综合性语境的限制作用。据此,我们开展隐喻相似点的统计匹配选取,考虑如下三个基本隐喻理解机制。

第一,从统计学习分类模型构建的角度看,隐喻理解是一个多对多的分类任务。对喻本的理解,是一个依赖于喻体特征有选择性的部分映射过程,这一过程并不是随意的,而是根据语境限制聚焦后的结果。于是,隐喻理解可以看作在语境限制下,喻本受到喻体概念聚焦后对于意义再次分类而确定相似点的过程,一旦能够正确地选定相似点,隐喻理解也就完成了。

第二,相似点的匹配是一个以喻体为主导的"属性—属性值"配对显著性排序的动态过程。相似点的理解,本质就是一种"创造"过程,是要发现隐喻语句中"潜在"意义。所谓"潜在"指的是,相似点原本就是喻本和喻体均客观存在的属性,任何话语成分(喻本或喻体),无论它们是实物、概念,或者是事件、关系,都在某些方面存在着"相似点"。由于说话者想要表述某个特定的意义,于是选择以相似点为桥梁,沟通喻本与喻体之间的联系,从而形成了一个隐喻实例。反过来,在隐喻理解过程中,起主导地位的则是喻体,要确定的相似点属性是喻体所显明持有的,是在特定的隐喻实例下凸显出来的"显著性"属性。这个凸显的"显著性"属性在听话者意识到之后,便将其投射、聚焦到喻本的某个相同属性之上,从而"创造"出了喻本也拥有的"显著性"属性。

第三,相似点本质上是喻本和喻体在"属性—属性值"上达成一致的结果,其中离不开综合语境的制约作用。而语境,除了话语上下文信息之外,喻本和喻体所涉及的概念知识以及理解者认知经验知识也是不可或缺的重要因素。因此,在隐喻知识库构建中需要将所有涉及的语境知识,统一转化为"属性—属性值"关系表示结构,以方便隐喻相似点匹配的统计计算。

基于上述基本机制的考虑,相似点的发现,应从喻体的属性集合入手,然后在三个不同语境——语言概念知识、话语语境信息以及认知经验知识的限制下,对喻体属性值的显著性进行动态排序,以确定最佳相似点。要注意的是,虽然我们是以喻体为主导的属性匹配,但在这个过程中并不能忽略喻本的属性,也必须将其纳入相似点的确认过程中来。因为相似属性的选择同时属于喻本和喻体,因此也必定是喻本某一特定属性,缺少喻本,相似点就失去了立足的根本。只是为了凸显喻体的引导作用,我们以喻体属性来主导这一相似属性的匹配过程。为了区分二者所起作用的不同,我们赋予喻本和喻体不同权重,并纳入对于隐喻理解的语境信息描述中。

这样一来,隐喻相似点的匹配获取,就可以统一到对于喻本和喻体概念知识的属性值确认问题。但考虑属性值的确认,在修辞学上往往依赖于词性主导的隐喻类型,所以在上述相似点匹配原理的具体实现中,需要进一步考虑词性选择所起的作用。为此,我们先以名词性隐喻作为典型,来分析相似点匹配关系确认过程中可能遇到的具体问题。

实例4.1 天空中的[星星]|s[像]|p[小朋友一眨一眨]|z的[眼睛]|t。

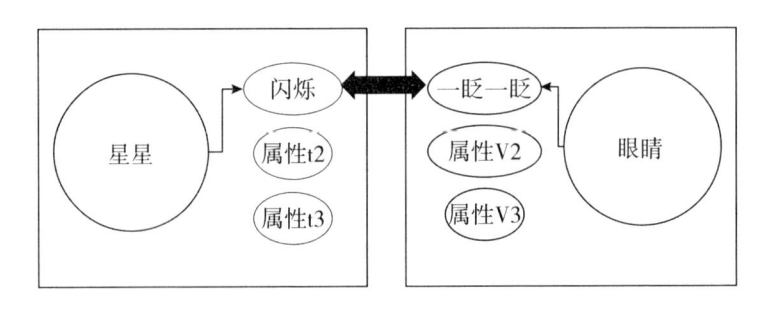

图4.3 "星星"和"眼睛"相似点匹配关系

这个例子的喻本和喻体,都为名词。喻本为"星星",喻体为"眼睛",由于处在"××像××"的结构中,可以很清楚地判断出其是一个隐喻。而"星星"和"眼睛"在相似性属性中的"一眨一眨"显式出现在语句中,将其定义为"喻底"自然是一种不错的选择。于是就可以将其作为这个隐喻例子的相似点,如图4.3所示。

但是,从另一方面理解,这个隐喻例子的相似点也可以是一个谓词结构,即"星星闪烁"像"眼睛一眨一眨"。这样的理解属于对于隐喻相似性的陈述性描述,是一种比给出属性匹配之外更加合理的解释,如图4.4所示。

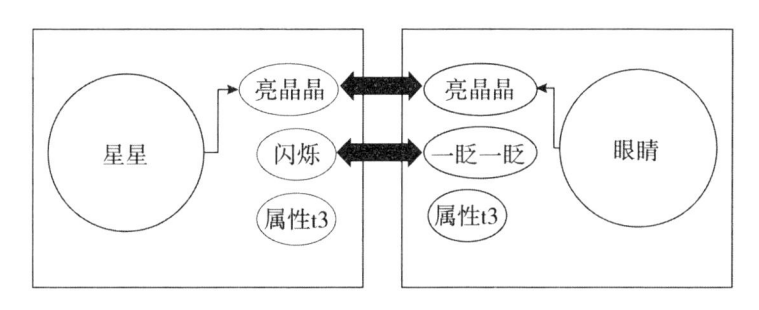

图4.4 "星星"和"眼睛"隐喻概念属性值匹配

显然,通过这个例子我们发现,根据我们前面所论述的相似点匹配原理,要理解具体的隐喻语句,我们还必须解决两个具体的问题:(1)属性是什么?(2)属性值从哪里来?

第一个问题,属性是什么?涉及如何表征属性的问题。我们采用"属性—属性值"概念知识二元组来表征属性。概念知识的属性是特定的存在,但是在语言表达时经常隐藏不见。如"青苹果","小树",表达的苹果颜色是青色的,树的尺度是小的,但在实际叙述中,只是出现属性值"青"和"小",而其属性"颜色"和"尺度"却并未出现。

从显明的角度看,用于描述相似点的属性,本质上应该是一个谓词结构的描述,是一个陈述性的语句。于是相似点可以描述为"属性"是"属性值"的结构。这样,就可以扩展属性值的定义,不一定局限于形容词,也可以是动词,用以描述事件、过程和经历。于是,名词性隐喻、动词性隐喻,以及形容词性隐喻，就都能够统一在我们上述描述的隐喻理解框架之中。另外，相似点的不同层次类型，即属性、结构和事件，也能够统一到陈述性描述形式之上。

第二个问题，属性值从哪里来？涉及如果获取属性值来进行相似点匹配问题。我们知道，相似点的构建是一个动态生成的认知过程。在此认知过程中，相似点是概念的属性描述，拥有不同文化知识背景。具有不同文化知识背景的主体，对于同一个隐喻实例的理解各不相同，最终的理解还依赖于听话者所拥有的知识背景。因此，对于隐喻理解而言，理解主体的文化知识背景，可以认为就是一个隐喻认知经验知识库。

弄清了上述两个问题，我们就可以具体来描述属性相似点的形式定义，并作为隐喻理解的基本概念知识单元。为此，我们以属性为核心来给出相似点的定义，形式化描述为一个三元组：

$$< att, attval, freq >$$

其中，att 表示属性，attval 表示属性值，freq 表示代表显著性的出现频度。

隐喻是一种由两个概念域之间的意义映射，从自然语言处理的常规角度而言，可以从属性→关系→事件来考察隐喻理解过程。当我们采用如上定义的相似点时，就意味着包含这样三个考虑的要点：(1)相似点的选择依赖于某一个属性取得某一个属性值的频度；(2)相似点是从以概念为主体的属性集合中匹配选择的结果；(3)相似点的构建是一个动态生成的过程，因而相似点的匹配选择离不开隐喻概念知识库的动态构建。

于是，隐喻概念知识库的构建，除了利用已有的语言系统知识抽取得到所谓语境信息而构成的知识库之外，必须在动态机制上，预留可扩充的接口，构造一个可以随着隐喻的理解运行过程而动态调整的机制。因此，当我们将上述定义的相似点作为我们隐喻概念知识存放方式时，我们必须考虑如下两个方面的动态调整机制：

(1)对于隐喻相似点属性的显著性排序进行动态调整。语言运用是灵活的，隐喻理解也是灵活的，经验在某方面上表现为对于一个概念认识的加深，体现在对于该概念的属性显著性的可动态调整之上。

(2)对于隐喻相似点属性的添加。在理解某个隐喻实例现象后，如果其相似点并没有在隐喻概念知识库里显示，但是能够确认是一个正确的相似点，则将此相似点以"属性—属性值—频度"的结构，加入其喻本的属性列表中。

相似点本质上是喻本角色和喻体角色之间的相同属性，传递的是喻体和喻本之间的概念知识表达。概念知识既是一个形式各异的 A 概念与 B 概念之间关系的总和，又是一个以概念属性与属性之间关系进行构架的总和。这也是《知网》给出的关于计算语言学中能够处理的概念知识的描述方式。

在《知网》中阐述的观点是：人与人之间关于知识的拥有量，体现在不仅掌握了更多的概念，甚至还掌握了更多的概念与概念之间的关系，以及属性与属性之间的关系。《知网》界定的概念属性意义与我们给出隐喻相似点定义是一致的。于是，我们关于喻本和喻体的概念属性三元组的来源，第一步就可以选择以《知网》为框架，来从中抽取基础概念。《知网》中实体概念，属性和属性值三者之间的关系，如图 4.5 所示。

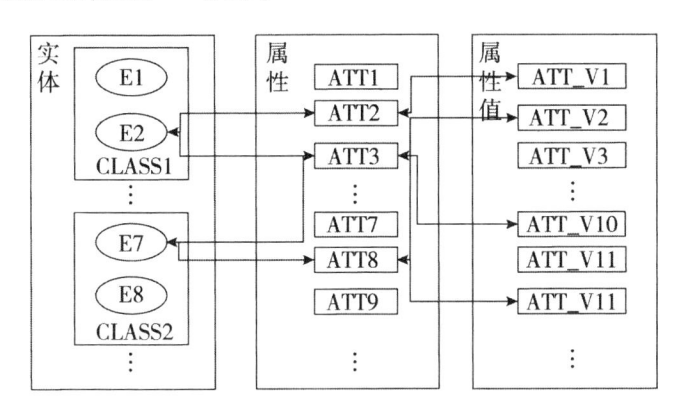

图 4.5 《知网》中实体概念知识体系

在《知网》中，不同的实体之间，可以拥有相同类别的属性及属性值，从而构成一个知识关系网。我们不讨论这个关系网用什么样的形式进行构建，我们只是将其中的属性—属性值以二元组的形式抽取出来，然后再利用大规模语料库，搜寻某个属性所出现的频度。最后再将我们所考察的概念，集中于喻本和喻体的概念知识库，进行扩充，以便于在理解隐喻进行隐喻意义计算的时候，能够找到关于喻本和喻体概念之间的属性集合，从而进行相似点确认的属性匹配过程。

于是,我们构造了一个基于《知网》的实体概念知识库,由《知网》和网络上搜集的大规模语料,根据实体—属性—属性值内在联系来形成。以名词"爱情"为例,在知识库里,就包括有关于"爱情"这个词的各种不同属性描述,以及其在语料(具体为《读者》语料库)中,所出现的频度统计。

所谓"频度",其本质就是在隐喻现象中,喻本与喻体双方的所谓"显著特征"。在隐喻的使用过程中,对于希望表达的隐喻意义,一般会选择熟悉的隐喻对象进行阐述,久而久之,在描述某种相似性时,人们一般也会引用某些固定的概念作为喻体进行阐述。于是,喻体的选择,出现了针对某个特征的比较集中的概念;而另一方面某些概念,也成了某些特征的常见候选概念。所以,我们用语料库中统计到的概念实体属性值的出现频度排序来表示原始"显著特征"。

但是,必须注意到,这样的"显著特征"并不能代表在一个具体隐喻实例中的"显著性",隐喻的构建是一个动态的过程,相似点的确定也是一个动态的过程,都是在各种语境综合影响下的结果。

总之,在相似点的表示方式上,我们确立了以属性为本质的"属性匹配法"来对应隐喻知识的描述。隐喻相似点是隶属于喻本和喻体之间的固有属性,隐喻意义建立的过程,本质是对应属性在喻本和喻体之间的重新排序过程。

第二节 语境驱动计算模型

隐喻理解的关键是找到相似点,即所谓喻本与喻体之间匹配相似属性,而相似点的获取又是深深依赖于隐喻所处的语境综合信息的,即所谓"语境依赖假说"。语境依赖假说认为,大脑在接受表面上不确切的字面意义之时,可以借由语境帮助发现语句的隐喻意义。只要语境与喻底相关联,隐喻意义就会进入加工程序,而喻底就会成为唯一加工的语义。也就是说,隐喻意义与字面意义不同,只有在相关语境中才能得以充分理解。

有心理学家做过这样一个实验,以"People are Doors"为测试隐喻句,选择75名大学生为受试者,让受试者写出对于这个隐喻句的理解,结果收集到了27种不同的解释。之所以产生如此多种不同的解释,其原因在于语境信息缺失所造成的结果。也就是说,离开了语境信息,难以在喻本和喻体之间确定显著性的相似点,结果必然会"众说纷纭"了。

所以,在隐喻相似点的获得中,喻本和喻体共同拥有的属性应该是由隐喻所处的语境条件所限定的。对于任意给定的一个概念,其拥有众多属性,如何确定在某个隐喻实例中,是哪个属性在起作用,又是哪个属性值与相似点属性配对,并成为显著属性,这跟语境信息的有效利用是分不开的。

在隐喻意义理解中所涉及的语境利用机制,相对于其他自然语言处理任务而言更为复杂。由于隐喻理解涉及众多意义层面的综合知识,所以需要多层次跨越尺度的语境信息。所谓跨越尺度,包含从字词、语句到语篇多尺度的语言信息描述;所谓的多层次,既有字面层次也有隐含层次,甚至不仅是话语内部的上下文小语境,还包括了心理的、语言的、文化的交叠作用的认知经验知识大语境。

因此,如果将隐喻语句本身涉及的语言概念知识也看作是语境信息一部分的话,那么在隐喻相似点的匹配获取中,起作用的语境包含了语言概念知识、话语语境信息和认知经验知识三个方面的综合语境信息。于是,要想解决隐喻相似点的匹配获取,对于这三个方面的语境信息利用,都要给出处理的方法。

1. 语言概念知识:对于我们隐喻相似点计算而言,体现语言系统知识描述的就是隐喻语句本身包含的概念知识,可以通过构建面向隐喻理解的一种语言概念统计模型来获得,为有效解决隐喻相似点获取提供高质量的字面意义。为此,我们选择 n 元语言模型,即 $n-1$ 阶马尔可夫模型来构建字面意义的语言模型。利用传统语言处理流程来给出隐喻语句字面意义处理。一般,在对于文本进行预处理操作之后,可以得到如下词序列:

$$W = w_1, w_2, \cdots, w_n$$

使其满足:

$$P(W) = P(w_1)P(w_2|w_1)\cdots P(w_n|w_1w_2\cdots w_{n-1})$$

就可以确定统计意义上最佳搭配而成的概念化语句描述。

这样,语言概念知识主要描述的是,在给定的语言环境下,给出隐喻语句的字面意义分析。需要处理环节包括:通过一定的语言分析机制,识别出隐喻句,确定可能存在的喻本和喻体,并从隐喻概念知识库中获取喻本、喻体所对应的词语意义,形成"属性—属性值"集合。于是,语言概念知识的具体处理流程包括如下三个步骤:

(1)文本预处理。对于给定的隐喻实例,进行分词、词性标注、依存文法分析以及标注隐喻实例的语言模型结构成分。

(2)隐喻识别机制。利用第三章的隐喻识别方式,针对出现频率较高的隐喻候选词进行隐喻识别,给出是否是隐喻的判断。从而进一步给出喻本和喻体的描述,我们主要针对名词性隐喻来进行识别确认。

(3)从构造的隐喻概念知识库中,找出喻本和喻体的知识条目,即词语意义,获得全部⟨属性,属性值,出现频度⟩条目,并根据出现频度对条目进行排序,作为原始的隐喻意义分析候选,即"显著性"初始属性值。

2. 话语语境信息:是客观语境信息的主要部分,描述的是在具体隐喻实例中的上下文语境,即所谓的"小语境",在隐喻性句群中,主要体现在"展喻"之中。注意,这里的上下文语境信息,除了包含隐喻语句中喻本、喻体的隐喻候选词的上下文之外,特别还包含了隐喻结构中的特殊结构,即展喻。

所谓展喻,是指在隐喻语句中除了主要成分之外的上下文描述呈现。比如,在一个标准结构的隐喻语句"女孩子的心是水晶做的,需要爱她的人去呵护"中(喻底空缺):"心"是喻本,"水晶"是喻体,"是"是喻词,而"需要爱她的人去呵护"就是展喻。在这个隐喻语句中,通过对隐喻候选词"心"的触发型隐喻识别,我们可以得到"心"和"水晶"的语言概念知识,即其属性条目描述。从隐喻概念知识库中,我们可以看到,"心"和"水晶"都拥有"高贵""破碎"这样相同的属性值阐述。

如果没有进一步的描述,这个隐喻语句的相似点是"高贵"与"破碎"两者中的哪一个,是难以确定下来的,因为两者皆有实现的可能性。但是,一旦将展喻部分的语句也进行字面意义的分析和抽取,扩充隐喻实例的上下文信息,那么有了特定语境下"呵护"的信息,"破碎"的属性值就表现出"显著性"了。

要利用展喻部分的信息,就将传统隐喻理解的简单句处理形式,延展到更加复杂的长句之中,环绕着语句中喻本、喻体的各个语法成分,以及展喻部分的语词,就构成了隐喻的上下文信息。在隐喻理解中有了这样的上下文信息,就使得动态调整相似点成为可能,并凸显出"显著性"特征的重要作用。

于是,我们必须意识到,相似点可以有多种选择,在这多种选择可能中最后确定的相似点,必须满足一定的前提条件,必须是在某个具体上下文环境中选择的结果。另外,在多个相似点出现的情况下,相似点选择的优先程度可以进行排序,这个排序结果就是由隐喻概念中属性"显著性"决定的。

在语言概念知识中,显著性是从大规模语料库中统计分析给出的,侧重于知识概念属性的常用性(由频度指标反映出来),我们把其作为默认显著性。当加入了话语语境信息,即小语境的描述后,我们知道了在具体隐喻实例中,特定的某个或者某些相似属性更为突显,即"显著性"是有动态调整的。从隐喻的发生过程来看,说话者强调了某个所要描述的隐喻意义,将其作为相似点进行表述,而在听话者的隐喻理解角度,听话者可以通过对说话者表述出来的字面信息,来确认得出某对喻本和喻体属性相似点,依据的就是该相似属性的显著性。

3. 认知经验知识:描述的是隐喻理解者的知识经验和文化背景,即所谓的"大语境"。我们认为,认知经验知识构成主体认知状态的主要依据,决定着对隐喻实例的理解程度。所谓的经验,并非是固定不变的概念,而是可以包括主体的领域知识、生活环境、文化内容、思想意图等主观语境信息。

注意,这里的认知经验知识,不同于语言概念知识。隐喻的理解是依赖于认知主体对于隐喻创作的主观倾向性。在隐喻的使用过程中,对于希望表达的隐喻意义,一般会选择熟悉的隐喻对象进行阐述,其实就是认知经验知识的一种表现。

用前面"女孩子的心是水晶做的,需要爱她的人去呵护"这个隐喻语句来说明。在没有认知经验知识,抑或是第一次听到这个隐喻实例,理解主体并不能很明确地得出这个隐喻相似点,从而也不能正确地构建该隐喻的理解。但是,通过外部介入,比如旁人的解释,或者查阅相关资料等途径,以传授的方法或联想的方法,当主体理解了这个隐喻语句以后,再次听到相同的语句,或者再次获得"心"和"水晶"作为喻本与喻体的组合时,就能快速给出这个隐喻实例的正确理解。

所以,隐喻的认知经验知识,应该是一个动态可以扩充的,能够记录已经理解的隐喻结构,以便能够通过基于实例的方法获得更加快速的隐喻理解结果。在实际的处理过程中,我们以已有隐喻概念知识结构为基础,利用认知经验知识,来进一步动态调整隐喻概念知识库中词条的隐喻显著性排序。因此,隐喻的认知经验知识的具体结构表示与之前隐喻概念知识的结构表示要保持一致,即也是以如下三元结构:

$$< att, attval, freq >$$

来构建认知经验知识库。在系统构建的时候,我们选择《汉语比喻辞典》作为我们认知经验知识库的基本内容①。

有了上述语言概念知识、话语语境信息和认知经验知识三个方面语境信息的利用,结合本章第一节给出的隐喻理解的统计匹配原理,我们就可以给出一种基于大小语境信息利用的相似点匹配模型,如图4.6所示。在图4.6中,将隐喻理解看作是一个基于大小语境信息的、从字面意义到隐喻表述意义的获取过程,具体包括如下几个主要构成部分。

(1)由语言概念知识给出隐喻的字面意义分析。由隐喻实例给出其词法和句法的依存关系结构,通过隐喻识别算法,得出喻本和喻体的确认,并描述为特征。其中,特征定义等同于第三章中用于识别隐喻的模板知识库中的特征。然后从隐喻概念知识库获取喻本、喻体的"属性—属性值—出现频率"条目,作为语言概念知识表示。

(2)由话语语境信息给出隐喻实例的小语境知识。这一环节的内容分析包括除隐喻实例中喻本和喻体之外的其他概念知识,用来对第(1)步从隐喻概

---

① 李运益主编,《汉语隐喻辞典》,成都:四川辞书出版社,1992年。

念知识库获取的"属性—属性值—出现频率"条目进行调整。

（3）由认知经验知识给出隐喻实例的大语境知识。查询隐喻实例中的喻本和喻体在认知经验知识库中的隐喻知识条目,以"属性—属性值—出现频率"为知识表示,作为大语境知识。

（4）喻本和喻体的相似点匹配模型。选择某种分类算法,构建基于集成算法的属性匹配模型,给出喻本和喻体的相似点匹配排序结果。结果以列表形式给出,并且通过计算,在输入隐喻实例中给出由大小语境动态选择的显著性排序后的相似点。具体实现算法参见下一章节。

（5）概念学习。将识别出的隐喻实例,抽取其喻本、喻体的"属性—属性值",将其加入认知经验知识库中,并同时对隐喻概念知识库进行动态调整。

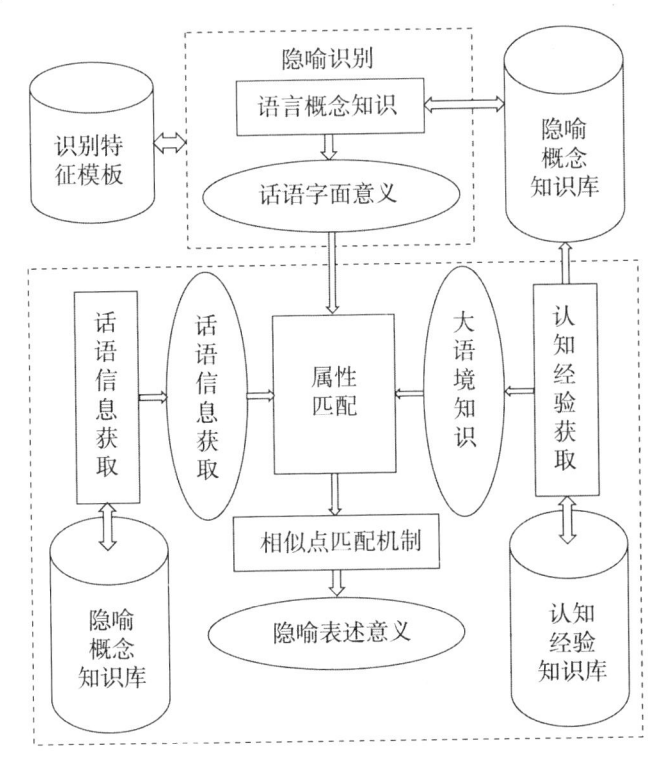

图 4.6　基于大小语境的相似点匹配统计模型

在图 4.6 给出的模型中,对于属性匹配有效获取,显然离不开隐喻概念知识库和认知经验知识库的构建。隐喻概念知识库是作为语言概念知识存在的隐喻常识知识库,描述的是隐喻的字面意义,可以给出喻本和喻体的属性表示;而认知经验知识库,描述的是在隐喻词典中存在的,即主体对于隐喻实例的学习和记忆。二者的相同点在于知识结构是一致的,由于无论是字面意义,或者隐含意义,都是我们对于知识的描述,所以表示结构一致;不同点在于获取的对象不同,权重和作用也不同。

首先是解决隐喻概念知识库的构建问题。我们主要是通过引用《知网》中实体概念知识为种子来扩展形成。扩展的方法是,借用《知网》中实体、属性和属性值概念,并从网络上搜集足够的大规模语料(主要是以《读者》(1980—1997)为语料来源),抽取《知网》中的〈实体—属性〉,以及语料统计得出的〈属性—属性值〉,然后根据其内在联系形成了隐喻概念知识库。隐喻概念知识库构建具体步骤如下:

(1)首先对生语料进行预处理,然后从分词好的熟语料中,以《知网》实体概念为模板,抽取语料中的实体概念,并依照《知网》概念的层级,获得"实体概念知识库"。

(2)从切分好的熟语料中进一步抽取已经获得的实体概念属性值,并对每个属性值出现的次数进行频率统计,将频率值定义为属性值的"原始显著性",保存每一个经过分析之后的实例语句,这些实例语句能为后续基于实例方法的扩展提供数据基础,生成实体概念"概念属性值库"。

(3)从《知网》中抽取〈属性—属性值〉条目。建立"属性—属性值"知识库,并根据实体、属性以及属性值三者之间隐含的内在联系,构建三者之间的对应关系。

(4)最后,由实体概念知识库、概念属性值库、属性—属性值库三个知识库的结合,来组成具有索引结构的"隐喻概念知识库",作为隐喻语句分析的知识来源。

然后是解决认知经验知识库的构建问题。认知经验知识库,描述的是主体的经验。包括主体涉及的领域知识、生活环境、文化内容、思想意图等主观语境信息。为了简化问题,具体我们仅仅选择以《汉语比喻辞典》中的词条信息作为认知经验知识库的内容,用于对隐喻理解的增强信息描述。

《汉语比喻辞典》包含典型隐喻句 5905 句(8393 个词条),类属二十类,分别为:天文类、地理类、植物类、动物类、建筑类、交通类、机具类、服饰类、食物类、音响类、整体肖像类、人物局部类、生理类、心理表情类、性格品质类、动作类、社会生活类、人生类、语言声音类、其他类。

(1)在《汉语比喻辞典》中将分词好的例句作为隐喻知识来源,从中抽取符合《知网》意义的实体概念,并结合《知网》中实体概念的层级分类,生成"经验概念实体知识库"。

(2)依然从《汉语比喻辞典》中的例句作为语料,从中抽取每个隐喻实体概念的属性值,对其出现的次数进行频率统计,将频率值定义为属性值的原始显著性,保存每一个经过分析之后的隐喻实例语句。形成的这些隐喻实例语句,能为后续扩展中的基于实例的方法提供数据基础,生成"经验概念属性值库"。

(3)将"经验概念实体知识库"和"经验概念属性值库"合并就形成了"认知经验知识库"。然后,预留对于该知识库的动态扩展接口,用来阐述隐喻性概念的学习积累过程,主要是采用涉身概念的学习机制以及概念知识的积累过程来描述语言习得与运用能力的模拟。

总之,我们从"语境依赖假说"出发,强调隐喻相似点的动态构建过程,是一个以喻体为中心的,受语境信息制约的本喻体之间的属性分类问题。然后在此基础上,我们具体论述了三个不同层次的语境:语言概念知识、话语语境信息和认知经验知识,并给出了三个不同语境信息利用的处理方法;建立了一种基于大小语境的相似点匹配统计模型,并给出所需要隐喻认知经验知识库和隐喻概念知识库的构建途径。这样就为隐喻相似点的匹配确认提供了一种统计分类计算的完整方案。

第三节 集成分类匹配算法

有了基于语境的相似点匹配统计模型作为基础,我们就可以针对以名词概念作为喻本和喻体的隐喻语句,来进行相似属性匹配算法的构建,完成对隐喻相似点的理解任务。为了方便起见,我们对于事件、关系的相似点表征,统一到概念属性的陈述性描述,即相似点就是"属性—属性值"的陈述性描述。

应该说,相似属性的匹配算法,是一个典型的多值分类任务:输入是喻本的属性集合和三个不同层次语境的知识,输出给出的是关于喻体的属性分类结果排序。将喻体的属性值作为分类任务的标签,给出针对每个分类按照不同隶属度值的排序结果,以一定的阈值作为约束,判定相似点属性,来给出相似点的属性集,并构造出关于相似点的陈述式描述。为了有效实现相似属性匹配,我们采用基于和声搜索算法上的集成分类器来完成隐喻相似点的分类匹配任务。

引入和声搜索算法的目的,主要是为了解决最优特征选择问题,将分类器集作为特征集进行描述,可以用于多分类器的精简。特征选择的主要目标是找到问题域中的最小特征子集,同时又保持一个适当较高的表征原始数据精度。

和声搜索算法(Harmony Search Algorithm,简称 HS)是 Geem 等人提出来的一种新型智能优化方法[1]。和声搜索算法主要是模拟音乐家在进行音乐创作中的和声编配过程[2],其基本算法思想如下:

(1)首先进行参数初始化。随机初始化和声记忆库(Harmony Memory,HM),对相关参数值进行设置,确定最大迭代次数。

(2)然后,从已经生成的和声记忆库中,以数值允许编配的范围内随机产生新的和声片段。通常需要设置一个概率值来判断,是从记忆库中挑选一个和声片段,还是产生一个全新的和声片段。

(3)最后,对新产生的和声片段进行评价。如果新产生的和声片段的评价

---

[1] Geem Z. W., Kim J. H. and Loganathan G. V., A New Heuristic Optimization Algorithm: Harmony Search. Simulation, 2001(76):61–68.

[2] Kim J. H., Geem Z. W. and Kim E. S., Parameter Estimation of the Nonlinear Muskingum Model Using Harmony Search. Journal of the American Water Resources Association, 2001, 37(5): 1131–1138.

结果优于和声记忆库中最差的和声的评价结果,那么将去除现有的和声记忆库中那个最差的和声片段,并用新产生的和声片段进行替换;如果满足预设的停止条件,则算法步骤结束;否则转第(2)步骤,继续算法过程。

针对隐喻相似点的匹配问题,我们提出了一种结合和声搜索算法与特征提取方法的集成分类器,大致思路是分为如下三个主要步骤。

首先,初始化各种参数,如和声记忆库的大小(M)、迭代次数(ITER)等;再初始化和声记忆库,即随机产生 M 个子分类器集。

接着,开始如下的迭代过程:(1)通过价值评估函数 Merits,计算当前和声记忆库中 M 个子分类器集的 Merits 值;(2)选出 Merits 值最大的子分类器集进行变异,产生一个新的子分类器集;(3)然后再运用价值评估函数 Merits 计算新的子分类器集的 Merits 值,并与原来的和声记忆库中所有子分类器集的性能价值 Merits 值进行比较;视新产生子分类器集的性能值优劣与否,来选择是否进行和声记忆库更新。

最后,经过上述一次迭代后新的和声记忆库的整体性能将好于至少等于原来的和声记忆库的性能。这样,经过多次反复的迭代过程之后,选出最后的和声记忆库中准确率值最大的子分类器集作为整个和声算法选出的最优子分类器集。图4.7给出了我们提出的集成分类器精简方法的主要四个关键步骤的流程,具体包括如下流程。

1. 生成基分类器池。第一个关键步骤就是生成一个分类器种类丰富的基分类器池,各种不同设置的分类器都可以存放在这个分类器池中。对于每个基分类器,任意传统的方法,例如词袋模型、随机子空间等方法,都能够用来构建基分类器。我们使用了词袋模型的生成方法,通过从不同的分类器算法中进行选择来构建基分类器。注意,通过算法本身的多样性自然地就能够实现基分类器池的多样性。

2. 分类器决策转换。这个步骤结合了隐喻数据的训练模式和分类器决策。只要构造好了基分类器,那么用于训练的隐喻数据分类决策也就聚集完成了。对于全监督的,或者说有监督的特征选择方法来说,每个输入信息都要有一个分类特征标签,对每一个训练例子的单分类器决策也都要保留这个分类标签。这样,就得到一个新的训练集,其中每一列展现的不再是特征,而是单个的基分类器,每一行对应的是每一个训练实例的分类结果。实际上,这一步就是将分类器转化成了可供特征选择方法计算的数据。

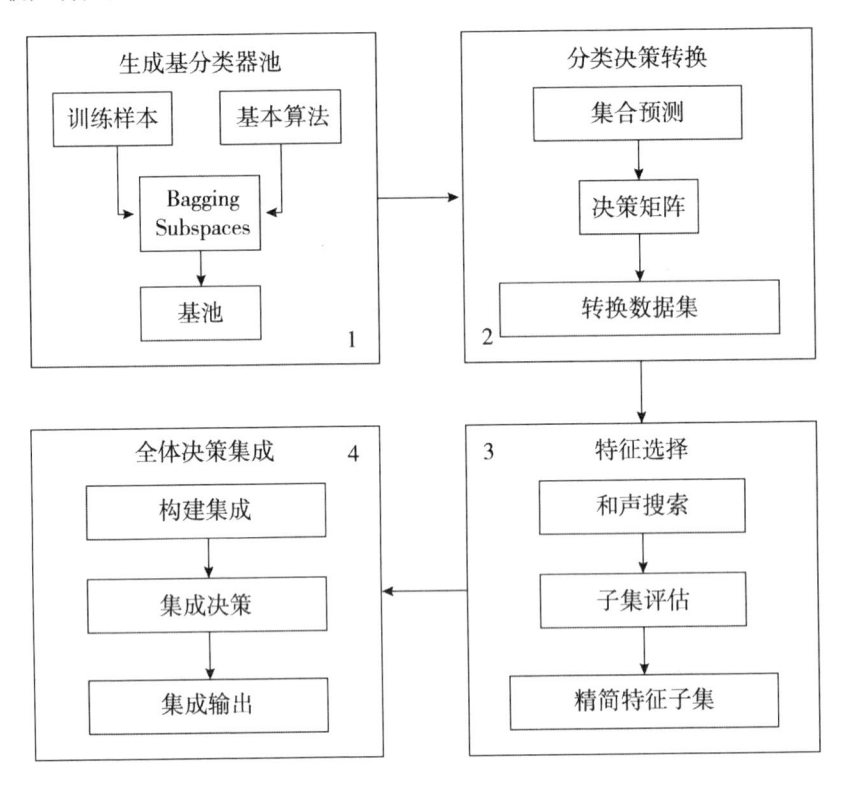

```
┌─────────────────────────┐      ┌─────────────────────────┐
│   生成基分类器池          │      │    分类决策转换          │
│  ┌──────┐  ┌──────┐    │      │      ┌──────┐           │
│  │训练样本│  │基本算法│    │      │      │集合预测│           │
│  └──┬───┘  └──┬───┘    │      │      └──┬───┘           │
│     ↓         ↓         │      │         ↓               │
│   ┌─────────────┐       │─────→│      ┌──────┐           │
│   │  Bagging    │       │      │      │决策矩阵│           │
│   │ Subspaces   │       │      │      └──┬───┘           │
│   └──────┬──────┘       │      │         ↓               │
│          ↓              │      │     ┌────────┐          │
│       ┌─────┐           │      │     │转换数据集│          │
│       │ 基池 │           │      │     └────────┘          │
│       └─────┘         1 │      │                       2 │
└─────────────────────────┘      └─────────────────────────┘
┌─────────────────────────┐      ┌─────────────────────────┐
│   全体决策集成        4  │   3  │     特征选择             │
│   ┌──────┐              │      │      ┌──────┐           │
│   │构建集成│              │      │      │和声搜索│           │
│   └──┬───┘              │      │      └──┬───┘           │
│      ↓                  │←─────│         ↓               │
│   ┌──────┐              │      │      ┌──────┐           │
│   │集成决策│              │      │      │子集评估│           │
│   └──┬───┘              │      │      └──┬───┘           │
│      ↓                  │      │         ↓               │
│   ┌──────┐              │      │    ┌────────┐           │
│   │集成输出│              │      │    │精简特征子集│         │
│   └──────┘              │      │    └────────┘           │
└─────────────────────────┘      └─────────────────────────┘
```

图 4.7 引入和声搜索算法的集成分类器精简流程

3. 特征选择。在这一步,我们加入了新的特征提取选择算法——采用和声算法构建的特征选择方法(Feature Selection with Harmony Search,HSFS)①,来处理第二步转化好的数据集,使用预定义的子集来评估新产生的子集。HSFS 算法的主要步骤如图 4.8 所示。在对子集进行集成分类器精简的过程中,HSFS 算法能够不断优化新产生的子集的分类质量。当完成和声搜索算法的

---

① Diao R., Chao F., Peng T., et al., Feature Selection Inspired Classifier Ensemble Reduction. IEEE Transactions on Cybernetics, 2014(44): 1259-1268.

时候,最好的和声就被转换成了一个特征子集,并且作为特征选择的结果返回给整个系统。

4. 全体决策集成。当集成分类器构建之后,给定的隐喻实例就会被所有分类器进行分类,分类之后的结果将被集成为最终的集成决策结果。最终决策结果,可以通过投票的方法来确定,得票最高的分类结果,可以作为最终结果输出。最终选择的最好分类器集合,能够拥有超过平均预测准确率的能力。

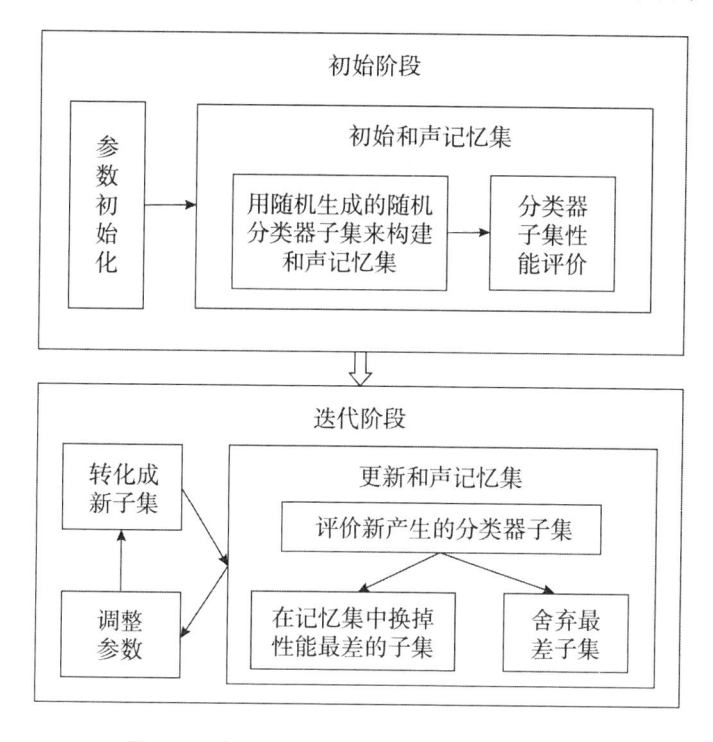

图 4.8 应用了和声搜索算法的特征选择方法

需要注意的是,在隐喻相似点匹配任务中,分类是多对多的结果,即分类器的输出需要多个结果,并且每个结果对应有一个置信度,以这个置信度给出对于不同属性的显著性排序。因此,不能采用常规的单一分类结果输出。所以,我们采取用投票结果来实现对于每个分类的置信度赋值。所有的分类器给出的结果都进行输出,并在每个输出结果后,给出投票的百分比,这样就可以通过百分比来确定每个结果的置信度。

在构建集成分类器算法方面,虽然目前采用和声算法构建的特征选择方法 HSFS,已经能够得到比较好的结果,但是该方法忽视了基分类器多样性问题。也就是说,HSFS 只有在第一步的时候(即图 4.7 中的第 1 个框中)才考虑了基分类器的多样性问题,而在之后的几步中,都没有考虑多样性。实际在和声算法的迭代过程中,都忽视了这个问题。然而,基分类器的多样性对于集成分类器是非常重要的,如果多样性不是很充分,将会影响分类器的泛化能力。

在集成学习中,成员分类器之间的差异性被视为分类器集成优劣的重要判断因素。简单地对多个完全一致的分类器进行集成所得到的集成分类器,其性能并不会有多大的改善,反而甚至会有降低的风险。这是由于参与集成的子分类器很难对所有需要进行分类的情况都能达到一致优秀的处理结果。于是理论上,各个分类器之间是必须存在差异的,即至少要有部分分类器对其他分类器判断错误的样本,能够做出正确的决策。这种性质,就被称作"分类器的差异性"。进一步地,需要针对不同的考查对象,可将差异性度量分为"局部差异性"和"全局差异性"。

在实际运用中,关于局部差异性,最常见的度量方法是仅对两个分类器进行分析,称为"成对度量"。与此对应,其余的差异度指标为"非成对度量"。因此,要引入多样性,需要在 HSFS 算法中的第 3 步加入多样性评价,HSFS 第 3 步的基本流程如图 4.9 所示,具体的差异性度量方法的加入方式如下:

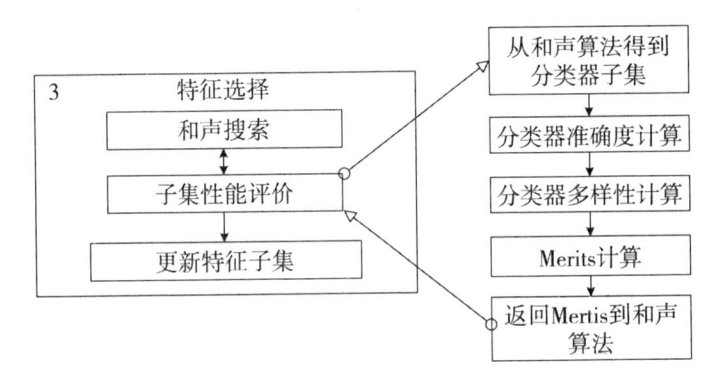

图 4.9 加入分类器多样性度量的实现流程

(1)对生成的每个集成分类的候选子集计算其准确率和成对多样性,通过得到的这两个值来计算当前和声记忆库中这 M 个子分类器集的 Merits 值。

（2）选出 Merits 值最大的子分类器集进行变异,产生一个新的子分类器集,然后同样运用成对多样性和准确率来计算这个新的子分类器集的 Merits 值,并和原来的和声记忆库中所有子分类器集的 Merits 值进行比较:

（a）如果这个新子集的 Merits 值比原和声记忆库中最小的 Merits 值要大,则把当前 Merits 值最小的子集从和声记忆库中剔除掉,并将新产生的这个子集加入和声记忆库中。

（b）如果新产生的子分类器集的 Merits 值比原和声记忆库中最小 Merits 值要小,则舍弃掉这个新产生的子集。

很显然,在上述 HSFS 算法的构建中,价值评估函数 Merits 的设计非常重要。为了能够给出体现我们算法思想的 Merits 值计算方法,我们首先必须具体给出成对分类器的多样性评价方法。

设有两个分类器 A、B,样本集的大小为 N。假设在这个样本集内,同时被 A、B 分类正确的样本数为 a;被 A 分类正确,B 分类错误的样本数为 b;A 分类错误,B 分类正确的样本数为 c;A、B 同时分类错误的样本数为 d。那么目前常用的成对多样性评价方法有:Q - statatistic 评价法 q1;不一致度量评价法 q2;和双错度量 q3;以及为了更好地体现多样性评价,我们构建了一种新型度量法,记为 q4。这四种方法的计算方式如下:

（1）Q - statatistic(Q)

$$q1 = \frac{ad - bc}{ad + bc}$$

（2）不一致度量(Dis)

$$q2 = \frac{b + c}{a + b + c + d}$$

（3）双错度量(DF)

$$q3 = \frac{d}{a + b + c + d}$$

（4）q4 度量(q4)

$$q4 = \frac{bc}{ad + bc}$$

有了成对多样性的评价方法,我们就可以计算出每个集成分类器子集的总体准确率和整体多样性。整体准确率的计算公式如下:

$$p_{precise} = \frac{2 \cdot \sum_{n=1}^{m} p}{k \cdot (k-1)}$$

其中,m 为评价方法种数,这里取值为 4,k 为子分类器的个数,p 表示两个分类器之间的联合准确率,p 的计算公式如下:

$$p = \frac{a}{a+b+c+d}$$

于是,整体多样性的计算方式如下:

$$Q_{diversity}^{x} = \frac{2 \cdot \sum_{n=1}^{m} q_x}{k \cdot (k-1)}$$

其中,q_x 表示采用前面评价法中第 x 个评价方法。

这样 Merits 函数就可以根据总体准确率和整体多样性的值来计算:

$$Merit_{PQE} \frac{kP_{precise}}{\sqrt{k + k(k-1)(1-Q)_{diversity}^{x}}}$$

我们还可以采用了另外一种 merits 函数计算方法,记为:

$$Merit_{QPE} = \frac{kQ_1}{\sqrt{k + k(k-1)(1-P_{precise})}}$$

为 Merits 函数评价值的估算提供支持。

到此,我们完成了一个能够在小数据集下得到优秀分类效果的集成分类器框架及其全部要素。所给出的集成分类器主要是以和声搜索算法为框架,引入多样性计算的特征选择方法进行集成分类器的精简。这样就为隐喻相似点匹配算法提供了一个适用的集成分类工具。在此基础上,我们就可以给出相似点匹配算法的实现。

相似点匹配算法的目的,是在确定了喻本和喻体之后,来寻找喻本与喻体的相似属性最佳匹配,作为相似点输出。为了方便起见,又不失一般性,我们对输入隐喻语句的喻本和喻体,要求仅限于名词范畴。自然按照统计学习模型的一般规范,我们的相似点匹配算法分为训练算法和分类算法,分别阐述如下。

训练算法:输入为隐喻训练数据集,输出为关于某个名词喻体 T 的集成分类器,算法步骤为:

(1)预处理步骤一:对隐喻训练数据集进行分词,词性标注;

(2)预处理步骤二:对隐喻训练数据集进行依存文法分析;

(3)在隐喻概念知识库中寻找喻体 T 的词条,将喻体词条中的所有"属性值"作为分类标签,并给出每个实例的具体分类;

(4)在隐喻概念知识库中的喻体词条"属性值"及对应的频率作为特征 T_i;

(5)在隐喻概念知识库中寻找喻本 V 的词条,将其"属性值"及对应的频率作为特征 V_i;

(6)将隐喻句的分词以及词性标注作为特征 W_i;

(7)将特征集 T_i,V_i 和 W_i,作为集成分类器的训练数据进行训练,得到训练模型 M。

分类算法:输入为包含名词喻体 T 和名词喻本 V 的隐喻实例,输出为该喻体 T 和喻本 V 的相似点,算法步骤为:

(1)预处理步骤一:对输入的隐喻实例进行分词,词性标注;

(2)预处理步骤二:对输入的隐喻实例进行依存文法分析;

(3)在隐喻概念知识库中寻找喻本 V 的词条,将其"属性值"及对应的频率作为特征 V_i;

(4)将隐喻句的分词以及词性标注作为特征 W_i;

(5)将特征集 V_i 和 W_i,作为集成分类器的测试数据进行计算,得到关于喻体不同分类的打分排序结果。

在上述训练算法和分类算法中集成分类器,采用的算法就是前面给出的集成分类算法。现将训练算法和分类算法两者综合,便可以给出如下总体决策集成算法。

决策集成算法:输入为需要进行识别的隐喻实例 w,输出为该隐喻实例的带有置信度 ρ 的分类结果,算法步骤为:

(1)调用集成分类器完成训练;

(2)将隐喻实例 w 输入到集成分类器中;

(3)构建数据结构 D(T,N),其中,T 表示分类结果,N 表示输入该类的数量;

(4)利用 D 初始化识别种类数列 $\vec{D}$;

(5)For j = 1 to n 遍历集成分类器中所有 n 个子分类器;

(6)获得当前分类结果 t_j;

(7)IF t_j 没有包含在 $\vec{D}$ 中

(8)将 t_j 保存到识别数列 $\vec{D}$ 中,形式为 $D(t_j,1)$;

(9)Else

(10)在 $\vec{D}$ 中找到与 t_j 一致的元素 $D_{found}(t_j,N)$,并且 n + +;

(11)EndIF

(12)EndFor

(13)将 $\vec{D}$ 中出现的类别按照其对应 N 的大小从大到小排列;

(14)每个类别的执行度为 N_i/n;

(15)Return 所有的 T 和 N/n。

实验选择了 5 个常见的并且拥有属性数大于 3 个的喻体名词作为测试,每个名词选择 50 个语句作为训练语料,依照上述训练方法给出每个喻体名词的集成分类器。再利用构造的集成分类器对该喻体名词给出测试语句,指定测试语句的喻本和喻体,给出经过集成分类器计算得到的分类结果排序。选择分类结果排序值中符合指定阈值的属性值,再根据属性值在实体概念库中寻找对应的属性,构建"属性"+"属性值"的句式,作为该隐喻实例的相似点解释。

实例 4.2 构建关于"水晶"的集成分类器。隐喻实例为:"女孩子的心是水晶做的,需要爱她的人去呵护。"

喻本:心;喻体:水晶。

分类输出结果:水晶—破碎 0.678,水晶—高贵 0.342,水晶—亮晶晶 0.245。

相似点:水晶破碎;心破碎。

在实例4.2中,通过后半句展喻部分的信息,即"破碎"和"呵护"在语料库中共现程度所带来潜在语义信息的影响,极大提高了"破碎"属性值的排序结果,给出了一个较为合理的相似点匹配结论。

实例4.3 构建关于"眼睛"的集成分类器。隐喻实例为:"天空中的星星像小朋友一眨一眨的眼睛。"

喻本:星星;喻体:眼睛。

分类输出结果:眼睛—大0.823,眼睛—明亮0.729,眼睛—亮晶晶0.563。

相似点:眼睛大,明亮,亮晶晶;星星大,明亮,亮晶晶。

在实例4.3的分类结果中,超过经验阈值的属性有3个,其中"明亮"和"亮晶晶"是一个合理的相似点解释,但"大"实际上并非是合适的相似点解释。之所以出现这样的结果,是由于眼睛"大"的属性值在语料库中有大量出现,其出现频度远超过其他属性的出现频度,于是带来了不可避免的噪音。

原因是,我们的算法将喻体的属性频度值也作为特征加入分类器进行计算,初衷是作为喻体属性的显著特征进行描述。但是,由于训练语料的不平衡性,导致了引入有偏差的结果。如何在显著性上进行数据的再处理,从而保证分类结果的准确性,是一个需要进一步研究的课题。

完整的实验,我们选择了5个常见的并且拥有属性数大于3个的喻体名词作为测试,它们分别为:水晶,眼睛,太阳,水,海洋。隐喻语句理解实验的部分结果如表4.1所示。表4.1节选了在实验结果中明确包含一个相似点的例子,这些语句既有简单句,也有带展喻部分的复合句;在喻本和喻体各自的属性中,存在着可能性比较多的不同匹配。我们的算法在这些实例中对于显著性的效果影响比较明显,最终得到的相似点经过阈值的筛选,都获得了正确的答案[1]。

---

[1] Zeng H. L., Lin X. M., Zhou C. L., Chao F., Towards Chinese Metaphor Comprehension Based on Attribute Statistic Analysis. Proceedings of 16th UK Workshop on Computational Intelligence, Lancaster University, Lancaster, ENGLAND, SEP 07-09, 2016. Advances in Intelligent Systems and Computing, vol. 513, 2017:207-217.

总体来说,实验结果是令人满意的。但是也必须看到,在有些测试结果中,存在着前面指出的,由于隐喻概念知识库中或者训练语料的不平衡性带来的偏差。说明一方面,我们给出的算法在理论上以及实践过程中,是一个可行的算法,对于相似点的动态匹配问题给出了较为合理的解决模型。但另一方面,由于语料库不完善,特别是隐喻概念知识库的不足而造成的偏差,影响了个别隐喻语句的正确理解。需要通过弥补隐喻概念知识库和训练库的不足,来使我们的统计模型达到更理想的实验效果。

表4.1 隐喻理解实例示例

隐喻实例	相似点理解
在天空,只有几颗巨大的寒星,水晶般地频频地闪烁。	水晶闪烁;寒星闪烁
深夜的风吹过,像一条洁净的溪水流进心田。	溪水温柔;风温柔
清晨的田野,像是翠绿的海洋。	海洋广阔;田野广阔
四盏一千瓦的电灯泡就像四个小太阳高悬在山顶的四角	太阳明亮;电灯泡明亮

总之,我们面向隐喻相似属性获取任务,对集成分类算法进行优化处理,并通过引入和声搜索算法和特征选择方法对集成分类器进行精简,使其能够在小数据集下得到优秀分类效果。然后在此基础上,利用三个不同层次的语境知识作为限制条件,从多值分类任务角度提出了一个基于集成算法的隐喻相似点匹配算法。实验结果表明,我们提出的隐喻理解的统计匹配模型,取得了较好效果,为解决汉语隐喻理解提供了一个可行的途径。

第五章

逻辑推演

夫譬喻也者,生于直告之不明,故假物之然否以彰之。物之有然否也,非以其文也,必以其真也。

[汉]王符①

隐喻机制的生命力是从语言生态中的逻辑机制突现出来的,因此使用逻辑方法来分析隐喻的意义也是一个重要方面。王充在《论衡》论及"薄葬"时指出:"事莫明于有效,论莫定于有证。"②因此构造各种逻辑方法来进行隐喻意义的释义研究,从而在更加严密的逻辑推理系统中来推导隐喻话语的表述意义,也就成为十分自然的事情。实际上,隐喻本身就是一种运用类比思维进行意义表述的话语方式,正如沈剑英在论述因明学时所指出的:"喻也是推理论证的依据。……,就是以喻这个所见之边,去推断宗这个未见之边。……,喻就是通过譬况来使人了解所立之宗的。"③因此,在隐喻研究中,强调逻辑在隐喻生成和解释中的作用,就成为一个重要的研究方面。

基于上述这样的认识,我们在已有的种种隐喻逻辑系统研究的基础上④,通过对可能世界在隐喻逻辑构造中已有隐喻类比逻辑研究工作的分析⑤以及

---

① [汉]王符,《潜夫论笺校正》,中华书局,1985,第326页。
② [汉]王充,《论衡》,上海古籍出版社,1990,第221页。
③ 沈剑英,《因明学研究》,东方出版中心,1985,第98页。
④ 苏畅、周昌乐,《隐喻逻辑研究进展》,《计算机科学》,2007年第8期。
⑤ 周昌乐,《隐喻、类比逻辑与可能世界》,《外国语言文学研究》,2004年第2期。

针对汉语隐喻理解逻辑描述的初步尝试方法研究①,基于比较成熟的认知逻辑理论②,进一步发展面向汉语隐喻理解的逻辑方法,开展有关汉语隐喻逻辑描述与释义推理方面的研究工作。本章就是系统介绍我们在隐喻逻辑方面的研究工作,分别给出汉语隐喻的逻辑表征、认知相似逻辑、理解推理方法,并最终给出完整的汉语隐喻认知理解逻辑系统,用于汉语隐喻理解中的意义推导。

第一节　汉语隐喻逻辑表征

考察各种有效论式是逻辑这一推理科学的主要任务,而对有效论式(推理模式)的清晰认识有助于了解我们自然语言描述或表达规律;反过来,表达语言含义对论式的确认也起着重要作用:包括对逻辑连接词等的意义确认。因此,逻辑也可以看作是意义之间关系的科学。隐喻逻辑则试图使用形式化方式来描述隐喻的生成和理解等问题。由于隐喻表达意义的间接方式,如果存在描述隐喻的逻辑,那也一定是某种内涵性质的逻辑,其中需要解决的问题除了"词项内涵表征"和"跨域映射表征"两个关键问题外,还必须考虑理解主体认知状态的参与作用问题。因此,如果隐喻话语能够得到形式化表征,那么在隐喻理解中,语句所包含的意义就能够得到充分的体现。

众所周知,汉语是以意合为主的语言,对隐喻的解读总是相对于某个具体上下文语境而言的,因此隐喻意义基本是语义与语境作用的结果。也就是说,只有在具体的上下文语境中,我们才能判断隐喻的确切含义。正是由于汉语这种"意合"特点,在汉语话语中,特别是在汉语隐喻话语中,语词与语词之间,语句与语句之间都有内在的语义依存关系而往往缺乏显式的逻辑关系词。因此对于汉语而言,要解决隐喻语句的逻辑描述问题,就需要我们充分利用语句中的语义依存关系,而不是显式的逻辑关系词,来构建有关汉语隐喻语言的逻

---

① 张威、周昌乐,《汉语隐喻理解的逻辑描述初探》,《中文信息学报》,2004年第5期。
② 周昌乐,《认知逻辑导论》,清华大学出版社,2001。

辑表征方法。本小节我们就是要在认知逻辑理论的指导下,结合第三章隐喻识别中有关依存句法分析基础,来给出一种能够描述汉语隐喻句语义依存关系的认知依存逻辑系统,为进一步汉语隐喻理解的认知逻辑系统的建立奠定必要的隐喻语言逻辑表征基础。

为此,首先我们给出有关汉语隐喻句的语法规则。设 S 表示语句,NP 表示名词短语,DET 表示定语,ADJ 表示形容词,PREP 表示介词,BE 表示"是",以及用下标 S 表示所标识的词来自始源域,下标 T 表示所标识的词来自目标域。那么,汉语隐喻句的句法规则为:

(1) NP→NPTT|NPSS|NPTS|NPST

(2) NPTT→(DET)(ADJ$_T$)NOUN$_T$,如:发怒的脸

(3) NPSS→(DET)(ADJ$_S$)NOUN$_S$,如:阴云密布的天空

(4) NPTS→(DET)(ADJ$_T$) NOUN$_S$,如:凝固的音乐、希望的肥皂泡

(5) NPST→(DET)(ADJ$_S$) NOUN$_T$,如:阴云密布的脸

(6) PPTT→(PREP)(DET)(ADJ$_T$)NOUN$_T$,如:在眼睛上

(7) PPTS→(PREP)(DET)(ADJ$_T$)NOUN$_S$,如:在山的怀抱里

(8) S→NPTT BE NPSS,如:朱丽叶是太阳

(9) S→NPTT BE NPTS,如:建筑是凝固的音乐、骆驼是沙漠之舟

(10) S→NPTT BE ADJ$_S$(NP),如:女人是水做的

(11) S→NPTT$_1$ VERB$_S$ NPTT$_2$,如:轮船耕耘大海

(12) S→NPTT VERB$_S$ PPTT,如:欢笑盛开在眼睛上

(13) S→NPTT ADV$_S$ VERB$_S$ PPTS,如:流水安然地依偎在山的怀抱里

(14) S→NPTT PPTT VERB$_S$(NP),如:木棉在风中起舞

(15) S→NPTT VERB$_S$ NPTS,如:她心里盛开着慈爱之花

(16) S→NPST(ADV$_S$) VERB$_S$ NPTT,如:可恨的沙漠正在无情地吞噬着一座大山

(17) S→NPST$_1$ VERB$_S$ NPST$_2$,如:可恨的沙漠正在无情地吞噬着一座孤立的大山

(18) S→NPTT VERB$_T$ NPSS,如:他走进伊甸园

(19) S→NPTT VERB$_T$ NPS$_T$,如:两旁的路灯闪着无精打采的亮光

(20) S→NPTT ADV$_S$(PPTT)VERB$_T$(NP),如:柳枝无精打采地低垂着

(21) S→NPTS ADV$_S$ VERB$_S$(NP),如:我的思想感情的潮水在放纵地奔流着

(22) S→NPTT ADV$_S$ ADJ$_T$,如:他像狐狸一样狡猾

接着,我们还必须给出汉语隐喻句在逻辑上成立的真值条件,才能够对汉语隐喻句进行逻辑表征。根据Steinhart的约定①,我们也采用简单类比真值条件来描述隐喻句的真值条件,也即,我们规定一个隐喻句为真,当且仅当该隐喻句是基于某种可信的类比。具体地讲,如果我们用下标S表示所标识的词来自始源域,下标T表示所标识的词来自目标域,下标M表示所标识的词来自喻语域,R与Q表示两者所具有的某种关系,那么我们就有如下隐喻句的逻辑表征。

(1) 名词性隐喻表征(一)

$((A)_T(是)_M(C)_S)_M$ 为真,当且仅当

$(\exists B,D)(\exists R)(R(A,B)\&R(C,D))$

例如:对于"家乡是个贼,他能偷去你的心"这样的隐喻句,我们有:

$((家乡)_T(是)_M(贼)_S)_M$ 为真,当且仅当

$(\exists B,D)(\exists R)(R(家乡,B)\&R(贼,D))$

其中,B为"心",D为"东西",R为"偷"。

(2) 名词性隐喻表征(二)

$((A)_T(是)_M(B)_T(C)_S)_M$ 为真,当且仅当

$(\exists D)(\exists R)(R(A,B)\&R(C,D))$

例如:对于"骆驼是沙漠之舟"这样的隐喻句,我们有:

$((骆驼)_T(是)_M(沙漠)_T(舟)_S)_M$ 为真,当且仅当

$(\exists D)(\exists R)(R(骆驼,沙漠)\&R(舟,D))$

其中,D为海洋,R为"载物行走于"。其他如:"建筑是凝固的音乐""东西长安

---

① E. C. Steinhart, The Logic of Metaphor, Kluwer Academic Publishers, Boston, 2001.

街成了喧腾的大海"等隐喻句均可用此逻辑表达形式来表征。

(3) 动词性隐喻表征(一)

$((A)_T(Q)_S(B)_T)_M$ 为真,当且仅当

$(\exists C,D)(\exists R)(R(A,B)\&R(C,D)$

$\& Q(C,D)\&Q$ 是 R 的一种方式)

例如:对于"轮船耕耘大海"这样的隐喻句,我们有:

$((轮船)_T(耕耘)_S(大海)_T)_M$ 为真,当且仅当

$(\exists C,D)(\exists R)(R(轮船,大海)\&R(C,D)$

$\& 耕耘(C,D)\& 耕耘是 R 的一种方式)$

其中,C 为犁,D 为田,R 为"行驶于"。

(4) 动词性隐喻形式(二)

$((A)_T(Q)_S(B)_T(D)_S)_M$ 为真,当且仅当

$(\exists C)(\exists R)(R(A,B)\&R(C,D)\&Q(C,D)\&Q$ 是 R 的一种方式)

例如:对于"她心里盛开着慈爱之花"这样的隐喻句,我们有:

$((她心里)_T(盛开)_S(慈爱)_T(花)_S)_M$ 为真,当且仅当

$(\exists C)(\exists R)(R(她心里,慈爱)$

$\&R(C,D)\& 盛开(C,D)\& 盛开是 R 的一种方式)$

其中,C 为花园,R 为"充满"。其他如:"新的生活在召唤着我们""战争威胁着全世界的和平"等隐喻句均可用此逻辑表达形式来表征。

(5) 形容词性隐喻形式

$((A)_S(B)_T)_M$ 为真,当且仅当

$(\exists C,D)(\exists R)(\exists Q)(R(C,A)\&R(B,D)\&Q(A,D))$

例如:对于"甜蜜的笑容"这样的隐喻句,我们有:

$((甜蜜)_S(笑容)_T)_M$ 为真,当且仅当

$(\exists C,D)(\exists R)(\exists Q)(R(C,甜蜜)\&R(笑容,D)\&Q(甜蜜,D))$

其中,C 为"食品",D 为"美丽的",R 为"具有……的特点",Q 为"通感"。其他如:"如花的笑容""阴云密布的脸""水做的女人"等隐喻句均可用此逻辑表达形式来表征。

(6) 副词性隐喻形式

$((A)_T(LIKE)_M(B)_S(C)_T)_M$ 为真,当且仅当

$(\exists D)(\exists Q)(R(A,D) \& R(B,D) \& Q(B,C))$

例如:对于"他像一头绵羊一样跟在她的身后"这样的隐喻句,我们有:

$((他)_T(LIKE)_M(绵羊)_S(跟在她的身后)_T)_M$ 为真,当且仅当

$(\exists D)(\exists Q)(R(他,D) \& R(绵羊,D) \& Q(绵羊,C))$

其中,D 为"温顺的",R 为"具有……的特点",Q 为"有此种行为方式"。

有了上面有关隐喻语句句法规则及真值条件表征的分析,利用认知逻辑理论,就可以来建立一种基于词语间依存关系的认知依存逻辑[①]。

首先,所有的语言都符合词语或语句间的内在语义逻辑相合这一特点,它们之间存在相互联系和相互依存性,包括字、词、句和语篇之间各种形式的语义依存关系。于是我们就可以从词语或语句间的内在语义逻辑相合这一特点出发,来挖掘语义依存的逻辑特征。

当读者阅读一个语篇或语句时,他基于自身的认知状态对其中的依存关系进行把握。如果用 i 表示读者,A 与 B 表示相互依存的两个对象,D 表示依存算子,λ 表示 A 与 B 所处的上下文,d 为具体依存关系,那么就可以用

$$\lambda D_i(A,B,d)$$

表示"在 λ 上下文中,i 认为 A 与 B 具有依存关系 d"。此时依存逻辑算子 D 具有如下逻辑特征。

(1) 依存的可交换性,即依存逻辑满足如下性质:

$$\lambda D_i(A,B,d) \rightarrow \lambda D_i(B,A,d)$$

也就是说,如果在同一个上下文环境下,A 与 B 存在关系 d,则 B 与 A 也存在关系 d。

(2) 依存的非空性,即在某个上下文中,对象 A 总存在与它具有某种依存关系的对象 B:

[①] C. Su, C. L. Zhou, Cognitive Dependency Logic, In Proceedings of 2008 International Conference on Intelligent Systems & Knowledge Engineering, Nov. 17 – 19, Xiamen, China, 2008:82 – 84.

$$(\exists \lambda)(\forall A)(\exists B)\lambda D_i(A,B,d)$$

(3)依存的结合性:如果在上下文 λ 中,A 与 B 具有依存关系 d,A 与 C 具有依存关系 d,这时,

$$(\lambda D_i(A,B,d) \wedge \lambda D_i(A,C,d)) \rightarrow \lambda D_i(A,B \wedge C,d)$$

成立,这便是依存的结合性。

(4)依存的不变性:若 A 与 B 位于语篇 λ_1 中的语段或语句 λ_2 中,在语篇 λ_1 中,A 与 B 存在依存关系 d,则在语篇 λ_1 中的语段或语句 λ_2 中,A 与 B 也存在依存关系 d。既我们有:

$$如果 \lambda_1 \supseteq \lambda_2,则 \lambda_1 D_i(A,B,d) \rightarrow \lambda_2 D_i(B,A,d)$$

这就是依存的不变性。

(5)依存的传递性,我们有:

$$\lambda D_i(A,B,d) \wedge \lambda D_i(B,C,d) \rightarrow \lambda D_i(A,C,d)$$

(6)比喻依存的可替代性

$$\lambda D_i(A,B,d) \wedge d = "Similarity" \rightarrow (\exists C)(\exists d')\lambda D_i(A,C,d')$$

(7)依存的矛盾性

$$(\exists S)(\exists T)(\exists d)\lambda D_i(S,T \wedge \neg T,d)$$

有了依存算子的定义及其性质说明,按照认知逻辑理论的要求,我们就可以来建立完整的认知依存逻辑系统 DS。

定义5.1 认知依存逻辑系统 DS 合式的命题公式仅限于如下定义范围:

(1)标准逻辑的合式公式都是它的合式公式。

(2)若 S 和 T 是 DS 的合式公式,i 为认知主体,则

$\lambda D_i(S,T,d)$

$(\exists \lambda)\lambda D_i(S,T,d)$、$(\forall \lambda)\lambda D_i(S,T,d)$

$(\exists i)\lambda D_i(S,T,d)$、$(\forall i)\lambda D_i(S,T,d)$

$(\exists S)\lambda D_i(S,T,d)$、$(\forall S)\lambda D_i(S,T,d)$

$(\exists T)\lambda D_i(S,T,d)$、$(\forall T)\lambda D_i(S,T,d)$

也是 DS 的合式公式。

(3)$(\lambda_1 \wedge \lambda_2)D_i(S,T,d)$,$(\lambda_1 \vee \lambda_2)D_i(S,T,d)$,$(\neg \lambda)D_i(S,T,d)$,是合

式公式。

(4) 若 p 和 q 是 DS 的合式公式,则

$$\neg p, p \vee q, p \wedge q, p \rightarrow q, p \leftrightarrow q$$

也是它的合式公式。

定义 5.2 设 M 是一个 m+2 元组的 Kripke 模型,有

$$M = (W, R_1, \cdots, R_m, V)$$

其中 W 是全体可能场合集(指的是某个可能世界下某个时间某个地点的某个场合);V 是命题集在 W 中每个可能场合 w 上的真值指派,对每个 i,R_i 是在 W 上的一个二元关系。它的含义是:若 $\alpha R_i \beta$ 为真,则从可能场合 α 中的一个个体 a_i 的观点看来,β 是一个可到达的现实场合。那么,认知理解逻辑系统 DS 中命题的语义定义如下:

(1) $\vDash_\alpha \lambda D_i(S,T,d)$ 成立,当且仅当存在一个理解语境,对于阅读者 i 来说,$D(S,T,d)$ 在 α 中为真;并且对于所有使得 $\alpha R_i \beta$ 成立的 β,皆有 $\vDash_\beta \lambda D_i(S,T,d)$ 成立。

(2) $\vDash \lambda D_i(S,T,d)$ 表示对于阅读者 i,$\lambda D_i(S,T,d)$ 在 W 中恒真,即 $\vDash \lambda D_i(S,T,d)$ 成立,当且仅当对所有 $\alpha \in W$,$\vDash_\alpha \lambda D_i(S,T,d)$ 皆成立。

(3) 称 $D(S,T,d)$ 在 W 中是可满足的,当且仅当存在 $\alpha \in W$,$\exists i \exists \lambda$,使 $\vDash_\alpha \lambda D_i(S,T,d)$。

定义 5.3 DS 由如下公理和推理规则构成:

公理 DS1　$S \rightarrow (\exists \lambda)(\exists i)(\exists T)(\exists d) \lambda D_i(S,T,d)$

公理 DS2　$(\exists S)(\exists T)(\exists d) \lambda D_i(S, T \wedge \neg T, d)$

公理 DS3　$(\lambda D_i(S,T_1,d) \wedge \lambda D_i(S,T_2,d)) \rightarrow \lambda D_i(S, T_1 \wedge T_2, d)$

公理 DS4　$\neg (\lambda D_i(S,T,d) \vee \lambda D_i(S, \neg T, d))$

公理 DS5　$(\forall S)(\exists \lambda)(\exists T)(\exists d) \lambda D_i(S,T,d)$

公理 DS6　$\lambda D_i(S, T_1 \vee T_2, d) \rightarrow \lambda D_i(S, T_1, d)$

公理 DS7　$(\lambda_1 \vee \lambda_2) D_i(S,T,d) \rightarrow \lambda_1 D_i(S,T,d) \vee \lambda_2 D_i(S,T,d)$

公理 DS8　$(\lambda_1 \wedge \lambda_2) D_i(S,T,d) \rightarrow \lambda_1 D_i(S,T,d) \wedge \lambda_2 D_i(S,T,d)$

公理 DS9　$\lambda D_i(A,B,d) \wedge \lambda D_i(B,C,d) \rightarrow \lambda D_i(A,C,d)$

公理 DS10　如果 $\lambda_1 \supseteq \lambda_2$，则 $\lambda_1 D_i(A,B,d) \to \lambda_2 D_i(B,A,d)$
规则 DSR1　如果 $p \leftrightarrow q$，那么 $\lambda D_i(S,p) \to \lambda D_i(S,q)$
规则 DSR2　如果 $p \leftrightarrow q$，那么 $\lambda D_i(p,T) \to \lambda D_i(q,T)$

根据上述描述的认知依存逻辑，我们可以对汉语隐喻语句进行理解分析。比如对于"时间就是金钱"这样的隐喻句，令 λ 为该隐喻句的上下文，那么运用我们认知依存逻辑来描述"时间"与"金钱"之间的依存关系为：

$$(\exists \lambda)(\exists d)\lambda D_i(S,T,d) = 1,$$
$$S = \text{"时间"}, T = \text{"金钱"}$$

这里，$d = \text{SIM}$（相似关系，依存关系的一种）。这样，当"时间"与"金钱"之间具有 SIM 关系时，我们就可以选取"金钱"的某属性，例如"珍贵的"，来替换"金钱"，然后来考察"时间"能否与该属性相匹配。我们有：

$$(\exists \lambda)(\exists d)\lambda D_i(S,T,d) = 1,$$
$$S = \text{"时间"}, T = \text{"珍贵的"}$$

其中 $d = \text{SBV}$（主谓关系，依存关系的一种）。注意，当我们选择"金钱"的其他属性作为 T 的取值，比如"纸制的""可以购物的"等等，对于 S = "时间"的如下逻辑式：

$$(\exists \lambda)(\exists d)\lambda D_i(S,T,d)$$

不可能成立。所以，"时间就是金钱"的隐喻意义就是"时间是珍贵的"。

总之，针对汉语隐喻意义主要体现在语义依存关系之间而不是逻辑关系词之中的特点，我们建立的认知依存逻辑主要对语句间和同一语句语词之间的依存关系给出了逻辑描述。这样，一方面上承语义依存关系分析方法，可以与基于依存关系模式分析的隐喻识别相衔接；另一方面则下接隐喻意义推断的逻辑描述，无疑为进一步建立隐喻认知理解逻辑系统奠定了意义关系获取的重要基础。

第二节　认知相似逻辑系统

事物之间的相似性是隐喻思维之所以能够产生作用的关键，隐喻运用的普遍性就在于现实世界里事物之间广泛存在着相似关系,即 A≈B。但遗憾的是,过去在传统逻辑和非经典逻辑中都没有在形式系统的范畴下解决带有观测角度的相似逻辑推理问题。显然,为了能够运用逻辑方法来推断隐喻意义,我们必须从认知理解的角度探讨相似关系的逻辑描述及推理。在本小节里,我们就通过构建基于主体认知的相似算子,来建立认知相似逻辑系统 RS,讨论该逻辑系统的公理、性质和定理,并具体给出一种用于隐喻意义理解的认知相似逻辑推理方法[①]。

为了刻画基于一定认知主体下事物之间的相似性,我们首先给出如下相似算子的表示,即用算子 S 表示相似:

$$S(A,B) 表示 A≈B$$

例如 S(大象的耳朵,扇子)表示大象的耳朵与扇子相似。如果用 $S^-(A,B)$ 表示 A 与 B 完全不同,那么,$S(A,B) = \neg S^-(A,B)$。

当然,事物之间是否具有相似性是依赖于观测角度,有全局的相似即从各个角度都成立的相似,也有局部的相似即从某个角度看才成立的相似,例如,"盲人摸象"。我们用 λS(A,B) 表示从观测点 λ 观察,A 和 B 所具有的相似性。观测点可以是具体的表示方位的观测点,也可以是抽象的表示考虑的角度。如从月球上看,黄河与汉字"几"很相似,但从地球上看,就看不出了。又如,考察"律师"和"狐狸"两个不同的对象,从种属来看,一个是人,一个是动物,没有相似之处;但如果从"狡猾"这个性格特征来看,就可以看出相似性。所以观测点不同,结果也不同。λ 可为变量或常量,当主体处于 λ 的角度或位置观察时,λ 取真值。满足 $(\forall \lambda)\lambda S(A,B)$ 的两个对象称为整体相似对象,并记整体相似算子为 I(A,B),即 $I(A,B) \leftrightarrow (\forall \lambda)\lambda S(A,B)$,整体相似算子具有交换性、传递性。

进一步,相似性的观测还依赖于观测者,对于同样的观测对象,不同的观测者(具有不同的主观背景与目的)往往关注不同的相似点。如果我们用算子

---

① C. Su, C. L. Zhou, Y. J. Chen, Cognitive Similarity Logic and Its Application in the Comprehension of Metaphor, Journal of Computational Information Systems, 3(2), 2007:705 – 708.

K 表示知道,用算子 B 表示相信,用算子 T 表示认为,那么基于主体认知的相似算子分别表示为:$T_iS(A,B)$ 表示主体 i 认为 A 与 B 具有相似关系、用 $K_iS(A,B)$ 表示主体 i 知道 A 与 B 具有相似关系、用 $B_iS(A,B)$ 表示主体 i 相信 A 与 B 具有相似关系。

有了各种相似算子的定义说明,我们就可以来建立认知相似逻辑系统 RS,给出 RS 的语形、语义及公理形式系统。

定义 5.4 认知相似逻辑系统 RS 的合式公式集 L 定义如下:其中 Q 为观测点集,集合中的元素可为常量或变量。

(1) 若 $\varphi \in$ 原子公式集,则 $\varphi \in L$;

(2) 若 $\varphi_1, \varphi_2 \in L$,则 $S(\varphi_1, \varphi_2) \in L$;

(3) 若 $\varphi, \varphi_1, \varphi_2 \in L$,则 $\varphi_1 \wedge \varphi_2 \in L, \varphi_1 \vee \varphi_2 \in L, \neg \varphi \in L, \varphi_1 \rightarrow \varphi_2 \in L, \varphi_1 \leftrightarrow \varphi_2 \in L$;

(4) 若 $\varphi_1, \varphi_2 \in L, \lambda \in Q$,则 $\lambda S(\varphi_1, \varphi_2) \in L, (\forall \lambda) \lambda S(\varphi_1, \varphi_2) \in L, (\exists \lambda) \lambda S(\varphi_1, \varphi_2) \in L$;

(5) 若 $\lambda, \lambda_1, \lambda_2 \in Q$,则 $(\lambda_1 \vee \lambda_2)S(A,B) \in L, (\lambda_1 \wedge \lambda_2)S(A,B) \in L, \neg \lambda S(A,B) \in L$;

(6) 若 $\varphi \in L$,则 $K_i\varphi \in L, B_i\varphi \in L, T_i\varphi \in L$。

直观上,$S(\varphi_1, \varphi_2)$ 是指 φ_1 与 φ_2 相似;$\lambda S(\varphi_1, \varphi_2)$ 是指从观测点 λ 观察发现 φ_1 与 φ_2 相似;$T_i \lambda S(\varphi_1, \varphi_2)$ 是指主体 i 认为从观测点 λ 观察,φ_1 与 φ_2 相似,如此等等。

定义 5.5 设 M 是一个 m+2 元组的 Kripke 模型,
$$M = (W, R_1, \cdots, R_m, V)$$
其中 W 是全体可能世界集;V 是命题集在 W 中每个可能世界 w 上的真值指派,对每个 i,R_i 是在 W 上的一个二元关系。它的含义是:若 $\alpha R_i \beta$ 为真,则从可能世界 α 中的一个个体 a_i 的观点看来,β 是一个可到达的现实世界。那么,认知相似逻辑中命题的语义为:

(1) $\vdash_\alpha S(A,B)$ 成立,当且仅当存在一个观测点,使得 $S(A,B)$ 在 α 中为真。

(2) $\vDash_\alpha \lambda S(A,B)$ 成立,当且仅当存在一个观测点 λ,使得 $\lambda S(A,B)$ 在 α 中为真。

(3) $\vDash_\alpha O_i \lambda S(A,B)$ 成立,当且仅当对于所有使得 $\alpha R_i \beta$ 成立的 β,皆有 $\vDash_\beta O_i \lambda S(A,B)$ 成立。其中 O 为认知算子。

(4) $\vDash S(A,B)$ 表示 $S(A,B)$ 在 W 中恒真,即 $\vDash S(A,B)$ 成立,当且仅当对所有 $\alpha \in W$,$\vDash_\alpha S(A,B)$ 皆成立。

(5) 称 $S(A,B)$ 在 W 中是可满足的,当且仅当存在 $\alpha \in W$,使 $\vDash_\alpha S(A,B)$ 成立。

定义 5.6 我们规定认知相似逻辑系统 RS 包括如下公理和推理规则,从而形成认知相似逻辑的一个公理形式系统。

公理 RS1　$(A = A) \rightarrow (\forall \lambda) \lambda S(A,A)$,同一相似律。

公理 RS2　$K_i \lambda S(A,B) \rightarrow \lambda S(A,B)$,说明 RS 逻辑系统假设任何人都没有错误的知识,即知道的就是正确的。

公理 RS3　$\lambda_1 S(A,B) \wedge \lambda_2 S(A,B) \leftrightarrow (\lambda_1 \wedge \lambda_2) S(A,B)$,说明观测点可以进行"与"运算。

公理 RS4　$\lambda_1 S(A,B) \vee \lambda_2 S(A,B) \leftrightarrow (\lambda_1 \vee \lambda_2) S(A,B)$,说明观测点可以进行"或"运算。

公理 RS5　$\neg (T_i \lambda S(A,B) \wedge T_i \neg \lambda S(A,B))$,说明不存在一个人既认为在某观测点 λ 上 A 与 B 相似,又认为在该观测点 λ 上 A 与 B 不相似。

公理 RS6　$(\forall i) T_i \lambda S(A,B) \rightarrow \lambda S(A,B)$,说明若每个人都认为 A 与 B 在某点上是相似的,则 A 与 B 在某点上是相似的。

公理 RS7　$(\forall i) B_i \lambda S(A,B) \rightarrow \lambda S(A,B)$,该公理说明若每个人都相信 A 与 B 在某点上是相似的,则 A 与 B 在某点上是相似的。

规则 RS1　$\lambda S(A,B) \wedge \lambda S(A,C) \rightarrow \lambda S(B,C)$,说明从同一观测点(包括观测点和考虑角度)观察,若 A 与 B 相似,A 与 C 也相似,则 B 与 C 相似。

规则 RS2　如果 $S(A,B) \rightarrow S(A,C)$,那么 $S(B,C)$。

规则 RS3　如果 $S(A,B)$ 成立,则 $\lambda S(A,B)$ 成立,反之亦然。

性质 5.1 认知相似逻辑系统 RS 具有如下性质:

(1) $\lambda S(A,B) \to \lambda S(B,A)$,该性质说明相似在相同的观测点下满足交换律。

(2) $\lambda S(A,B) \land \lambda S(B,C) \to \lambda S(A,C)$,该性质说明相似在同一观测点(包括观测点和考虑角度)满足传递律。

(3) $\vdash (S(A,B) \lor S^-(A,B))$,该性质说明相似满足排中律的制约。直观上,两个对象要么相似,要么不相似。

(4) $\neg (\exists \lambda) S(A,B) \leftrightarrow \neg S(A,B) \leftrightarrow S^-(A,B)$

(5) $\lambda_1(\lambda_2) S(A,B) = (\lambda_1 \land \lambda_2) S(A,B)$

(6) $\lambda S(\dot{A},B) = \lambda \land S(A,B)$

(7) $\neg (\lambda \forall A) S(A,B) \leftrightarrow \lambda (\exists A) \neg S(A,B)$

(8) $\neg (\lambda \exists A) S(A,B) \leftrightarrow \lambda (\forall A) \neg S(A,B)$

(9) $(\lambda \exists A) S(A,B) \leftrightarrow \lambda (\exists A) S(A,B) \leftrightarrow \lambda \land (\exists A) S(A,B)$

(10) $(\lambda \forall A) S(A,B) \leftrightarrow \lambda (\forall A) S(A,B) \leftrightarrow \lambda \land (\forall A) S(A,B)$

定理5.1 $((\forall \lambda) \lambda S(A,B)) \to I(A,B)$(相似算子与整体相似算子 I 的关系),说明从任何观测点观察发现 A 和 B 都相似,那么 A 和 B 就具有整体相似关系。

证明:

(a) $I(A,B) \leftrightarrow (\forall \lambda) \lambda S(A,B)$ 定义

(b) $(I(A,B) \to (\forall \lambda) \lambda S(A,B)) \land \{((\forall \lambda) \lambda S(A,B)) \to I(A,B)\}$ (a)

(c) $((\forall \lambda) \lambda S(A,B)) \to I(A,B)$ (b)

定理5.2 $\vdash (S(A,B) \lor \neg S(A,B))$,说明对于任意两个对象,它们要么相似,要么不相似。

证明:

(a) $\vdash (S(A,B) \lor S^-(A,B))$ 性质5.1(3)

(b) $S(A,B) = \neg S^-(A,B)$ 定义

(c) $\vdash (S(A,B) \lor \neg S(A,B))$ (a)及(b)

定理5.3 $\neg (S(A,B) \land \neg S(A,B))$,也就是说不存在这样两个对象,它们既相似,又不相似。

证明：

(a) $\vdash(S(A,B)\vee\neg S(A,B))$ 定理 5.2

(b) $\vdash\neg\neg(S(A,B)\vee\neg S(A,B))$ (a)

(c) $\neg(\neg S(A,B)\wedge\neg S(A,B))$ 德摩根定律

定理 5.4 $(\lambda S(A,B)\to\lambda S(A,C))\to\lambda S(B,C)$，是说若从某个观测点(包括观测点和考虑角度)发现 A 与 B 相似，A 与 C 相似，则从该观测点来说 B 与 C 也相似。

证明：

(a) $(S(A,B)\to S(A,C))\to S(B,C)$ 规则 RS2

(b) $S(A,B)\leftrightarrow\lambda S(A,B)$,

$S(A,C)\leftrightarrow\lambda S(A,C)$,

$S(B,C)\leftrightarrow\lambda S(B,C)$ 规则 RS3

(c) $(\lambda S(A,B)\to\lambda S(A,C))\to\lambda S(B,C)$ (a)(b)

定理 5.5 $T_i\lambda S(A,B)\to\neg T_i\neg\lambda S(A,B)$，说明若某人 i 从某个角度认为 A 与 B 相似，则并非 i 认为 A 与 B 不存在相似关系。

证明：

(a) $\neg(T_i\lambda S(A,B)\wedge T_i\neg\lambda S(A,B))$ 公理 RS5

(b) $\neg T_i\lambda S(A,B)\vee\neg(T_i\neg\lambda S(A,B))$ 德摩根定律

(c) $T_i\lambda S(A,B)\to\neg T_i\neg\lambda S(A,B)$ 标准定理

此定理可推广到认知算子 K_i 及 B_i。

为了能够更好地讨论认知相似逻辑系统 CS 的逻辑性质，我们给出如下一些基本认知相似逻辑、公式的有效推导、公式集的一致性、健康公理系统等有关定义。

定义 5.7 基本认知相似逻辑 KS(RS 为 KS 的扩展)定义如下：

公理 KS1　普通命题演算的所有重言式都是它的公理。

公理 KS2　$K_i\lambda A\wedge K_i\lambda(A\to B)\to K_i\lambda B$

规则 KS1　若 A 可证，且 $K_i\lambda A\wedge K_i\lambda(A\to B)\to K_i\lambda B$ 可证，则 B 可证。

规则 KS2　若 λA 可证，则 $K_i\lambda A$ 可证。

定义5.8 一个公式的推导是公式 $\varphi_1, \varphi_2, \cdots, \varphi_n$ 的有限序列,其中每个 φ_i ($i = 1, 2, \cdots, n$) 要么是一个公式的应用实例,要么是已经推出前提使用规则后的结论。当我们能够运用 KS 的公理和规则导出一个认知公式 φ 时,我们记为 KS $\vdash \varphi$(称 φ 是 KS 可证的)。此时,φ 称为是一个 KS 定理。

定义5.9 关于公式集的一致性定义:

(1) 如果 KS $\vdash \neg \varphi$ 不成立,称 φ 是一致的;

(2) 如果合取 $\varphi_1 \wedge \varphi_2 \wedge \cdots \wedge \varphi_k$ 是一致的,则称有限集 $\{\varphi_1, \varphi_2, \cdots, \varphi_k\}$ 是一致的;

(3) 如果公式无限集 Φ 的任意有限子集是一致的,那么 Φ 是一致的;

(4) 如果公式和公式集是不一致的,则称其为非一致的;

(5) 一个公式集 Φ 称为最大一致的,如果: a. Φ 是一致的,b. 对任意的认知公式 $\varphi \notin \Phi$,$\Phi \cup \{\varphi\}$ 非一致。

定义5.10 一个认知相似逻辑的公理系统是健康的,若任何在此公理系统中可证的命题在每个可能世界中皆成立,该系统称为是完备的,若每个在所有可能世界中成立的命题都是在系统中可证的。

引理5.1 设 KS 是一个认知相似逻辑的公理系统,它的公理集含有公理 KS1,推理规则集含有规则 KS1,则 KS 具有如下性质:

1. 每个一致的命题集可以扩充称为最大一致的命题集。

2. 若 S 是一个最大一致的命题集,则对所有的命题 A, B 有:

(1) 或者 $A \in S$,或者 $\neg A \in S$。

(2) $A \wedge B \in S$,当且仅当 $A \in S$ 且 $B \in S$。

(3) 若 $A \in S$ 且 $(A \rightarrow B) \in S$,则 $B \in S$。

(4) 若 A 恒真,则 $A \in S$。

定理5.6 KS 是一个健康且完备的公理系统。

证明:从引理5.1可知 KS 是健康的,此处只需证其完备性。为此我们证明每个一致的命题都是在 KS 中可证的。令 S 为一个最大一致命题集,以 S_i 表示第 i 个个体的全部相似知识,即

$$S_i = \{A | K_i \lambda A \in S\}, 其中 A 表示相似命题$$

现构造一个模型 $M^c = (W, R_1, \cdots, R_m, V^-)$ 如下：

$$W = \{\alpha(S) | S \text{ 为一个最大一致命题集}\}$$

其中，$\alpha(S)$ 的定义为：它是 W 中的一个世界，使 S 的所有命题在其中为真，它可表示为：

$$V^-(A, \alpha(S)) = true, \text{当且仅当} A \in S$$

M^c 上的关系 R_i 定义为：

$$\alpha(S) R_i \alpha(S'), \text{当且仅当} S_i \in S'$$

模型 M^c 称为典范 Kripke 认知相似模型。

现在用归纳法来证明：当且仅当 $A \in S$ 时，有 $(M^c, \alpha(S)) \models A$ 成立。归纳对 A 结构进行，首先，若 A 为原子公式，则由 $V^-(A, \alpha(S))$ 的定义立即可推出结论。若 A 为复合公式，且 A 的所有子公式都满足上述条件，求证 A 本身也满足此条件。

若 A 为 $\neg B$ 或 $B \wedge C$，且 B 和 C 已证满足上述条件，则不难证明 A 也满足上述条件。现假定 A 的形式为 $K_i \lambda B$，且 $A \in S$，则 $B \in S_i$。由 R_i 的定义可知，若 $\alpha(S) R_i \alpha(S')$ 成立，则 $B \in S'$。根据归纳假设，对所有满足 $\alpha(S) R_i \alpha(S')$ 的 S' 来说，均有 $(M^c, \alpha(S)) \models B$ 成立。由符号 $\models$ 的定义可知，这意味着 $(M^c, \alpha(S)) \models K_i \lambda B$ 成立。

现在证另一个方向，设已知 $(M^c, \alpha(S)) \models K_i \lambda B$ 成立。由此可推出 $S_i \cup \{\neg B\}$ 是不一致的，因为如果不是这样的话，可以通过加入 $\neg B$ 而把 S_i 逐步扩展成一个最大一致命题集 S'，并得到关系 $\alpha(S) R_i \alpha(S')$。由归纳假设可知 $(M^c, \alpha(S)) \models \neg B$ 成立，由此又推出 $(M^c, \alpha(S)) \models \neg K_i \lambda B$ 成立，这与原理的假设矛盾，这证明了 $S_i \cup \{\neg B\}$ 是不一致的。因此，该逻辑系统是完备的。定理证毕。

从上述定理可以看到，我们建立的认知相似逻辑系统 CS，是健康完备的逻辑系统，具有完美的逻辑性质。

相似是在自然与思维运动过程中出现的非常普遍的一种关系。上面我们从认知角度出发，研究认知相似逻辑的形式化系统和推理机制，并证明了一些相关定理。该认知相似逻辑系统较好地刻画了相似的本质，但为了使其能够在隐喻理解的意义推导中发挥重要的作用,我们还必须建立有关语言理解的逻辑系统,从而来完成隐喻理解认知逻辑系统。

第三节 隐喻认知理解逻辑

理解力是心智能力的重要表现。在人类的心智活动中,最能全面反映理解力表现的莫过于对语言的理解过程。考虑到隐喻意义理解过程中主体知识与经验所起到的作用,为了能够建立起有效的汉语隐喻理解逻辑,我们首先需要解决针对指定理解者的认知理解问题,即从认知角度出发,探讨理解本身的逻辑描述及推理。然后再结合前面认知依存逻辑和认知相似逻辑,来全面给出汉语隐喻理解的认知逻辑系统。

为此,我们首先需要构建基于主体认知的理解算子,以此来建立认知理解逻辑系统 CS,并讨论该逻辑系统的公理、性质和定理。

显然,当我们理解时,总有理解者,被理解的命题及理解后的表述意义,反映理解者的某种主观态度。如果用 i 表示理解者,S 表示被理解的命题,T 表示理解后的表述意义,C 表示理解算子,λ 表示理解者所处理解角度,那么我们可以用:

$$\lambda C_i(S,T)$$

来表示"在前提 λ 下,i 将 S 理解成 T"的理解命题。其中,当理解者采用该角度时,λ 的取值是 1,否则为 0。进一步,如果理解者 i 不将 S 理解为 $\neg T$,我们称 i 弱理解了 T,并用 $C_i^-(S,T)$ 表示,即有

$$C_i^-(S,T) = \neg C_i(S,\neg T)$$

为 C 的一个对偶算子。

非形式化地分析,利用上述给定理解算子,我们可以建立认知理解逻辑系统 CS,一般这样的系统应该具有如下这些逻辑特征:

(1)理解的全知性:这样理解逻辑满足如下性质:

$$S \rightarrow (\exists \lambda)(\exists i)(\exists T)\lambda C_i(S,T)$$

也就是说,如果有一个命题存在,那么总会有人在某个前提下理解它。

(2)理解的一致性:要求理解者不能将 S 理解为 T,同时又将 S 理解成 $\neg$ T。即:

$$\neg \lambda C_i(S, T \wedge \neg T)$$

也即,不会出现理解矛盾。

(3)理解的结合性:如果我们在理解过程中,既将 S 理解成 T_1,又将 S 理解成 T_2,这时就有

$$(\lambda C_i(S, T_1) \wedge \lambda C_i(S, T_2)) \rightarrow \lambda C_i(S, T_1 \wedge T_2)$$

成立的,这便是理解的结合性。

(4)理解的完全性:对于任意给定的一个命题,每个理解者要么将其理解为 T,要么将其理解为 $\neg$ T,而没有其他可能,于是每个理解者在理解中都是逻辑完全的。形式上有:

$$\lambda C_i(S, T) \vee \lambda C_i(S, \neg T)$$

这便称为理解的完全性,意味着理解行为满足"排中律"的制约。

(5)理解的非空性:我们假定理解者对于待理解的命题总要做出某种理解。用形式符号公式表示就是:

$$(\forall i)(\forall S)(\exists \lambda)(\exists T) \lambda C_i(S, T)$$

这就是理解的非空性。

(6)理解的客观性:每个人对某命题 S 做出的理解都为 T,则该命题 S 等价于 T。即:

$$(\forall i)(\exists \lambda) \lambda C_i(S, T) \rightarrow (S \leftrightarrow T)$$

强调的是公认的意义理解。

有了上述说明,我们现在可以正式给出认知理解逻辑系统 CS 的语形、语义及公理系统的定义。

定义 5.11 认知理解逻辑系统 CS 的命题公式仅由如下给出的定义构成:

(1)标准逻辑的合式公式都是它的合式公式。

(2)若 S 和 T 是 CS 的合式公式,i 为认知主体,则

$$\lambda C_i(S, T)$$

$(\exists\lambda)\lambda C_i(S,T)$、$(\forall\lambda)\lambda C_i(S,T)$

$(\exists i)\lambda C_i(S,T)$、$(\forall i)\lambda C_i(S,T)$

$(\exists S)\lambda C_i(S,T)$、$(\forall S)\lambda C_i(S,T)$

$(\exists T)\lambda C_i(S,T)$、$(\forall T)\lambda C_i(S,T)$

也是 CS 的合式公式。

(3) $(\lambda_1\wedge\lambda_2)C_i(S,T),(\lambda_1\vee\lambda_2)C_i(S,T),(\neg\lambda)C_i(S,T)$,是合式公式。

(4) 若 p 和 q 是 CS 的合式公式,则

$\neg p, p\vee q, p\wedge q, p\rightarrow q, p\leftrightarrow q$

也是它的合式公式。

定义 5.12 设 M 是一个 m+2 元组的 Kripke 模型,有

$$M=(W,R_1,\cdots,R_m,V)$$

其中 W 是全体可能场合集(指的是某个可能世界下某个时间某个地点的某个场合);V 是命题集在 W 中每个可能场合 w 上的真值指派,对每个 i,R_i 是在 W 上的一个二元关系。它的含义是:若 $\alpha R_i\beta$ 为真,则从可能场合 α 中的一个个体 a_i 的观点看来,β 是一个可到达的现实场合。那么,认知理解逻辑系统 CS 中命题的语义定义如下:

(1) $\vDash_\alpha \lambda C_i(A,B)$ 成立,当且仅当存在一个理解角度,对于理解者 i 来说,$C(A,B)$ 在 α 中为真;并且对于所有使得 $\alpha R_i\beta$ 成立的 β,皆有 $\vDash_\beta \lambda C_i(A,B)$ 成立。

(2) $\vDash \lambda C_i(A,B)$ 表示对于理解者 i,$\lambda C(A,B)$ 在 W 中恒真,即 $\vDash \lambda C(A,B)$ 成立,当且仅当对所有 $\alpha\in W$,$\vDash_\alpha \lambda C_i(A,B)$ 皆成立。

(3) 称 $C(A,B)$ 在 W 中是可满足的,当且仅当存在 $\alpha\in W,\exists i\exists\lambda$,使 $\vDash_\alpha \lambda C_i(A,B)$ 成立。

定义 5.13 认知理解逻辑系统 CS 由如下公理和推理规则构成:

公理 CS1 $S\rightarrow(\exists\lambda)(\exists i)(\exists T)\lambda C_i(S,T)$

公理 CS2 $\neg\lambda C_i(S,T\wedge\neg T)$

公理 CS3 $(\lambda C_i(S,T_1)\wedge\lambda C_i(S,T_2))\rightarrow\lambda C_i(S,T_1\wedge T_2)$

公理 CS4 $\lambda C_i(S,T)\vee\lambda C_i(S,\neg T)$

公理 CS5　$(\forall i)(\forall S)(\exists \lambda)(\exists T)\lambda C_i(S,T)$

公理 CS6　$(\forall i)(\exists \lambda)\lambda C_i(S,T)\rightarrow(S\leftrightarrow T)$

公理 CS7　$\neg \lambda C_i(S,T)\rightarrow \lambda C_i(S,\neg T)$

公理 CS8　$\lambda C_i(S,T_1 \vee T_2)\rightarrow \lambda C_i(S,T_1)$

公理 CS9　$(\lambda_1 \vee \lambda_2)C_i(S,T)\rightarrow \lambda_1 C_i(S,T) \vee \lambda_2 C_i(S,T)$

公理 CS10　$(\lambda_1 \wedge \lambda_2)C_i(S,T)\rightarrow \lambda_1 C_i(S,T) \wedge \lambda_2 C_i(S,T)$

规则 CS1　如果 $p\leftrightarrow q$,那么 $\lambda C_i(S,p)\rightarrow \lambda C_i(S,q)$

规则 CS2　如果 $p\leftrightarrow q$,那么 $\lambda C_i(p,T)\rightarrow \lambda C_i(q,T)$

规则 CS3　$\vdash S\leftrightarrow T$,当且仅当 $\vdash (\forall i)(\exists \lambda)\lambda C_i(S,T)$

规则 CS4　如果 $\lambda C_i(q,p)$,那么 $\lambda C_i(S,p)\vdash \lambda C_i(S,q)$

我们给出的上述认知理解逻辑系统 CS,具有一些良好的性质,较好地刻画了理解的本质,在基于逻辑的隐喻自动理解中起了重要的作用。

定理 5.7　在 CS 系统中满足如下一些性质:

(1) $\lambda C_i(S,T_1 \vee T_2)\rightarrow(\lambda C_i(S,T_1) \vee \lambda C_i(S,T_2))$

(2) $\lambda C_i(S,T)\rightarrow \neg \lambda C_i(S,\neg T)$

(3) $\lambda C_i(S,\neg T)\rightarrow \neg \lambda C_i(S,T)$

(4) $\lambda_1(\lambda_2 C_i(S,T)) = (\lambda_1 \wedge \lambda_2)C_i(S,T)$

(5) $\lambda C_i(S,T) = \lambda \wedge C_i(S,T)$

(6) $\neg (\forall S)\lambda C_i(S,T)\leftrightarrow(\exists S)\neg \lambda C_i(S,T)$

(7) $\neg (\exists S)\lambda C_i(S,T)\leftrightarrow(\forall S)\neg \lambda C_i(S,T)$

(8) $(\lambda \exists S)C_i(S,T)\leftrightarrow \lambda(\exists S)C_i(S,T)\leftrightarrow \lambda \wedge (\exists S)C_i(S,T)$

(9) $(\lambda \forall S)C_i(S,T)\leftrightarrow \lambda(\forall S)C_i(S,T)\leftrightarrow \lambda \wedge (\forall S)C_i(S,T)$

证明:我们只证(1)-(3),其余从略。对于(1)我们有:

(a) $\lambda C_i(S,T_1 \vee T_2)$　　　　　　　　　　　　　　　前提

(b) $\lambda C_i(S,T_1)$　　　　　　　　　　　　　　　　　　公理 CS8

(c) $\lambda C_i(S,T_2)$　　　　　　　　　　　　　　　　　　公理 CS8

(d) $\lambda C_i(S,T_1) \vee \lambda C_i(S,T_2)$　　　　　　　　　(b)(c)及标准定理

(e) $\lambda C_i(S,T_1 \vee T_2)\rightarrow(\lambda C_i(S,T_1) \vee \lambda C_i(S,T_2))$　　标准定理

得证。

对于(2),用反证法有:

(a) $\lambda C_i(S,T) \wedge \lambda C_i(S,\neg T)$ 假设
(b) $(\lambda C_i(S,T) \wedge \lambda C_i(S,\neg T)) \to \lambda C_i(S,T \wedge \neg T)$ 公理 CS3
(c) $\lambda C_i(S,T \wedge \neg T)$ (a)(b)及分离规则
(d) $\neg \lambda C_i(S,T \wedge \neg T)$ 公理 CS2
(e) $\neg(\lambda C_i(S,T) \wedge \lambda C_i(S,\neg T))$ (c)(d)矛盾
(f) $\lambda C_i(S,T) \to \neg \lambda C_i(S,\neg T)$ (e)及标准定理

得证。

至于(3),我们有:

(a) $\lambda C_i(S,T) \to \neg \lambda C_i(S,\neg T)$ 性质(2)
(b) $\neg \lambda C_i(S,T) \vee \neg \lambda C_i(S,\neg T)$ (a)及标准定理
(c) $\neg \lambda C_i(S,\neg T) \vee \neg \lambda C_i(S,T)$ (b)及标准定理
(d) $\lambda C_i(S,\neg T) \to \neg \lambda C_i(S,T)$ (c)及标准定理

得证。

我们知道,除了隐喻意义涉及两个领域之间的语义映射外,隐喻理解也是一个认知主体与隐喻的互动过程,其中认知主体的认知状态直接影响隐喻表述意义的提取。因此,当我们建立了上面的认知理解逻辑系统 CS,那么,根据隐喻类比中"同从异出"的原则,考虑不同认知个体的认知状态,再结合认知依存逻辑与认知相似逻辑,我们就可以具体构建一种汉语隐喻理解的认知逻辑,可以作为汉语隐喻释义的工具。为此,我们首先给出一种隐喻知识模型的形式定义。

定义 5.14 隐喻知识模型 M 是一个多元组,有

$$M = <W, T, R_1, R_2, D, I>$$

其中,

(1)一个可能世界的非空集 W:包括真实世界 $w_{真}$,认知世界 $w_1, \cdots, w_n$,每个认知世界 w_i 代表认知个体 i 的认知状况。

(2)W 上的一个可达关系 R_1,可达指的是时间的先于关系。

(3) W 上的一个可达关系 R_2,描述不同可能世界之间的等价关系。若 w_i 与 w_j 是等价的,那么说明认知个体 i 可理解认知个体 j。

(4) 对每个可能世界 w 赋以一个个体域 D_w 的域函数 D。

(5) 一个解释函数 I,对每个常量 c 赋予实体 I(c),而对每个 n 元谓词 p,就每个世界 w∈W,均赋予一个 $(D_w)^n$ 子集 $I_w(p)$。

(6) 一个时间的集合 T。

注意,根据定义 5.14 给出的隐喻知识模型,不同时刻同一认知个体对喻本和喻体的认识可能相同也可能不同。

有了隐喻知识模型的定义,我们再来给出所要建立隐喻理解复合认知逻辑的语形说明,为此,我们先给出所有可以出现的逻辑算子如下。

(1) 对于认知个体 i,我们定义的模态算子包括:信念算子 Bel_i、知道算子 K_i、目标算子 G_i。

(2) 带有观察角度的相似算子:

$$S(A,B) 表示 A \approx B$$

及对偶算子 $S^-(A,B) = \neg S(A,B)$,$S^-(A,B)$ 表示 A 与 B 完全不同。并用 $\lambda S(A,B)$ 表示从观测点 λ 观察,A 和 B 所具有的相似性。

(3) 合作算子:

$$O(S,T)$$

表述喻本 S 与喻体 T 是合作的。

(4) 考虑上下文的依存算子:

$$\rho D(A,B,d)$$

表示"在上下文 ρ 中,A 与 B 具有依存关系 d"。

(5) 考虑认知角度的理解算子:

$$\lambda C_i(S,T)$$

表示"在前提 λ 下,i 将 S 理解成 T"的理解命题。

定义 5.15 设 T 为时刻集,A 为认知个体集,W 为可能世界集,P 为算子集,那么隐喻理解复合认知逻辑的合适公式(wff)定义如下:

(1) 若 $t_1, t_2 \in T$,则 $t_1 < t_2$ 是 wff(< 为时序关系);

(2)若 $w_1, w_2 \in W$,则 $w_1 \Leftrightarrow w_2$ 是 wff;

(3)若 $p \in P$ 是一个 n 元谓词,$x_1, x_2, \cdots, x_n$ 是项,$t \in T, w \in W$,则
$$[(w,t), p(x_1, x_2, \cdots, x_n)]$$
是 wff;

(4)若 φ 和 ψ 是 wff,$t \in T, i \in A, w_i \in W$,则下列表达式均是 wff:

(a)$[<w_i, t>, Bel_i\varphi]$(表示 i 在时刻 t 相信 φ)

(b)$[<w_i, t>, K_i\varphi]$(表示 i 在时刻 t 知道 φ);

(c)$[<w_i, t>, G_i(\varphi, \psi)]$(表示 i 在时刻 t 认为隐喻 φ 的目标是 ψ)。

性质 5.2 对于上述定义的有效公式,我们有如下性质:

(1)若 φ 是一个命题重言式,则 $\vdash \varphi$;

(2)$\varphi, \varphi \rightarrow \psi \vdash \psi$;

(3)$\varphi \vdash \forall x \varphi$;

(4)$\varphi \leftrightarrow \psi \vdash ([<w,t>, Bel_i\varphi] \leftrightarrow [<w,t>, Bel_i\psi]) \wedge ([<w,t>, K_i\varphi] \leftrightarrow [<w,t>, K_i\psi])$;

定理 5.8 对于知道算子 K,我们有:

$K_i\varphi \rightarrow \varphi, i = 1, \cdots, m$(知道的事实为真);

$K_i\varphi \rightarrow K_i K_i\varphi, i = 1, \cdots, m$(一个认知个体知道他知道某事);

$\neg K_i\varphi \rightarrow K_i \neg K_i\varphi, i = 1, \cdots, m$(一个认知个体知道他不知道某事);

有关构成复合逻辑各子算子所代表各成分逻辑系统的性质参见前面两小节,这里特别要说明的是有关隐喻理解复合认知逻辑所涉及的认知个体类型,主要包括如下两类:

(1)基于推理能力的分类:a. 全知个体,b. 半知个体,c. 无知个体,d. 知识不一定为真的个体;

(2)基于时间的分类:a. 不会遗忘的个体,b. 会遗忘的个体。

现在我们可以将模态算子与理解算子(相似算子、合作算子、依存算子、理解算子)相结合,获取隐喻句的隐喻表述意义。我们先设喻本为 T,喻体为 V,句内上下文为 L,那么若在认知世界 w_i,喻本和喻体合作成功,则表述意义的获取方法如下:

$$K_i \lambda S(T, V) = 1$$
$$\Rightarrow (x \in X = \lambda(T) \cap \lambda(V))$$
$$\wedge (\forall e \in L)(\exists d) LD_i(x, e, d) = 1$$
$$\Rightarrow \lambda C_i(T, x) = 1$$
$$\Rightarrow x \text{ 为所选的喻体特征}$$

其中,e 表示句内上下文中的核心词(即名词、动词和形容词等)。其含义是:隐喻的备选意义是那些喻本和喻体共有的特征且与句内上下文相容的特征。

例子5.1 律师是狐狸。

该句是隐喻句

$\Rightarrow K_i \lambda S(律师, 狐狸) = 1$

当 $\lambda =$ "性情",

$\lambda(律师) = \{狡猾, 善辩\}$

$\lambda(狐狸) = \{狡猾, 多疑, 凶狠\}$

$X = \lambda(律师) \cap \lambda(狐狸) = \{狡猾\}$

$L =$ "律师是狐狸"

$LD_i(狡猾, 律师, "主谓") = 1$

$\Rightarrow$ 当 $\lambda =$ "性情", $\lambda C_i(狐狸, 狡猾) = 1$

$\Rightarrow$ "狡猾"为所选的喻体特征。

例子5.2 他是一只懒猪。

该句是隐喻句

$\Rightarrow K_i \lambda S(他, 猪) = 1$

当 $\lambda =$ "性情",

$\lambda(他) = \{勤劳, 懒惰, 凶暴, 善良, 贪吃, 可爱, \cdots\cdots\}$

$\lambda(猪) = \{懒惰, 贪吃, 可爱\}$

$X = \lambda(他) \cap \lambda(猪) = \{懒惰, 贪吃, 可爱\}$

$L =$ "他是一头猪"

$LD_i(懒惰, 他, "主谓") = 1$

$LD_i(懒惰, 懒, "并列") = 1$

⇒当 λ = "性情", λC_i(猪,懒惰) = 1
⇒"懒惰"为所选的喻体特征

最后,我们强调指出,上述构建的认知隐喻复合逻辑,完全可以用于汉语隐喻意义的逻辑推演,成为汉语隐喻释义的逻辑工具。

第六章

过程释义

一种思想有价值……不是靠它说出的东西,而是靠它没有说出但却使人明白的东西,以一种非叙述的方式唤出的东西。

[意]瓦蒂莫①

隐喻意义的自动获取,除了前两章论述的基于统计匹配方法与基于逻辑推演方法之外,也可以直接采用基于知识利用的理解过程来完成隐喻意义计算任务。所以,本章介绍的内容,就是针对目前已有方法存在的不足,根据汉语隐喻理解的需要,从所识别的隐喻句的字面语义表示、隐喻意义的来源、隐喻意义获取机制和解释规则等过程来给出一种相对完整的隐喻意义获取方法及其算法实现系统。

第一节　隐喻字面意义表示

根据塞尔的隐喻理论(参见第二章第三节),从隐喻角度来理解某一个语句,听话者有一套求解隐喻意义 R 可能值的原则,其中之一可以表述为:当你听到"S is P"时,要知道 R 的可能值,可以寻找目标概念 S 与始源概念 P 可能相似的方面;要确定 S 与 P 可能相似的方面,可以寻找 P 类事物明显的、众所

---

① [意]U. 埃科,《符号学与语言哲学》,百花文艺出版社,2006,第278页。

周知的、不同于其他事物的特征。在这种情况下,听话者可以调动和利用所有的世界知识,如听到"山姆是头猪"(Sam is a pig)时,听话者可能立即联想到"猪"(pig)的一系列明显特征:肥胖、贪食、邋遢等。这些特征提供了 R 的可能值。然而,"猪"还具有人们所熟知的其他区别特征,例如特殊的形状、与众不同的鬃毛,等等。因此,隐喻接收者对 S 和 P 的知识对隐喻意义的理解至关重要。为此,我们首先给出"S is P"的字面意义的表述,然后才能通过这字面意义来获得 P 的相关知识,从而限制 R 可能取值的范围。所以,对于汉语隐喻意义的获取而言,第一步就是要给出汉语隐喻语句的字面意义表示。

对于给定汉语话语,通过第三章介绍的分类识别方法,我们可以分离出一个个隐喻句,并得到隐喻句的句法结构、浅层语义信息、隐喻句的类别、隐喻句中的喻本角色、喻体角色、喻底角色和标记角色的位置以及它们之间的语义关系。所有这些信息构成了隐喻句的字面语义,如何有效地将这些信息组织起来,使得更加方便实现从隐喻字面语义到隐喻表述意义的转绎过程呢?

我们知道,隐喻的字面语义与一般话语的语义表示有所不同。除了词义和句法模式以外,隐喻的字面语义更加强调喻本角色、喻体角色、喻底角色、标记角色等隐喻要素及它们之间隐喻关系的表示。为此,我们下面给出一种隐喻角色依存表示语言(Metaphor Role Dependency Representation Language,MRDRL)来表示隐喻的字面语义,具体包括无嵌套隐喻语义表示方法和多层嵌套的隐喻语义表示方法。

对于一个单层无嵌套的隐喻句,根据得到的识别结果,如图 6.1 的实例所示,其字面语义可以用若干语义项和它们之间的依存关系表示,每一行代表一个语义项,每一个语义项以词节点为中心,依存结构用括号关系描述。具体的表示结构如下:

(REFER - TO, CLASS 14:< EOS >:Met = =1
　(HED:漂亮,a,MET - ROLE(Met_g):Left(1)
　　(SBV:脸蛋, n, MET - ROLE(Met_t):Left(1)
　　　(CMP:得,uf,MET - ROLE(Met_m):Right(1)
　　　　(DEI:像,vx,MET - ROLE(Met_m):Right(1)

(VOB:紫罗兰,n,MET – ROLE(Met_v):Right(1)
 (ATT:色,q,MET – ROLE(Met_v):Left(1)
  (QUN:三,m,MET – ROLE(Met_v):Left(1)))))))))

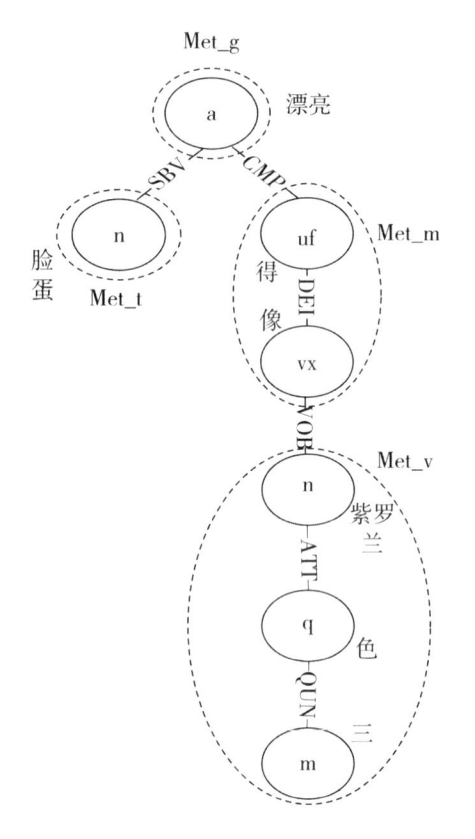

图 6.1 "脸蛋漂亮得像三色紫罗兰"隐喻识别结果

上述表示结构中,第一行为首项。首项标识该隐喻的主类型和子类型及隐喻嵌套的层数信息,包含 3 个属性,每个属性之间由":"分隔,属性内部的参数之间由","分隔,形式为:

(MAIN – CLASS,CLASS N:<EOS>:Met = = i)

其中,MAIN – CLASS = {REFER – TO,COLLOCATE},表示该隐喻所属主类型,REFER – TO 为指称型隐喻标志,COLLOCATE 为搭配型隐喻标志;CLASS N 表示该隐喻的所属子类型的类别代码,N = 1,2,…,32;<EOS> 为话语结束符;i

表示该话语中含有隐喻的个数,$i=1,2,\cdots$;Met 为隐喻嵌套变量,Met = =1 表示该隐喻无嵌套,Met = =2 表示该隐喻嵌套了另一层隐喻,以此类推。

第二项为话语中心项,也就是该语句的中心词(模式树的树根节点),包含 3 个属性,每个属性之间由":"分隔,形式为:

$$(HED:WORD,POS,MET-ROLE(x):Left(1))$$

其中,HED 为中心词的标识,WORD 为中心词语,POS 为中心词词性,MET - ROLE(x)为该中心词所扮演的隐喻角色,$x = \{Met\_t, Met\_v, Met\_g, Met\_m, NULL\}$,其中 Met_t 为喻本角色标记,Met_v 为喻体角色标记,Met_g 为喻底角色标记,Met_m 为标记角色标记,NULL 表示该词语不是隐喻角色;Left(1)为 WORD 在输入语句中的位置变量,Left(1)表示该 HEAD WORD 位于语句结束标记 < EOS > 的左边第一个位置。

第二项之后为语义项,包含 3 个属性,每个属性之间由":"分隔,形式为:

$$(DR:WORD,POS,Met-ROLE(x):LOC)$$

其中,DR 表示该项词语与上一项词语的语义依存关系,$DR = \{SBV, VOB, ATT, ADV, CMP, \cdots\}$,也代表以 WORD 为根的最大子树与上一语义节点的语义依存关系;WORD 为词语,POS 为 WORD 的词性;MET - ROLE(x)为以 WORD 为根的子树所属的隐喻角色,子树的范围从 WORD 起始,包含所有与 WORD 具有相同隐喻角色标记的节点。例如,子树"得像"就是以"得"为根节点,以"像"为节点的隐喻标记子树,子树"三色紫罗兰"为以"紫罗兰"为根节点的,包含"三""色"节点的隐喻喻体角色子树;LOC 为 WORD 作为受支配词时,相对于它所依存的中心词(上一个语义项)的位置,由 Left(i)和 Right(i)表示,$i=1,2,\cdots$,如 Left(1)表示 WORD 在其依存中心词左边最近的第一个位置,以此类推。

有嵌套的多层隐喻字面表示方法与无嵌套的多层隐喻字面语义表示方法类似,区别在于嵌套标记变量的值大于 1,嵌套隐喻与主隐喻之间的衔接。图 6.2 给出的例句就是一个有嵌套的多层隐喻句,其整体为指称型隐喻,但其喻体角色本身还是一个搭配型隐喻。因此,隐喻识别程序输出两棵隐喻依存分析树,得到该语句包含的隐喻个数,Met = =2。对此,我们可以给出如下多层

嵌套隐喻的字面语义结构,来表示隐喻字面语义:

(REFER - TO,CLASS 2：<EOS>：Met = =2

(HED：是,vx,MET - ROLE[1](Met_m)：Left(1)

(SBV：教师,n,MET - ROLE[1](Met_t)：Left(1)

(VOB：?,n,MET - ROLE[1](Met_v)：Left(1)

(COLLOATE,CLASS 28：?：Met = =1

(HED：工程师,n,MET - ROLE[2](Met_v)：Right(1)

(ATT：的,ue,MET - ROLE[2](NULL)：Left(1)

(DE：灵魂,n,MET - ROLE[2](Met_t)：Left(1)

(ATT：人类,n,MET - ROLE[2](Met_t))：Left(1))))))))))))

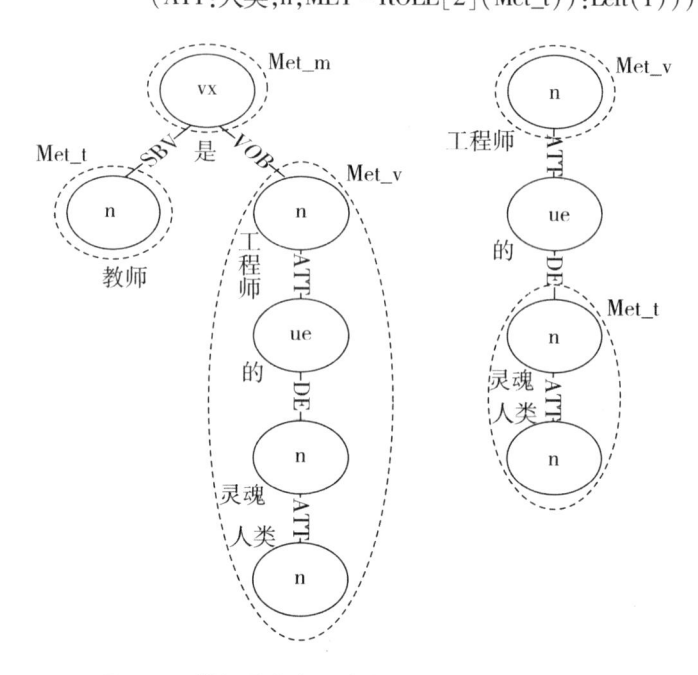

图 6.2 "教师是人类灵魂的工程师"隐喻识别结果

在上述结构中,第一行首项语义项的表示形式与无嵌套隐喻的首项表示形式一致,但是隐喻的主类型 MAIN - CLASS 和子类型 CLASS N 为最外层隐喻的类型,嵌套标记变量 Met 大于等于1,取值为输出隐喻模式个数。

第二项为话语中心项,形式变为:

$$(HED:WORD, POS, MET-ROLE[1](x):Left(1))$$

其中,MET-ROLE[1](x)表示是第一层(最外层)隐喻的隐喻角色变量。

第二项之后的语义项分成两种情况:若以该语义项词语为根的子树没有另成隐喻,则语义项的定义基本不变,为

$$(DR:WORD, POS, MET-ROLE[k](x):LOC)$$

其中 MET-ROLE[k]中的变量 k 表示隐喻的层次;若以该语义项词语为根的子树另成隐喻,则该语义项写为形式:

$$(DR:?, POS, MET-ROLE[k](x):LOC)$$

其中"?"号表示以原词为根的子树另成隐喻,并且"?"为下层隐喻的标识符,需与所嵌入的下层隐喻匹配出现。

下层隐喻的首项,由"?"取代原来的 <EOS>,话语中心项词语取值即为上层隐喻语义项"DR:?,POS,MET-ROLE[k](x):LOC"中的"?"对应的词语,

(MAIN-CLASS, CLASS N:?:Met = = 1

$$(HED:工程师, n, MET-ROLE[2](Met\_v):Left(1))$$

其他语义项的定义基本不变,但需要针对语义项所属的隐喻层次,对依存角色变量 MET-ROLE[k]中 k 取合适的值。

在隐喻字面语义表示基础之上,我们进一步给出隐喻角色框架,包括指称型和搭配型。其中,指称型隐喻角色框架为:

M_CLASS = R //主要类型,R 代表指称

C_NO = 14 //子类别代号

Met_t = 脸蛋//喻本角色

root(Met_t) = 脸蛋//喻本角色中心词

POS(root(Met_t)) = NOUN//中心词词性

Category(Met_t) = CON//具体事物

Met_v = 三色紫罗兰//喻体角色

root(Met_v) = 紫罗兰//喻体角色中心词

POS(root(Met_v)) = NOUN//中心词词性

Category(Met_v) = CON//具体事物

Met_g = 漂亮//喻底角色

root(Met_g) = 漂亮//喻底角色词

POS(root(Met_g)) = ADJ//中心词词性

Met_m = 得像

root(Met_m) = 像

POS(root(Met_m)) = COPULA//中心词词性

而搭配型隐喻角色框架为：

M_CLASS = C//主要类型，R 代表搭配

C - NO = 22

DR(Met_t,Met_v) = SBV//本喻体角色搭配关系

Met_t = 花朵

root(Met_t) = 花朵

POS(root(Met_t)) = NOUN

Category(Met_t) = CON//具体事物

Met_v = 在微笑

root(Met_v) = 微笑

POS(root(Met_v)) = VERB

Met_g = NULL//表示没有

root(Met_g) = NULL

POS(root(Met_g)) = NULL

隐喻角色框架是为了将隐喻目标概念、始源概念、喻底信息进行抽取和表示，包括隐喻角色的中心词、中心词的词性等信息。如果中心词为名词，则还需要通过 Category( ) 函数说明名词是具体名词还是抽象名词。Category( ) = {CON,ABS}，其中 CON 表示具体名词，ABS 表示抽象名词，Category( ) 通过知识库如《同义词词林》和《知网》获得。显然，这种对隐喻角色信息进行进一步描述，为隐喻字面语义到隐喻表述语义的过渡，提供了理想的表示手段。

总之，通过上述给出包括无嵌套和多层嵌套隐喻语义表示的隐喻角色依

存表示语言,加上指称型和搭配型两种隐喻角色框架,为隐喻理解和解释计算提供标准的输入。

第二节　隐喻意义获取方法

有了上述隐喻句的字面语义表示的信息,还不足以刻画隐喻所要表达的真实含义。隐喻的理解与意义解释还需要一个从隐喻字面语义到隐喻表述意义的转绎过程。如果说隐喻的分类识别是隐喻计算的"寻异"操作,那么隐喻意义的获取和解释则是隐喻计算的"求同"操作。隐喻接收者在明确了隐喻使用者确实是使用了隐喻之后,接下来就要对隐喻所表达的意义进行推断和解释。

一般而言,在此过程中,比较目标概念和始源概念之间的相似点将成为一项重要的任务,但考虑到相似点往往对于隐喻创造者起到更多的认知制约作用,而隐喻理解者却较少受到制约,特别是隐喻的理解者往往更关心如何从始源的角度来更新目标概念的认识,而并不显式地比较喻体和喻本之间的相似点。因此,为了能够简化隐喻释义计算的复杂性,在所采用的计算策略中,我们对隐喻意义的获取主要是看作隐喻理解者通过某种机制从始源概念的显著特征中选择适合的特征解释目标概念,从而解释隐喻使用者使用该隐喻所要表达的真实含义。

首先,除了需要强调始源特征之外,为了能够在不考虑相似点提取的情况下来进行意义的有效理解,我们还需要引入语境知识来解释隐喻,这里的语境是指语句中已经出现的喻底信息和上下文信息。

例如"他是一只狮子"和"他是一只困在笼中的狮子"的意义是不同的。前者由于没有语句局部语境的限制,因此可以通过"狮子"的显著认知特征"凶猛、强壮、霸气"等推断意义,如"他很凶猛、强壮、霸气";而后者的"狮子"受到"困在笼中"这一定语的限制,因此它的意义应该是"狮子"的最显著特征和限定语共同决定,如"困在笼中"表明了一种"被限制被束缚"的状态,与"狮子"

的显著特征没有交集,而是单独构成了另一种特征,则一种可能的意义应该解释为"他很凶猛、强壮、霸气,但却被限制住了"等。

基于以上分析,从寻求隐喻真实含义的角度,我们给出隐喻表述意义的取值范围,即隐喻意义来源于始源概念的显著特征和喻底语境特征。这里始源概念的显著特征是指人们对始源概念的认知特征,是人们长期以来形成的对始源概念的认识。例如"猪"的显著特征为"肥胖,庞大,好吃懒做,脏"等,而不是"猪"的定义如"哺乳动物,家畜"等。而喻底和语境特征是指隐喻句本身所揭示的隐喻意义和隐喻句中对始源概念的限定语。例如,"她漂亮得像朵花"中的"漂亮"就是喻底信息,再如"他是一只困在笼中的狮子"中"困在笼中"则是始源概念的限定语,它们都对隐喻意义的最后取值产生影响。

隐喻意义的产生主要来自这两部分特征向目标概念转移,成为隐喻真正要揭示的有关目标概念的新特征。我们称由始源概念显著特征描述目标概念形成的意义为隐喻始源意义,由喻底语境特征描述目标概念形成的意义为隐喻语境意义。因此,一个完整的隐喻句表述意义由始源意义和语境意义两部分组成。

确定了隐喻意义的来源之后,接下来的问题就是如何从来自始源概念的显著特征集和喻底语境集中选择合适的能与目标概念形成相应隐喻解释的特征。

显然,一个喻体的显著表现可能体现在不同的方面,用同一个喻体去说明不同喻本的时候,所选择的显著特征可能不同。例如"山姆是头猪"和"山姆的汽车是一头猪"虽然使用同一个喻体"猪",隐喻意义来源于"猪"的显著特征集合{肥胖,庞大,蠢笨,脏,缓慢……}等,但是解释"山姆是头猪",人们更倾向于选择"肥胖,庞大,蠢笨,脏"作为隐喻的意义来形容"山姆"的特点,而解释"山姆的汽车是一头猪",人们更倾向于选择"庞大,缓慢"等猪的特征,得到"山姆的汽车体积庞大、速度缓慢"等解释。而"蠢笨"也许就不会作为"山姆的汽车"的隐喻解释。

人们之所以能够从同一个始源概念特征中为不同的目标概念选择不同的特征来解释隐喻,是由于"目标概念"驱动所致。我们将这种"目标概念"的驱动定义为"目标概念属性的驱动",即人们是根据目标概念所具有的属性从始源概念特征中为其选择合适属性值的隐喻理解过程。如"汽车"的属性包括"速度、体积、排气量"等等,因此,人们选择"庞大"与"体积"属性相匹配,"缓慢"与"速度"属性相匹配,而"蠢笨"等作为字面意义没有相关的汽车的属性与之匹配。

基于以上的分析,我们将构建一种相对有效的隐喻意义获取机制,称之为"基于目标概念属性驱动的隐喻意义获取机制"。在目标概念属性的驱动下,目标概念的属性与始源概念特征及喻底语境特征形成映射匹配关系,从而得到隐喻始源意义和隐喻语境意义,两部分意义构成完整的隐喻句表述意义。

定义 6.1(目标概念属性) 目标概念(事物)的属性定义为目标概念的宏观属性,即目标概念所属群体的属性,由描述属性的名词组成。用 T 表示目标领域事物,用 $p(T)$ 表示 T 的某属性,$P(T)$ 表示事物 T 的属性集,$P(T) = \{p^i(T), i = 1, 2, \cdots, n\}$,其中 $p^i(T)$ 表示 T 的第 i 个属性。由于抽象概念没有具体的属性,因此,抽象概念的 $P(T) = \varnothing$。

事物所具有的属性是人们长期以来对事物所形成的固定认知的结果。如正常成人都能走路,所以人具有"行动"属性,而"树"则没有"行动"属性。由于事物可以是一个个体,如"张三",也可以是一个群体,如"人",但结合上述对隐喻理解和解释机制的研究,我们对目标领域概念取其宏观属性,即对于个体"张三",他的属性为作为"人"的属性。

定义 6.2(目标概念属性值) 目标概念属性值是目标概念属性的具体表现值,通常是由谓词描述的一个特征。一般情况,T 事物属性 $p^i(T)$ 的属性值可能有多个,设为 n 个,则 $V(p^i(T))$ 表示属性 $p^i(T)$ 的属性值集合,且 $V(p^i(T)) = \{p_1, p_2, \cdots, p_n\}$,其中,$p_i$ 表示某个具体的特征谓词。

例如,每个人"行动"的速度有快有慢,如果"张三"的行动慢,"李四"的行动快,则可以表示为 V(行动(张三)) = {慢};V(行动(李四)) = {快}。

定义 6.3(始源概念特征) 始源概念特征定义为人们长期以来对始源概念的认识,即认知特征,通常用谓词描述。这样的特征具有显著性和大众认可的特点,尽管某些认知特征与始源概念的科学定义不一致。用 V 表示始源概念,Q(V)表示 V 的特征集,Q(V) = $\{q_1, q_2, \cdots, q_m\}$,其中 q_i 表示某个具体的特征谓词。如果有 w 个始源概念,则 Q(V) = $Q(V_1) \cup Q(V_2) \cup \cdots \cup Q(V_w)$。

例如,黑猩猩的特征集 Q(黑猩猩) = {凶恶,残暴},尽管事实上黑猩猩是一种怕生、胆小和敏感的动物,但由于多年来有关黑猩猩的传说使得其某些特征有了固定的联想关系。

定义 6.4(喻底语境特征) 喻底和语境特征是指隐喻句本身所揭示的隐喻相似点和隐喻句中对始源概念的限定语,通常用谓词描述。喻底和语境特征集用 G 表示,G = $\{g_1, g_2, \cdots, g_k\}$,其中 g_i 表示某个具体的特征谓词。

定义 6.5(隐喻始源意义选择) 隐喻基本意义选择映射是一种从始源概念知识到目标概念知识的映射,但目标概念知识与始源概念的知识不对等。目标概念的知识为属性集 P(T),始源概念的知识为特征集 Q(V)。Q(V)将作为目标概念属性集中属性的候选属性值集合,隐喻基本意义通过属性—属性值映射函数 f(f1)为目标概念的属性从 Q(V)中匹配合适的属性值来完成。映射的结果是生成由配对的属性—属性值所表示的隐喻基本意义集合 R1 = f[P(T),Q(V)] = $\{p^i(T)(q_s, \cdots, q_t), q_s, \cdots, q_t \in Q(V), p^i(T) \in P(T)\}$,如果 P(T) = $\varnothing$,则 R = Q(V)。

定义 6.6(隐喻语境意义映射) 喻底和语境映射是一种从喻底和语境知识到目标概念知识的映射。目标概念的知识为属性集 P(T),喻底和语境特征集为 G,通过属性—属性值映射函数 f(f2)为 G 中的每个特征匹配目标概念的属性。映射的结果是生成由配对的属性—属性值所表示的隐喻基本意义集合 R2 = f(P(T),G) = $\{p^i(T)(g_j), p^i(T) \in P(T), j = 1, 2, \cdots k\}$,如果 P(T) = $\varnothing$,则 R2 = G。

定义 6.7(隐喻表述意义) 设描述隐喻意义的词义集合为 I,则 I = R1 $\cup$ R2。若 I = $\varnothing$,则说明当前系统无法理解或解释该隐喻。

给出上述范畴的严格界定,那么所谓基于目标概念驱动的隐喻意义获取机制就是以始源概念显著特征集 Q(V)和喻底语境特征集 G 为候选属性值的集合,为目标概念相关属性 $p^i(T)$ 赋值的机制。

>>> 第六章 过程释义

隐喻意义的获取机制同时也揭示了隐喻使用者使用始源概念去隐喻目标概念,形成一个隐喻表达,是为了向隐喻接收者(听话者)解释或者强调目标概念的某一方面的特征。"某一方面"就是目标概念的某种属性,而它的特征则是从被人们相对熟悉的始源概念的特征以及语境中表示特征的谓词意义中来的。图6.3所示的就是我们给出这一意义获取机制的直观描述。

目标概念属性集　　　始源概念特征集
$P(T)=\{p^i(T), i=1, 2, \cdots, n\}$　　$Q(V)=\{q1, q2, \cdots, qm\}$

$p^1(T)$, $p^2(T)$, ..., $p^n(T)$　　$f1$　　$q1$, $q2$, ..., qm

(a)始源到目标的映射

目标概念属性集　　　喻底和语境特征集
$P(T)=\{p^i(T), i=1, 2, \cdots, n\}$　　$G=\{g1, g2, \cdots, gk\}$

$p^1(T)$, $p^2(T)$, ..., $p^n(T)$　　$f2$　　$g1$, $g2$, ..., gk

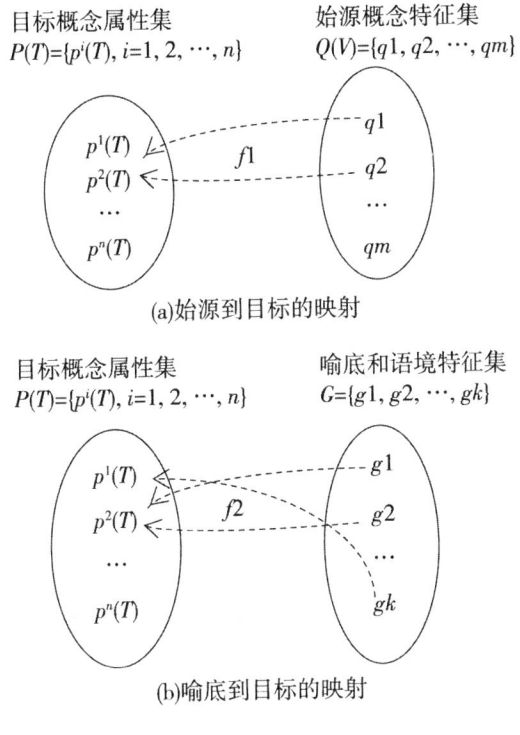

(b)喻底到目标的映射

图6.3　隐喻意义获取机制(映射过程)

在图6.3中,f(f1)为始源意义映射函数,Q(V)部分(或全部)特征经过f1,与P(T)的部分属性相匹配,并生成属性—属性值对,构成隐喻始源意义集合R1:R1 = $\{p^2(T)(q_1, q_2)\}$,其他未匹配成功的P(T)中的属性和Q(V)中的特征将不产生意义;f(f2)为语境意义映射函数,G中所有特征经f2与P(T)的相关属性配对,得到隐喻语境意义集合R2:R2 = $\{p^1(T)(g_3, \cdots, g_k), p^2(T)(g_1, g_2)\}$,G中所有属性均应包括在R2中;最后获得隐喻的完整意义集合是:I =

$R1 \cup R2 = \{p^1(T)(g_3,\cdots,g_k), p^2(T)(q_1,q_2,g_1,g_2)\}$。

"山姆的汽车是头猪"的隐喻意义映射过程,如图6.4和图6.5所示。"有生命的种子决不会悲观、叹气"的解释过程,如图6.6和图6.7所示。

```
M_CLASS=R  // R代表指称型隐喻
C_NO=2
Met_t=山姆的汽车 // 喻本角色（目标概念）
root（Met_t）=汽车
POS（root（Met_t））=NOUN
Met_v=头猪 // 喻体角色（始源概念）
root（Met_v）=猪
POS（root（Met_v））=NOUN
Met_g=NULL
root（Met_g）=NULL
POS（root（Met_t））=NULL
Met_m=是
root（Met_m）=是
POS（root（Met_t））=COPULA
```

图6.4 "山姆的汽车是头猪"识别结果

"汽车"的属性集
$P(T)$={速度,体积,价格,排量,……}

"猪"的特征集
V={肥胖,庞大,蠢笨,脏,缓慢}

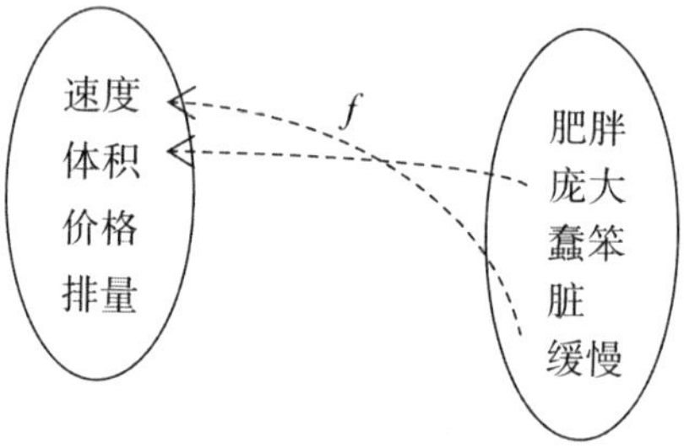

速度
体积
价格
排量

f

肥胖
庞大
蠢笨
脏
缓慢

$R1$={速度(缓慢),体积(庞大)}, $R2=\varnothing$
$I = R1 \cup R2$={速度(缓慢),体积(庞大)}
隐喻意义的表述：
山姆的汽车,速度缓慢,体积庞大。

图6.5 "山姆的汽车是头猪"意义获取

当然,正如我们第一章所强调的,隐喻的认知本质使得隐喻理解和意义生成受到理解者主观因素的影响,不同的理解者具有自己特殊的知识背景和认知方式。从具体隐喻释义过程来看,这种影响主要体现在如下三个方面:(1)隐喻的理解者可能选择与隐喻使用者原意或者相同,或者不同甚至相反的角度来理解和解释隐喻;(2)不同的理解者对某一隐喻喻体的显著特征可能存在不同的理解;(3)否定某一隐喻的某种理解并不一定否定隐喻本身,它可能隐含着另一种不同的理解。

```
M_CLASS=C  //C代表搭配型隐喻
C_NO=22
DR（Met_t, Met_v）=SBV
Met_t=有生命的种子 //喻本角色（目标概念）
root（Met_t）=种子
POS（root（Met_t））=NOUN
Met_v1=决不会悲观 //喻体角色（始源概念）
root（Met_v1）=悲观
POS（root（Met_v1））=ADJ // 形容词性谓词
Met_v1=叹气 //喻体角色（始源概念）
root（Met_v1）=叹气
POS（root（Met_v1））=VERB// 动词性谓词
Met_g=NULL
root（Met_g）=NULL
POS（root（Met_g））=NULL
```

图 6.6 "有生命的种子……"识别结果

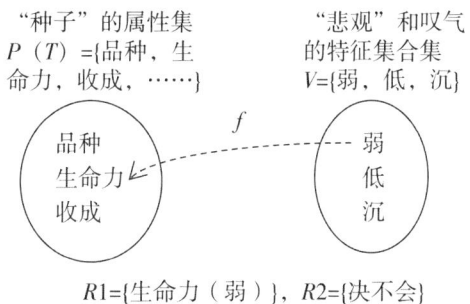

"种子"的属性集
$P(T)$={品种,生命力,收成,……}

"悲观"和叹气的特征集合集
V={弱、低、沉}

品种
生命力
收成

f

弱
低
沉

$R1$={生命力（弱）}, $R2$={决不会}
$I = R1 \cup R2$={生命力（弱）,决不会}
隐喻意义的表述:
有生命的种子,生命力决不会弱。

图 6.7 "有生命的种子……"意义获取

因此,对于要进行隐喻释义的某一个计算系统而言,又应该如何扮演这种具有特定的理解者角色呢,也就是说计算系统如何体现隐喻理解的主观特征呢?

从我们对隐喻理解和意义生成的定义和机制来看,不同的理解者所具有的不同知识背景和认知方式,可以通过目标概念的属性集 P(T),始源概念的特征 Q(V)集,喻底语境特征集 G 的不同取值和映射函数的不同参数来体现。计算系统可以通过调整 P(T)、Q(V)和 G 的值来扮演不同的理解者。

定义 6.8(个性语料库) P(T)、Q(V)和 G 的生成来源于语料库。个性语料库是指生成 P(T)、Q(V)和 G 时所使用的不同语料库或知识库。不同的语料库或知识库从一定程度上能体现不同认知主体的差异。

我们所构建的隐喻理解和解释系统与 P(T)和 Q(V)的具体值无关。为计算系统输入不同的 P(T)和 Q(V)的值,计算系统可以得到不同的隐喻意义解释结果。在这样的情况下,认知主体主观因素对隐喻意义产生的影响也能得到体现。

现在我们可以来构建完整的汉语隐喻释义计算模型了,从而实现隐喻意义获取过程,包括构建目标概念的属性集 P(T),构建始源概念的显著认知特征集 Q(V),喻底语境特征集 G,以及实现 Q(V)到 P(T)和 G 到 P(T)的映射,从而生成隐喻表述意义集合 I,最终实现隐喻句的理解与解释计算系统。

图 6.8 给出的就是隐喻句理解与解释系统框架。系统由 4 个模块构成:隐喻角色框架生成模块;目标概念属性集、始源概念特征集以及喻底语境特征集生成模块;隐喻始源意义映射与隐喻语境意义映射模块;隐喻表述意义集合生成及解释模块。

首先我们需要指出,隐喻意义获取的实现需要考虑隐喻的不同类型,不同的隐喻表达形式(包括非隐喻语句类)往往需要采用不同的理解策略进行处理,对于我们所构建的隐喻理解和解释机制,理解策略的不同即表现在对不同类型的目标概念的属性集 P(T)的提取,对不同类型的始源概念显著特征集 Q(V)的提取和不同的语境描述特征 G 的提取上。

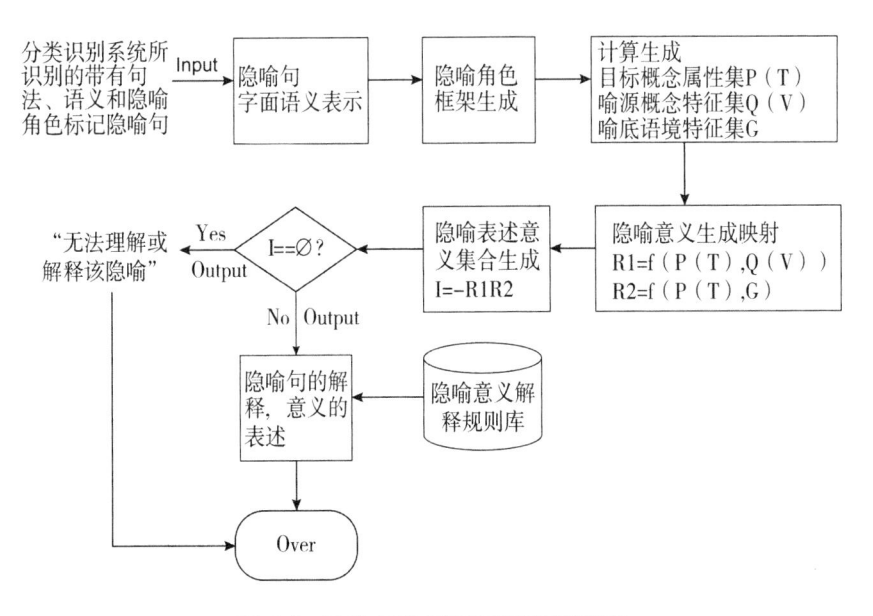

图6.8 隐喻自动理解和解释系统框架

表6.1 面向理解的隐喻种类

指称型隐喻	
特征	例句
物—物指称	祖国是母亲。（名词 指称 名词）
事—事指称	他说话就像放屁。（谓词 指称 谓词）
物—事指称	眼泪像大堤溃决。（名词 指称 谓词）
事—物指称	她降临人间就像某个神灵叛逆的笑声。（谓词 指称 名词）
搭配型隐喻	
特征	例句
主谓搭配	有生命的种子绝不会悲观、叹气。
动宾搭配	汽车喝汽油。
定中搭配	人类历史的长河。
状中搭配	用拳头写文章。
述补搭配	声音大得把屋顶都要掀掉了。

在第三章我们给出了隐喻计算分类体系,指出隐喻分为"指称型"和"搭配型"两个大的类别。为了尽可能多地识别隐喻话语表达,我们进一步根据隐喻角色的句法和浅层语义关系细化了 32 种隐喻表达类别模式。在隐喻识别完成之后,从理解和解释的角度重新认识隐喻计算分类体系,部分面向识别的隐喻类别模式在理解处理时可以进行合并,我们给出理解所需要区分的主要种类,如表 6.1 所示:

其次是目标领域概念属性集 P(T) 的获取。所谓目标领域概念属性就是通过名词描述的属性,因此目标领域概念属性的寻找范围可缩小至名词范围。目标领域概念属性集的获取根据目标概念的不同种类,大致分成三种:目标概念为具体物,目标概念为抽象物,以及目标概念为一个事件(喻本角色中心词为形容词或动词)时 P(T) 的获取。

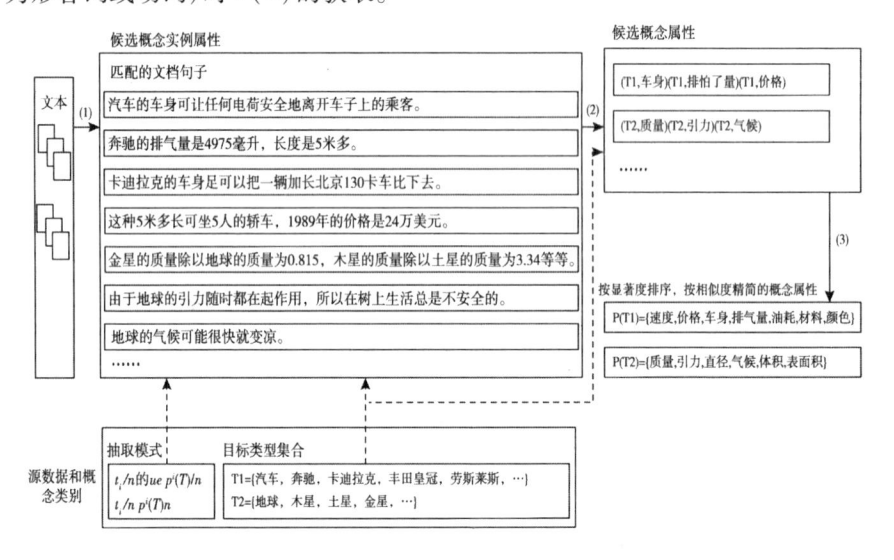

图 6.9 目标概念属性抽取方法

对于目标概念为具体物的 P(T) 的获取,我们建立了一种基于语料库的模板驱动知识挖掘方法,从大量文本中挖掘具体事物的属性。算法思想是:根据我们对隐喻目标概念的定义,目标概念的属性为目标概念所在群体的共同属性,通过属性名词来描述,如目标概念"张三""李四"的属性为"张三""李四"

所属群体"人"的属性,包括"身高""体型""年龄""性格"等。概念属性可以根据人们描述属性的用语习惯从大规模语料库中自动获取,如人们涉及概念属性的表达往往是"张三的年龄……""李四的身高……"等。此时的"张三""李四"被认为是群体概念"人"的实例,这样从大规模语料库中自动抽取群体概念属性的思想就是从群体的个体实例的语言表达中获取共同属性。属性抽取框架如图6.9所示。目标领域概念属性集P(T)的生成算法如下:

Step 1　预处理:获取语料库,语料库中语料以语句为单位,并进行分词、词性标注和依存句法分析处理。

Step 2　给定目标概念,构建目标概念所属群体的实例集合,称为Target Class T(构建概念实例集合的方法有很多,可以利用《知网》或《同义词词林》生成)。

Step 3　利用属性抽取模板将含Target Class T中所有实例t_i的语句从语料库中抽取出来,并将所有实例的候选属性提取出来。属性抽取模板为图6.10所示。属性由名词描述,与其主体t_i构成"n + n"结构。尽管可能在语句中存在属性与主体位置相隔较远的情况,但基于大规模语料库以及人们表达属性的基本习惯,我们略去远距离属性表述结构,也可以得到合适的属性信息。例如根据模板1,抽取含有实例"奔驰"属性的语句"奔驰的排气量是4975毫升",并由此得到候选属性"排气量"。

> 模板1:　t_i/n的/ue $p^i(T)/n$
> 模板2:　$t_i/n\ p^i(T)/n$

图6.10　属性抽取模板

Step 4　将Step 3得到的候选属性进行显著度排序,排序基于这样一种思想:如果目标集T的候选属性$p_i(T)$同时与集合T中的多个实例t_i同现,则该属性具有更高的显著度,显著度定义为如下公式:

$$S_{freq}(Att(T,p_i(T))) = \frac{|\{t_j:((t_j \in T \land Att(t_j,p_i(T)))\}|}{|\{t_j:t_j \in T\}|}$$

此外,如果候选属性与大量不同类别群体均同现,则认为该属性相关性低,因为这些"属性"只是一般性定义或者不是正确的属性,而只是根据语句结构而提取出来的一般自然语言表达(如"地球的灾害"中"灾害"就不被认为是"行星"这一群体的属性),通过如下公式来区分:

$$S_{norm}(Att(T,p_i(T))) = \frac{S_{freq}(Att(T,p_i(T)))}{\log(1+|\{T_k:Att(T_k,p_i(T))\}|)}$$

上述两个显著度评价决定了对目标概念候选属性的排列顺序,并生成候选属性集。

Step 5 对 Step 4 得到的候选属性集进行精简,设定相应阈值,去掉显著度低于阈值的候选属性。通过属性之间相似度的计算合并同类属性,如"长度"和"长短"都是表示长短的属性,两者相似度为1,则只取其一作为最显著属性。精简最显著属性集,将有利于属性的映射及隐喻解释的生成。

对于目标概念为抽象物的属性集 P(T) 的获取,考虑到抽象物没有具体的属性,因此我们直接定义抽象物的 P(T) = ∅。对于事件性目标概念,其属性集相对于实体属性集的取值更为清晰。这是因为当一个完整的事件本身作为目标概念加以描述的时候,往往不是区分事件本身的细节,而是重在强调事件的结果、态度、方法、影响等。如"他来回摆弄这些汽车模型活像橄榄球教练在布置一场比赛"的一个可能解释是"他来回摆弄这些汽车"这件事情的态度很"认真、严肃"。考虑到事件的描述涉及的语言要素具有时空的特点,我们将事件(喻本角色中心词是一个动词的情况)的属性集 P(T) 定义为 P(T) = {时间,地点,方式,态度,效果,影响}。

现在讨论始源概念特征集 Q(V) 的获取问题。始源概念的特征通过形容词、副词或动词来描述,因此始源概念显著特征的寻找范围可缩小至形容词、副词和动词的范围。与目标概念的分类相似,始源概念特征集的获取根据始源的不同种类,也包括三种情况:始源概念为具体物,始源概念为抽象物,以及始源概念为一个事件或谓词时 Q(V) 的获取。

一般情况下,能够充当始源概念的为具体概念。这是因为抽象概念本身就缺乏可描述性,因此常常充当隐喻的目标概念,而由具体的始源概念来描述。因此我们给出具体物和谓词作为始源概念时,Q(V) 有两种不同的获取方法。

对于始源概念为具体物特征集 Q(V) 的获取,同样可以采用类似于图 6.9 基于模板的文本知识挖掘方法来进行,但是与图 6.9 的计算过程略有不同。计算始源概念 Q(V) 时,省略 Target Class,直接由语言概念 V 本身取代 Target Class。此外,用于检索的模板也需要重新定义。根据人们描述一个物体特征的用语习惯,如人们涉及概念特征的表达往往是"蠢笨的猪""寒冷的冰""狡猾的狐狸""地球很圆""花朵鲜艳"等,得到始源概念特征抽取模板如图 6.11 所示。

> 模板1: qi/a 的/ue V/n
> 模板2: V/n 很/d qi/a
> 模板3: $V/n\ qi/a$

图 6.11 特征抽取模板

总之,始源概念为具体物特征集 Q(V) 的抽取方法也按照图 6.9 的方法,其中始源概念 V 本身取代 Target Class T,计算模板更换为图 6.11 的模板。

解决由谓词充当始源概念时特征集 Q(V) 的获取问题则具有一定的难度。对于具有修饰作用的形容词或副词充当始源谓词修饰目标概念时,往往带有隐喻使用者自身的感情色彩,而产生一定的感官效果。如:"悲惨的皱纹",始源谓词"悲惨"能够给人带来一种感官的效果,这种感官效果称为形容词或副词的知识。例如"悲惨"具有"令人痛苦""伤心""不好"等感官体验。解决的办法是将这些知识作为特征构成形容词或副词始源的特征。

对于动词充当始源谓词,修饰目标概念时,是为了使目标概念具有该动词的视觉体验、动作效能等,我们称为动词的知识。如"船犁大海"是一个主谓式和动宾式复合隐喻。我们得到在感官上"犁"具有"翻开""冲开""破""划""深入"等感官特征。

鉴于始源谓词知识的特殊性,我们认为利用语料统计的方法只能获得谓词的搭配信息,而难以获得可以体现谓词特点的关于谓词的感情色彩或动作体验等认知知识,因此,我们根据汉语词典、近义词等词典采用人工抽取谓词认知知识的办法构建始源谓词特征库。我们选择从《辞海》《辞源》《汉语大词典》和《汉语大字典》等词典中获取相关谓词的知识。部分谓词的感官体验或能效特征知识如表6.2所示。

表6.2 始源谓词知识特征集示例

谓词	词性	特征集
犁	动词	割开,划开
放屁	动词	没有根据,不合情理
唱歌	动词	有节奏
阅读	动词	抽释,理解
成熟	形容词/动词	完备,完成
抚摸	动词	接触
叹气	动词	低沉,惋惜
吻	动词	接触
困	动词	限制,受阻

隐喻释义计算的第三步是解决喻底语境特征集 G 的获取问题。根据隐喻喻底的定义,喻底通常由谓词构成,直接解释隐喻意义,即直接解释目标概念某个属性的属性值。喻底若以形容词形式出现,则形容词本身即构成喻底特征;喻底若以动词或动词短语的形式出现,则喻底特征由中心动词的特征知识构成,如:"脸蛋漂亮得像三色紫罗兰"中喻底形容词"漂亮",直接作为 G 的元素;"他是一只困在笼中的狮子"中喻底为"困在笼中",我们约定中心动词"困"的知识作为喻底特征。

事实上,喻底特征的取值本身就具有复杂的特征,因此我们并不打算深究作为解释隐喻的隐喻意义来源之一的喻底语境特征集的具体构造方法,而主要关注可计算的隐喻理解机制和隐喻意义生成的计算方法。

有了上述各种特征集的获取,在隐喻释义计算实现中剩下的关键步骤就是隐喻意义映射及隐喻意义 I 的生成。定义6.5和6.6指出隐喻意义的产生是通过映射函数 f,从始源特征集 Q(V) 和喻底语境特征集 G 与目标属性集 P

(T)中的属性形成属性—属性值对的过程。据此,我们采用基于互信息的隐喻意义映射方法。众所周知,信息论中的互信息是衡量两个信号的关联尺度,后来引申为对两个随机变量的关联程度进行统计描述,即有如下公式:

$$MI(x,y) = \log \frac{p(x,y)}{p(x)p(y)}$$

其中,x、y 表示两种变量,MI(x,y)为 x 和 y 的互信息值,p(x)为变量 x 出现的概率,p(y)为变量 y 出现的概率,p(xy)表示 x 和 y 共同出现的概率。

我们尝试利用计算互信息的方法来计算候选属性和属性值之间的匹配相关性。如果将变量 x、y 用属性名词、属性值谓词来代替,就可以计算出每个属性与属性值之间的互信息值,从而计算出两者之间的相关性,并由此抽取与某属性互信息值最大的属性值,形成属性—属性值对照,从而得到隐喻意义集合 R。若 P(T)≠∅,Q(V)≠∅,G≠∅则有:

$$P(T) = \{p^1(T), p^2(T), \cdots, p^n(T)\}$$
$$Q(V) = \{q_1, q_2, \cdots, q_m\}$$
$$G = \{g_1, g_2, \cdots, g_k\}$$

假设 P(T)与 Q(V),和 P(T)与 G 之间的两两对应关系均成立,即得到矩阵 M1 和 M2:

$$M1 = \begin{vmatrix} p^1(T)-q_1, p^1(T)-q_2, \cdots, p^1(T)-q_m \\ p^2(T)-q_1, p^2(T)-q_2, \cdots, p^2(T)-q_m \\ \vdots \quad \vdots \quad \vdots \quad \vdots \\ p^n(T)-q_1, p^n(T)-q_2, \cdots, p^n(T)-q_m \end{vmatrix}$$

$$M2 = \begin{vmatrix} p^1(T)-g_1, p^1(T)-g_2, \cdots, p^1(T)-g_k \\ p^2(T)-g_1, p^2(T)-g_2, \cdots, p^2(T)-g_k \\ \vdots \quad \vdots \quad \vdots \quad \vdots \\ p^n(T)-g_1, p^n(T)-g_2, \cdots, p^n(T)-g_k \end{vmatrix}$$

这样目标概念属性—始源概念特征集,目标概念—喻底语境特征集匹配的问题就转化为从矩阵 M1 和 M2 中选择有效配对的问题。计算语料库中属

性名词 $p^i(T)$ 的频次 $freq(p^i(T))$，特征谓词 q_i 与 g_i 的频次 $freq(q_i)$ 与 $freq(g_i)$，属性名词—特征谓词共现的频次定义为语料库中同时包含属性名词和特征谓词的语句数目，记为 $freq(p^i(T)-q_i)$ 与 $freq(p^i(T)-g_i)$。

最后，再根据如下公式计算矩阵中每一项的互信息 MI 的值，从而确定 M1 和 M2 中的有效匹配对：

$$MI(p^i(T),q_i) = \log \frac{p(p^i(T),q_i)}{p(xp^i(T))p(q^i)} = \frac{freq_{p^i-(T)-q_i} \times N}{freq_{p^i(T)} \times freq_{q_i} + \varepsilon}$$

其中，$MI(p^i(T),q_i)$ 为属性 $p^i(T)$ 与属性值 q_i 之间的互信息，N 为语料库中语句个数，ε 是为避免出现分母为 0 而设的辅助数。将计算出来的 MI 值代入矩阵 M，这样根据互信息 MI 矩阵 M，隐喻意义产生的映射函数 f 的映射过程如下：

(1) 如果 $P(T)=\emptyset$，且 $Q(V) \cup G=\emptyset$，则隐喻意义集合 $I=R1 \cup R2=\emptyset$；

(2) 如果 $P(T) \neq \emptyset$，且 $Q(V) \cup G=\emptyset$，则隐喻意义集合 $I=R1 \cup R2=\emptyset$；

(3) 如果 $P(T)=\emptyset$，且 $Q(V) \cup G \neq \emptyset$，则隐喻意义集合 $I=R1 \cup R2=Q(V) \cup G$

(4) 如果 $P(T) \neq \emptyset$，且 $Q(V) \cup G \neq \emptyset$，则

a. 构建 P(T) 与 Q(V) 互信息矩阵 M1 和 P(T) 与 G 互信息矩阵 M2；

b. 选择所有 MI 值大于设定阈值的属性—属性值对；

c. 一个属性可以对应多个属性值；

d. 每个属性值只能对应一个属性，如果一个属性值同时与两个以上属性互信息值均超过阈值时，只取与该属性值互信息值 MI 最高的属性，而舍弃其与其他属性构成的配对；

e. 最后根据所得到的属性—属性值对的互信息量的大小，生成相关的隐喻意义集合：

$$R1 = \{p^i(T)(q_s,\cdots,q_t), q_s,\cdots,q_t \in Q(V), p^i(T) \in P(T)\}$$

$$R2 = \{p^i(T)(g_1,\cdots,q_k), p^i(T) \in P(T)\}$$

$$I = R1 \cup R2$$

(5)结束。

到此,我们就完成了隐喻意义映射及生成。最后就是对生成的隐喻意义进行解释的问题。隐喻意义的解释是对所获取的隐喻意义的表述。多数情况下人们并不会也不需要明确地将该隐喻的真实意义说出来,只要自己"明白"就行。因此,谈话中人们理解隐喻往往是通过体现出"我明白你的意思了"来代替直接说出隐喻的实际意义。这里强调隐喻计算研究必须要完成隐喻意义的表述输出,是因为机器与人理解隐喻有区别。机器"理解"隐喻的结果只能是将真实意义"表达"出来,而不能是明白在"心"。因此在求得隐喻意义集合 I 以后,我们还需要进一步给出基于 I 的隐喻意义的解释规则,让机器能够以一种合适的方式将隐喻意义集合 I 通过字面表述出来。

我们给出隐喻意义解释的基本规则是:原隐喻句中,喻本角色保留,喻本角色与隐喻意义集合 I 中属性与属性特征一起形成隐喻意义的表述,即有:

$$\text{INTERPRETATION} = \text{"Met\_t}:p^1(T)q_1,\cdots,p^1(T)g_1,\cdots\text{"}$$

其中,喻体角色、喻底角色和标记角色等在隐喻意义生成过程中被消解。例如:他是一只困在笼中的狮子。计算求得:

Met_t = 他

I = {体型(强壮),性格(凶狠,霸气),行动(快速),行动(受限)}

隐喻解释为:"他:体型强壮,性格凶狠霸气,行动快速,行动受限"。又如:他来回摆弄这些汽车模型就好像橄榄球教练在布置一场比赛。计算求得:

Met_t = 他来回摆弄这些汽车模型

I = {态度(认真)}

隐喻解释为:他来回摆弄这些汽车模型:态度认真。再如:有生命的种子绝不会悲伤、叹气。计算求得:

Met_t = 有生命的种子

I = {生命力(~弱)}

隐喻解释:有生命的种子,生命力绝不会弱。

由此可见,在上述解释具体的隐喻意义的时候,并没有区分指称型和搭配型隐喻,而是基于我们提出的隐喻理解机制。

总之,本着我们提出的构建隐喻表述意义的基本观点,即隐喻的意义就是所选始源概念显著特征来重新描述目标概念的某个(些)属性,我们具体给出了一种完整的汉语隐喻释义计算方法,称之为"基于目标概念属性驱动的隐喻意义获取机制"的方法,为汉语隐喻意义的机器理解提供了一种行之有效的途径。

第三节　汉语隐喻理解系统

将上面给出的汉语隐喻理解的计算方法,结合第三章给出的汉语隐喻分类识别研究内容,我们具体给出了一种汉语隐喻理解整体系统的设计与实现,最终形成了汉语隐喻识别与解释计算系统 CHMeta[①]。

CHMeta 系统的总体架构,如图 6.12 所示。系统以语句为单位,具体根据我们分类识别算法和意义获取与解释算法来进行隐喻相关的计算处理。该系统具体实现的功能包括如下三个部分:

(1)首先以直接输入单句或者读入文件的形式输入要处理的汉语语句。

(2)然后调用依存句法分析系统进行句法分析,分析后的依存结构以图像的形式直观地显示出来,包含了可以在图像上直接修改依存句法关系的功能。

(3)最后实现了隐喻识别、隐喻分析(意义获取)和隐喻解释的功能。

整个系统分成两个部分:①所标出的部分属于自然语言处理层面;②所标出的则是属于思维与认知处理层面。具体功能实现又可分为四个部分,即语言分析部分、分类识别部分、意义推断部分和含义解释部分。

首先,系统接受的输入形式包括:直接输入单个汉语语句,未经依存句法的语句组成的 TXT 文本文件,经过依存句法分析后的语句组成的 TXT 文本文

---

① 周昌乐、杨芸、李剑锋,《汉语隐喻识别与解释计算系统》,计算机软件著作,计算机软件著作权登记证书登记号:2008SR18228,2008 年 9 月。

件。对于系统的输入,不管输入的是单句还是文件(其中文件输入实现了关键词搜索定位语句等功能),系统通过调用依存句法分析系统进行依存句法分析。句法分析的结果直观地以依存句法树的形式绘制出来。因为依存句法分析的结果具有一定的误差,所以需要人工修正一些词性及依存关系。修改功能采用交互式的、在图上直接修改的方法,实现了修改词性、修改依存关系标注和增加删除修改依存关系弧线的功能。

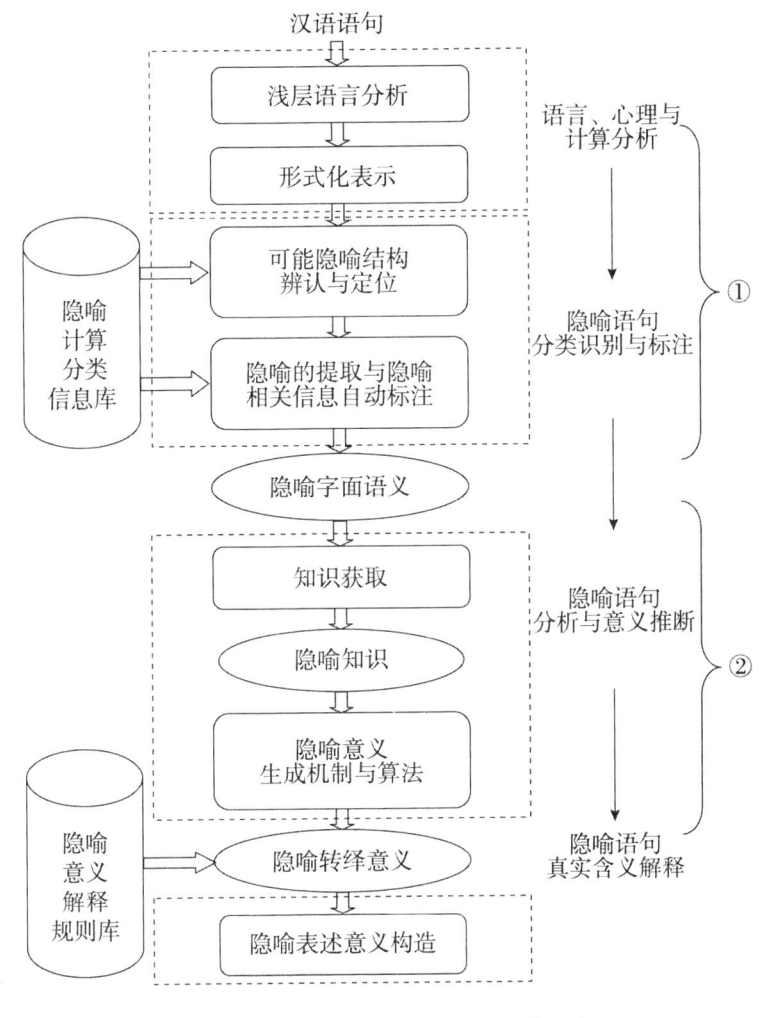

图 6.12 汉语隐喻识别与解释计算系统

然后,在依存句法分析的基础上,系统进行隐喻分类识别与隐喻角色自动标注。正如第三章所述的那样,这一部分处理主要是对输入的语句进行是否含有隐喻的判断,并根据判断结果做出相应的响应。对于非隐喻,系统做出没有隐喻的提示;对于隐喻,系统提示"有隐喻现象存在",输出句中所包含的所有隐喻单元,并输出所有隐喻单元的隐喻信息,包括隐喻类别、喻本角色、喻体角色、喻底角色和隐喻词等。

最后,就是系统的隐喻意义获取与解释处理了。这部分的工作包括两个部分。第一个部分就是在隐喻识别与隐喻角色标注结果的基础上,给出已识别隐喻的字面语义表示(其中包括无嵌套的和多层嵌套的隐喻义)和隐喻角色框架的表示。隐喻角色框架是为了将隐喻目标概念、始源概念、喻底信息进行抽取和表示,包括隐喻角色的中心词,中心词的词性等信息。其中名词中心词还需要查询《知网》确定其为具体名词还是抽象名词。第二个部分则是以字面语义和隐喻角色框架所提供的信息为基础,根据上一小节提供的算法,来进行隐喻意义获取的相关计算和表述意义的输出。系统将显示目标概念的属性序列和始源概念的特征谓词序列,计算属性集和特征集的互信息矩阵,按照设定的阈值得到隐喻意义集合。最后将原隐喻句中喻本角色保留,喻本角色与隐喻意义集合中属性与属性特征一起形成隐喻意义的表述。喻体角色、喻底角色和标记角色等在隐喻意义生成过程中被消解。

注意,CHMeta 系统中有关隐喻理解有关知识(图 6.12 中"隐喻知识")包括喻本知识、始源知识、喻底语境知识三个部分的内容,主要通过《读者》语料库来获取,包括目标概念属性集 P(T)、始源概念特征集 Q(V)和喻底语境特征集 G。

CHMeta 系统是在 Microsoft.NET 平台下采用 C#程序实现,系统开发工具主要是 Microsoft Visual Studio 2005,运行平台是 Microsoft Windows,Microsoft.NET Framework 2.0。除了《读者》《人民日报》《辞源》等语料库外,系统主要援用的资源包括哈尔滨工业大学信息检索研究室的依存句法分析系统和同义词词林(扩展版)、厦门大学艺术认知与计算实验室开发的常用动词搭配语料库以及董振东等人开发的知网(HowNet 2000)。

表6.3 目标概念属性集生成结果节选

概念	属性集 P(T)
汽车	速度 体积 价格 排量 车身 引擎 发动机 后座 电池 马达声 零件 商标 设计……
地球	引力 周长 温度 气候 重量 表面 直径 面积 体积 密度 轨道 年代 地形 磁场 中心……
男人	风度 特权 尊严 嗓音 特权 品质 气概 风度 外表 自尊心 态度 声音 动作 气力 情绪 臂力 胡子 精神 言谈举止 轮廓 品格 相貌 影子 重量 性格 年龄……
会议	思想 主题 记录 语言 目的 主席 时间 代表 地点 参加者 阶段 气氛……
人情	厚度 要求 风风雨雨 习惯 真相 心理 利弊 烦恼……
国王	权力 恩典 形象 胡须 头盔 脸型 意图 代表 命令……
眼睛	视野 视力 瞳孔 晶状体 颜色……

表6.4 始源概念显著特征集生成结果节选

概念	显著特征集 Q(V)
猪	肥胖 庞大 笨 脏 缓慢 快乐……
母亲	慈祥 劳累 美丽 精明 严肃 忙 圣洁 温柔 伟大 平凡 勇敢 朴素 可敬 善良……
电脑	精密 复杂 最新 惊人 秘密 聪明 悲惨 新式 低廉 准确 强大
战斗	激烈 危险 紧张 复杂……
酒	清新 香醇 浓烈 贵 醇……
纸	洁白 薄 银亮……
窗户	明亮 光明 开阔 狭长……

我们对开发的 CHMeta 系统进行了全面测试。系统测试语料是从第三章隐喻分类识别实验中成功识别的隐喻句中选取的。考虑到从语料库中获取知识的丰富程度受语料库大小的限制,我们选择的测试隐喻句为 20 句,其中 12 句为指称型隐喻句,8 句为搭配型隐喻(动词中心),以保证测试所需要的知识都能从语料库的计算中得到。这也是为了检验隐喻意义获取和解释方法本身的有效性,这样的有效性应避免由于算法以外的知识贫乏而造成的影响。有关隐喻意义获取实验的相关结果节选如表 6.3、表 6.4、表 6.5 和表 6.6 所示。

表 6.5 汽车与猪的互信息矩阵

	肥胖	庞大	笨	脏	缓慢
速度	0.000	0.454	0.854	0.000	32.100
体积	0.000	25.85	0.000	0.000	0.000
价格	0.000	0.000	0.000	0.000	0.000
排量	0.000	0.000	0.000	0.000	0.000

表 6.6 眼睛与窗户的互信息矩阵

	明亮	光明	开阔	狭长
视野	0.910	0.000	30.33	9.400
视力	0.000	31.04	0.000	0.000
瞳孔	0.000	0.000	0.000	0.000
晶状体	0.000	0.000	0.000	0.000
颜色	0.000	0.000	0.000	0.000

注意,隐喻意义获取与解释实验的评价与隐喻识别实验的评价有所不同。隐喻识别实验可以通过召回率和准确率等参数计算指标来评价识别系统的性

能,而隐喻理解与解释计算系统输出的是一个隐喻解释的表述,即表述意义。隐喻表述意义无法以"是"或"否"来评价,因为意义本身就是一个主观性比较强的概念。因此为了检验系统解释隐喻意义的能力,我们采用人工评分的办法。

具体设计方法是:从1分到5分根据分值的递增,对应每个测试隐喻句的解释结果设定一个评分值。我们选用5分制,最低分1分表示对隐喻解释结果"强烈不认同",最高分5分表示对隐喻解释结果"强烈认同"。

系统对20个隐喻句及所生成的解释按照1-20编号,其中1-12号为指称型隐喻句,13-20号为搭配型隐喻句,部分实验结果如表6.7所示。我们请5位研究生对结果按照5分制评分,结果如图6.13和图6.14所示。因为隐喻的理解绝大程度上依赖于理解者的知识结构和知识水平,因此由于语料库的限制和计算精确性的限制,加之隐喻意义表述本身的困难,还存在大量系统无法输出表述意义的隐喻。

表6.7　隐喻理解与解释实验部分结果

测试隐喻句	系统解释结果
他是一只困在笼中的狮子。	他:体型强壮,性格凶狠霸气,行动快速,行动受限
人情就是一张纸。	人情:轻、薄
他说话就像放屁。	他说话:结果无用
历史的天空。	历史:广阔,蔚蓝
迷梦就这样粉碎了。	迷梦:没有

从实验结果来看,对系统所做的解释认可度较高的隐喻为指称型隐喻,平均得分超过3分,也就是说所测试的指称型隐喻的解释结果的认可度达到60%以上,其中"物—物"指称型隐喻解释得分最高;但搭配型隐喻的解释认可度平均分约为2.5分,离人类认可度还有一定的距离。

测试隐喻句编号1–12为指称型隐喻，13–20为搭配型隐喻

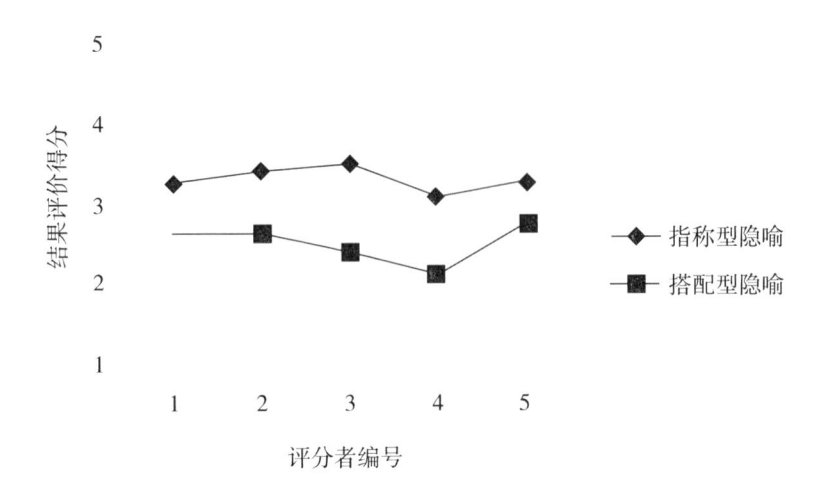

图6.13　隐喻解释结果评分图

图6.14　指称型隐喻与搭配型隐喻解释结果评价比较

鉴于知识获取的局限，所以隐喻理解和解释系统的实验测试规模不大，总体来看指称型隐喻的解释结果较符合人的认识，而搭配型隐喻的解释结果目前还不能令人满意，主要原因我们认为包括以下几个方面。

(1)人类知识结构的表示和知识获取的局限。隐喻目标概念属性、始源概念特征以及喻底语境特征的生成算法本身存在一定误差，因此形成的候选知识也存在一定的偏差。此外,我们将事件始源的特征简化为事件中心谓词的特征,特别是具有修饰作用的形容词或副词充当始源修饰目标概念时,往往带有隐喻使用者自身的感情色彩,而产生一定的偏差效果。对于动词充当始源修饰目标概念时,是为了使目标概念具有该动词的视觉体验、动作效能等。谓词作为始源时,我们将始源特征定义为谓词的知识,然而可以体现谓词特点的关于谓词的感情色彩或动作体验等认知知识的获取本身就是一件比较困难的事情。此外对于一个事件所具有的属性和特征的分析,也是语言学和心理学研究的难点。

(2)存在"不可言说"的隐喻意义。对于众多搭配型隐喻尤其具有这样的特点。隐喻认知理论指出,人们使用隐喻有时出于现有认知和语言的限制,是一种被迫的选择。也就是说部分意义除了使用隐喻之外,无法用现有的字面语言表达。实验中,参与对系统隐喻解释结果评分的研究生也无法准确地解释部分搭配型隐喻句的语义。

(3)隐喻理解与解释计算研究的瓶颈还在于,目前我们还没有一个相对科学和客观的对隐喻解释结果进行评价的机制,缺乏一定规模的测试数据集。

总的来讲,CHMeta 是一个能够完成大规模不同表达类型的隐喻语句识别和解释的计算系统,实验结果与隐喻认知研究的结论是相符合的。值得强调的是,我们开发的 CHMeta 系统,是目前世界上唯一的汉语隐喻理解计算系统。因此尽管作为一个实验系统还有很多需要完善和充实的地方,但对于进一步深入开展汉语隐喻计算研究是具有重要而积极意义的。

第七章

综合理解

> 物无孤立之理,非同异屈申终始以发明之,则虽物非物也。事有始卒乃成,非同异有无相感,则不见其成。
>
> 　　　　　　　　　　　　　　　　　　　　　　　　　　　　[宋]张载①

隐喻意义的理解计算,是一个十分复杂的问题。尽管我们从分类识别到统计匹配,又从逻辑推理到过程释义,在前面第三章至第六章中几乎都开展艰辛的研究探索,但离理想的目标,还有很大距离。应该说,对照第二章所分析的人类认知机制而言,到此为止,有关隐喻理解计算机制的描述与实现,依然是远没有解决的问题。因此,本章尽可能在隐喻意义计算释义中一些比较困难的方面,就我们所开展的一些初步工作,像本体论隐喻知识描述、相似点动态获取方法以及理想型理解系统构想等,作补充性介绍。希望能够为构筑比较理想的汉语隐喻理解系统,提供一些建设性的意见。

第一节　本体论隐喻知识描述

隐喻理解离不开知识,同时,由于隐喻涉及跨知识域的映射,因此,需要涉及多个领域的知识。那么如何有效地描述隐喻理解映射中所涉及的知识呢?

---

① [宋]张载,《张子正蒙·动物篇》,上海古籍出版社,2000,第127页。

显然,隐喻知识的运用都不可避免地涉及概念,因而关于概念及其关系的描述就成为其中至关重要的问题。为了有效组织概念及其关系,我们采用本体作为隐喻概念知识的组织方式,各个领域知识采用统一的本体描述语言。然后,基于这种本体论隐喻知识描述,进一步采用概念合成方法来进行隐喻映射,从而为解决隐喻理解问题提供一种隐喻映射的形式描述方法[1]。

为此,首先我们给出有关本体的说明。本体论(ontology)原本是一个哲学概念,指的是关于存在及其本质和规律的学说,后被用于研究实体存在性及其本质等方面的通用理论。在人工智能领域,人们借用这一理论,把现实世界中某个领域抽象或概括成一组概念及概念之间的关系,构造出该领域的本体[2]。

由于本体是建立在概念及其关系之上的,因此为了建立隐喻映射的本体模型,我们首先需要给出有关概念的描述语言,我们称为概念原语。这里我们在 Corcho 等人提出的五个基本原语的基础上[3],分别给出能够处理隐喻知识本体描述的概念原语。

定义 7.1(概念原语) 概念原语包括以下内容:(1)概念元素:用于描述概念,通常包括实体、事件等,表示为 C_1, C_2 等;(2)关系名:用于关联两个概念,表示为 R_1, R_2 等。关系中的两个概念分别称为定义域和值域,并且分别由一个论元角色来指定它们所能指称的概念,如 $R_1(T_1:C_1, T_2:C_2)$,表示在关系 R_1 的定义域由来自于概念 C_1 的个体充当论元角色 T_1,值域由来自概念 C_2 的个体充当论元角色 T_2;(3)论元角色名:用于指定关系中的概念所扮演的角色,即论元角色是对关系中各参与概念的约束;(4)个体名:用于描述个体对象;(5)概念和关系层级关系:概念与概念之间的层级关系、关系与关系之间的层级关系,记为 $\hat{o}$;(6)部分—整体层级关系:表示概念与概念之间的部分—整体关系层

---

[1] X. X. Huang, C. L. Zhou, An OWL – based WordNet Lexical Ontology, Journal of Zhejiang University(Science A),8(6),2007:864 – 870.

[2] T. Gruber, A Translation Approach to Portable Ontology Specification, Knowledge Acquisition,1993, 5:199 – 220.

[3] Ó. Corcho, Mariano Fernández – López, Asunción Gómez – Pérez and Óscar Vicente, WebODE:An Integrated Workbench for Ontology Representation, Reasoning, and Exchange,Lecture Notes in Computer Science,Vol. 2473, 2002:295 – 310.

级,记为@;(7)实例关系:表示个体对象与概念之间的关系;(8)等价关系:表示两个概念是等价的,记为≡;(9)隐喻关系:表示一个概念在某些情况下可以被看作另外一个概念,记为≈。

显然,在定义7.1中,我们把概念原语分为两种不同类型,概念要素、关系名、题元角色名和个体名是节点类型,其他均为联结类型。如果运用图论的术语来说明,节点类型对应图的结点,而联结类型则对应着图中结点之间的边。

在概念原语基础上,结合描述逻辑的语法和语义,我们可以给出形式化概念公式的递归定义及其语义解释。

定义7.2(概念公式) 设 C_1 和 C_2 都是概念名,a 和 b 是对象名,R 是一个关系名,T_1 和 T_2 是题元角色名,则:

(1) C_1 和 C_2 均为概念;

(2) $C_1 \delta C_2$,$\neg C$ 和 $(\exists R)C$ 都是概念;

(3) $T_1:C_1$ 是概念;

(4) $C_1(a)$,$R(a,b)$,$C_1 \equiv C_2$,$C_1 @ C_2$,$C_1 \delta C_2$,$C_1 \approx C_2$ 是原子公式;

(5) 原子公式的逻辑组合也是公式,即:如果 α 和 β 是公式,则 $\alpha \wedge \beta$ 和 $\neg \alpha$ 也为公式。

定义7.3(语义解释) 概念原语的语义模型定义为二元组 $<\Delta^I, g^I>$,其中 Δ^I 为非空集合,表示 I 的论域,g^I 是一个解释函数,它将每个概念 C 解释为 Δ^I 的一个子集 $C^I(C^I \subseteq \Delta^I)$,每个关系 R 解释为 Δ^I 上的二元关系 $R^I(R^I \subseteq \Delta^I \times \Delta^I)$,每个论元角色 T 解释为 N_T 中的元素 T^I,每个个体对象 a 解释为 Δ^I 的元素 $a^I(a^I \in \Delta^I)$。那么,任意概念和公式 φ 在 I 中的真值可以递归定义如下:

(1) $(C_1 \delta C_2)^I = C_1^I \cap C_2^I$;

(2) $(\neg C)^I = \Delta^I \setminus C^I$(集合商运算);

(3) $((\exists R)C)^I = \{x \in \Delta^I | \exists y \in C^I, R^I(x,y)\}$;

(4) $(T_1:C_1)^I = \{x \in \Delta^I | \lambda(x) = T_1^I\}$,其中 λ 是一个函数,用于指派对象的论元角色;

(5) $I > C(a)$,当且仅当 $a^I \in C^I$;

(6) $I > R(a,b)$,当且仅当 $R^I(a^I, b^I)$;

(7) $I \vartriangleright C_1 \hat{o} C_2$,当且仅当 $C_1^I \subseteq C_2^I$;

(8) $I \vartriangleright C_1 @ C_2$,当且仅当 $x \in C_1^I, y \in C_2^I$, partof(x,y)

(9) $I \vartriangleright \psi \wedge \varphi$,当且仅当 $I \vartriangleright \psi$ 且 $I \vartriangleright \varphi$;

(10) $I \vartriangleright \neg \varphi$,当且仅当 $I \vartriangleright \varphi$ 不成立。

注意,公式 φ 在 I 中为真,记为 $I \vartriangleright \varphi$,我们称 I 为 φ 的一个模型。如果存在公式 φ 的一个模型,则称 φ 是可满足的。对于概念 C,如果存在一个模型 I,使得 $C^I \neq \varnothing$,则称 C 是可满足的。

另外,除了上述定义的规定外,我们还需要对部分—整体关系的性质做进一步约束,即部分—整体关系是传递的。如果 C_1 是 C_2 的部分,C_2 是 C_3 的部分,则 C_1 也是 C_3 的部分,形式化定义为:$C_1 @ C_2 \wedge C_2 @ C_3 \rightarrow C_1 @ C_3$。这样,在上述概念形式描述语言的基础上,我们就可以给出本体模型的形式描述。

定义 7.4(本体模型) 设给定领域空间 $<D,W>$,其中 D 是领域,W 是领域中的事件集(可能世界),那么本体模型定义为八元组:

$$O = <C, H_C, R, H_R, P, T, A, D>$$

其中 C 是概念集,$H_C \subseteq C \times C$,表示概念之间的包含关系;$R \subseteq C \times C$,是概念之间的二元属性关系;$H_R \subseteq R \times R$,是属性之间的包含关系;$P \subseteq D \times DT$ 是概念的数据类型属性,其中 $DT \subseteq D$ 是数据类型集;$T \subseteq C \times TH$,表示论元角色,其中 $TH \subseteq D$ 是论元角色集;A 是由描述语言给定的公理集,并可用于推理;D 是论域。

具体本体的描述语言一般可以采用 OWL 语言来实现[1]。为了能够有效处理隐喻语言中涉及的本体,我们必须让自然语言文本与本体中的各元素建立关联,参考 Text-to-Onto 方法[2],我们可以定义一个文本到本体元素的如下映射:

$$\Gamma = \{\Gamma^C, \Gamma^R, F, G\}$$

---

[1] J. Daly, J. Forgue, Marie-Claire, et al., World Wide Web Consortium Issues RDF and OWL Recommendations, 2004, http://www.w3.org/2004/01/sws-pressrelease.html.en.

[2] A. Maedche, Er. Maedche, R. Volz, The Ontology Extraction Maintenance Framework Text-To-Onto, Proceedings of the ICDM'01 Workshop on Integrating Data Mining and Knowledge Management, San Jose, California, USA.

其中：Γ^C 和 Γ^R 分别称为概念和关系的词汇入口（lexical entries），$F \subseteq \Gamma^C \times C$ 和 $G \subseteq \Gamma^R \times R$ 分别表示概念和关系的所指。于是，对于概念词汇 $l \in \Gamma^C$，定义 $F(l) = \{c \in C | (l, c) \in F\}$，而对于概念 $c \in C$，定义 $F^{-1}(c) = \{l \in \Gamma^C | (l, c) \in F\}$（同样地，也可以定义 G 和 G^{-1}）。这样就可以建立起文本到本体元素的映射了。

简单地说，文本到本体元素的映射可以看作是一个本体的词库。在这里，Γ^C 和 Γ^R 中的词汇可以是多种语言的文本，同时考虑到词汇的多义和同义现象，因此，F 和 G 是一种多对多的关系。通过借用语义三角关系①，我们可以说明词汇、概念和论域对象之间的关系，如图 7.1 所示。

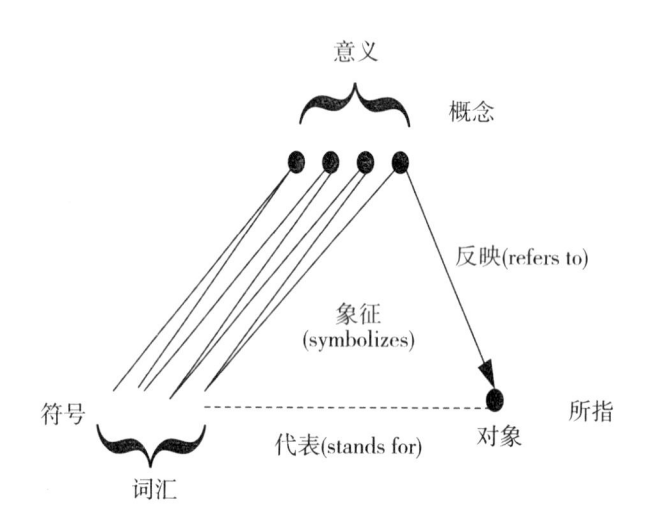

图 7.1　词汇、概念和对象的语义三角形解释

有了描述概念域的本体模型定义，也有了文本与本体元素之间的映射，我们可以给出本体映射的形式描述，从而可以用来刻画本体之间的各种互动操作，包括两个本体之间概念的对应关系、本体和本体的融合等。

---

① R. Ogden, S. Hawkins, J. House, M. Huckvale, J. Local, P. Carter, J. Dankovicová and S. Heidv, ProSynth: An Integrated Prosodic Approach to Device - independent, Natural - sounding Speech Synthesis, Computer Speech & Language, 14(3), 2000: 177 - 210.

定义 7.5(本体映射) 假设本体 O 中的词汇集为 Σ_O,用 ε 表示空对象 null。那么本体映射定义为一个映射函数:

$$\rho: \sum\nolimits_{O_S} \to \sum\nolimits_{O_T}$$

其中 O_S 和 O_T 分别表示始源本体和目标本体,使得:

$$\forall s \in \sum\nolimits_{O_S} (\exists t \in \sum\nolimits_{O_T} : \rho(s) = t \text{ 或者 } \rho(s) = \varepsilon)$$

我们用 $\rho(O_S, O_T)$ 表示从 O_S 到 O_T 的映射。

现在,我们来处理隐喻这种跨知识域的映射。显然,隐喻的这种跨域映射是一种较为抽象的映射,因此要比一般的本体映射复杂,涉及的具体要素也要多些。一般来讲,隐喻话语由始源域、目标域、喻底和标记构成。于是,隐喻知识的形式化描述除了提供有关始源域、目标域的描述方法外,还要能够提供相似点的选择(针对基于相似点的隐喻)和产生(针对创造相似性的隐喻)、语境的形式描述。

为此,在上述有关本体模型的知识描述方法的基础上,我们从语言和概念两个层次来考虑隐喻理解的形式化问题。在语言层次上,隐喻的形式化是在隐喻话语的语法语义分析之后,标注以隐喻要素的方式来描述。而在概念层面上,隐喻是始源域和目标域之间的映射关系,我们利用 Fauconnier 的心理空间来表示始源域和目标域,而心理空间的表现形式为本体。

首先,对于隐喻话语的形式化描述,我们采用前面第三章提出的隐喻角色依存模式的描述方法。结果给出隐喻话语依存模式 M = (T, Met_T, Met_S, Met_G, Met_M),其中 T 是隐喻话语对应的依存树,Met_* 为隐喻话语的语言要素,均为 T 的子树集合。

然后,通过隐喻话语依存模式 M,我们可以获得关于始源域和目标域的相关信息,分别用 O_S 和 O_T 来表示。在此基础上,就可以给出隐喻映射的形式定义。

定义 7.6(隐喻映射) 对于始源域本体 O_S 和目标域本体 O_T,Σ_O 表示本体 O 的词汇表,那么隐喻映射定义为关系 $\Omega(O_S, O_T)$,满足:

$$\exists x \in \sum\nolimits_{OT} (\exists y \in \sum\nolimits_{OS} : x \approx y)$$

其中 x≈y 来自概念原语(定义7.1(概念原语)),表示 x 在某种情况下可看作为 y。

当然,隐喻的映射依赖于寻找始源域和目标域之间的相似点(即所谓的"某种情况下"看作),这就存在一个相似性的形式刻画问题。Rodriguez 等在 Tversky 模型的基础上[①],曾提出了一个标准的相似性模型,其公式如下[②]:

$$S(a,b) = \frac{f(A \cap B)}{f(A \cap B) + \alpha f(A - B) + \beta f(B - A)}$$

其中 a 和 b 是本体中的概念,A、B 分别是所属概念 a 和 b 的特征集合,f 是一个非负函数,α 和 β 表示不同的相对显著性,$0 \leq \alpha, \beta \leq 1$,且 $\alpha + \beta = 1$。Rodriguez 把显著性函数定义为集合中元素的个数,$f(A) = |A|$。如果我们定义一个始源域和目标域对象之间的相似性度量公式为:

$$S(a^T, b^S) = \omega_w S_w(a^T, b^S) + \omega_u S_u(a^T, b^S) + \omega_n S_n(a^T, b^S)$$

其中 a^T, b^S 分别表示目标域和始源域中的概念,S_w 表示词汇层面的相似性,S_u 表示属性层面的相似性,S_n 表示语义邻近的相似性,$\omega_w, \omega_u, \omega_n \geq 0$ 表示不同层次的相似性权重。那么把 Rodriguez 公式中的 α 修改为关于 a 和 b 的函数,则可以得到:

$$S(a,b) = \frac{f(A \cap B)}{f(A \cap B) + \alpha(a,b)f(A - B) + (1 - \alpha(a,b))f(B - A)}$$

其中,函数 α 可以用于说明两个概念之间的特征显著性的重要程度,也可以用于指定认知主体对概念的认知程度。词汇层面的相似性 S_w 通过计算概念之间的相似性,属性层的相似性 S_u 定义为与概念相关的关系之间的相似性,而邻近相似性 S_n 则定义为概念上下位、部分—整体关系等相关概念之间的相似性。

这样,我们利用依存模式,在本体映射的基础上,加上相似性的形式刻画,形成了一种隐喻知识的本体论描述方法。由于这样的描述方法是建立在概念及其关系的形式描述之上的,因此我们可以进一步通过引入概念合成理论的

---

① A. Tversky, Features of Similarity, Psychological Review,84(4), 1977:327 – 352.
② A. M. Rodríguez, Max J. Egenhofer, Determining Semantic Similarity among Entity Classes from Different Ontologies, IEEE Transactions on Knowledge and Data Engineering,15(2), 2003:442 – 456.

思想,来建立起一种隐喻映射的计算方法,为隐喻理解提供一种解决途径。

所谓概念合成理论,也称为概念整合理论,是为了处理如隐喻、转喻和违实推理等具体的认知现象而由 Fauconnier 和 Turner 提出的①。概念合成通常涉及两个输入的知识结构(心理空间),然后根据给定的映射,产生第三个知识结构,称为合成空间。这个新产生的空间保持了输入空间的部分结构,并且增加了它自身的涌现结构。由于概念合成理论是在 Lakoff 的概念隐喻理论基础上提出来的,因而概念合成的过程与隐喻的解读机制具有密切的关联,加上概念合成是跨域(即跨心理空间)的部分映射,而隐喻的认知解读同样是以各相关领域的某个相似性为基础,因此,可以说概念合成是对隐喻的意义构建进行阐释②,特别符合隐喻理解过程的特点,完全可以用于阐明隐喻的映射过程。

从原理上讲,概念合成这种部分跨空间映射主要是对合成空间进行部分并有选择性的投射,并在合成空间中产生涌现结构(Emergent Structure),其整个认知运作过程刻画的也就是一种隐喻理解的意义转绎,如图 7.2 所示。图的整体表示为一个概念整合网络,圆圈表示心理空间。整个概念整合网络由多个心理空间组成,包括 1 个类属空间(Generic Space)、2 个输入空间(Input Space)和 1 个合成空间(Blending Space),连接中间两个圆圈的两条实线表示输入空间之间的对应连接关系,连接各圆圈之间的虚线表示输入空间、类属空间和合成空间之间的连接,合成空间中的方框表示涌现结构。

对于隐喻的建构或解读,输入空间 1 就是指隐喻中的源始域,输入空间 2 是指隐喻的目标域;类属空间是一个比较抽象的组织结构,它是由同属于两个输入空间的结构组成(体现了两个概念相似性属性来源);合成空间,是指从类属空间里继承事件与结果的关系,并将两个输入空间中的成分和结构有选择地对应起来,形成一个在一定程度上有别于原输入空间的概念结构;涌现结构,包含了与输入空间不同的结构,是指当两个输入空间的元素被部分而有选

---

① G. Fauconnier,Mark Turner, Conceptual Integration Networks, Cognitive Science 22(2), 1998:133-187.
② J. Grady,T. Oakley,et al.,Blending and Metaphor. Metaphor in Cognitive Linguistics. Raymond Gerard. Amsterdam, John Benjamins Publishing Company,1997:101-124.

择地映射到合成空间后通过认知操作过程的相互作用而产生的结构。

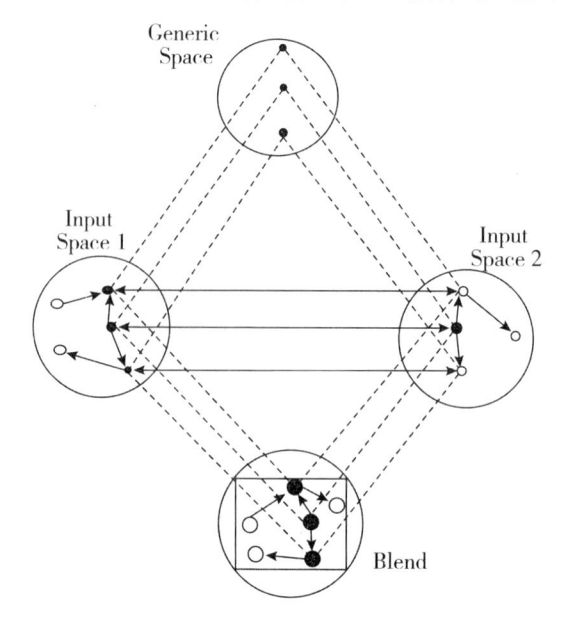

图 7.2　概念整合网络模型

在概念合成理论中,心理空间是指人们在思考或者交谈时为了达到局部理解与行动的目的而构建的概念集合①。从形式表征的角度来看,心理空间可以看作是一个语义网络,其中的节点代表概念(对应心理空间中的元素)并通过关系相连。因此,我们可以采用上面的本体模型来表示心理空间,对其进行形式化表征。而心理空间之间的联系,即建立从一个空间中的一个元素到另外一个空间中的一个或多个元素之间的映射,就可以采用本体映射来实现,其中产生合成空间的映射,就成为跨域的隐喻映射。由于隐喻意义产生的涌现性,在隐喻概念合成中的认知操作主要包括组合(composition)、完善(completion)和扩展(elaboration)三个方面。

组合认知操作将输入空间中的内容投射到合成空间。这个投射过程中可

---

① G. Fauconnier, Mark Turner, The Way We Think: Conceptual Blending and The Mind's Hidden Complexities, Basic Books, 2002.

能还涉及输入空间中的元素之间的融合(fusion),从而使得在合成空间中能够产生输入空间中原来没有的关系。被融合的元素组成一个配对连同与它们相关的元素被投射到合成空间。由此可见,这种投射是一种选择性投射,即有一些元素被投射,而其他则不被投射。

完善操作实际上是一个填充模板的过程。当从输入空间投射到合成空间中的结构与长时记忆中的信息相匹配的时候,完善操作把相关的信息进行填充。可以说,完善过程是合成空间中涌现内容的主要来源。在这个过程中,通过背景知识以及认知主体的认知状态等的约束,合成空间可以看作是一个独立的结构,而经过组合操作的结构投射到合成空间后可以看作是它的一个组成部分。

最后,扩展操作是对前面两个认知过程产生的结构进行进一步的细化。这一步也称为执行合成,包括合成中根据自身的涌现逻辑的认知操作。在隐喻理解中,我们将其理解为合成空间中结构和描述的一致性,也就是用于表示合成空间的本体的一致性约束。

当然,为了使得隐喻理解中概念合成能够有效实现,根据概念合成理论,还需要引入一些关键关系来对上述方案进行细化。用于描述跨域映射中的具体关键关系,包括变化(change)、同一(identity)、时间(time)、空间(space)、因果(Cause - Effect)、部分—整体(Part - Whole)、表征(representation)、角色(role)、类比(analogy)、反类比(disanalogy)、属性(property)、相似(similarity)、范畴(category)、意图(intentionality)和唯一(uniqueness)等。此外,为了得到更为合理的涌现结构,所有的合成过程都需要经过压缩控制原则进行细化,并需要满足一系列的优化原则。

总之,通过引入概念合成理论,运用我们给出的隐喻知识的本体描述方法,是可以建构起隐喻映射实现的计算途径的,从而为隐喻理解提供一种解决方案。

第二节 相似点动态获取方法

毋庸质疑,隐喻理解的关键便在于喻本与喻体属性之间相似点的确定,一旦确定了相似点,我们就不难获得隐喻的表述意义。反过来讲,研究汉语隐喻的相似点动态确定问题,一般也均体现在具体隐喻意义获取的各种构造方法之中。在本小节中,我们将主要围绕着相似点的动态获取问题,给出三种不同隐喻表述意义获取的实现方案,我们分别称其为认知隐喻相似推理的获取方法、喻本与喻体互动合作机制的获取方法以及语境上下文语义意合度计算的获取方法。

首先,我们来介绍认知隐喻相似推理的相似性属性获取方法。在第五章第二节中,我们已经给出了一种认知相似逻辑,在此基础上,如果我们通过引入认知角度 λ 和认知域 Δ,并对隐喻推理进行模糊扩展,那么就可以形成一种基于相似关系的认知隐喻相似推理方法,然后通过给出对应的推理模式及其推理实现的归结方法,就可以具体实现一种相似点动态获取的逻辑推理方法。

当然,对于隐喻相似性推理而言,我们给出如下三个要求:(1)必须指明在哪些方面两者是相似的,只有说在哪些方面 A 相似于 B,A 与 B 的相似性才是一个定义明确的有意义的概念;(2)$(\exists \omega, \omega') S(\omega, \omega') \neq S(\omega', \omega)$,即在隐喻相似推理中相似算子的对称性一般不成立;在隐喻中,对相似性的判断具有非对称性,非对称性的出现是由于在 A 与 B 的比较中,A 的不同特征获得了更多的权重,而 B 的不同特征获得的权重比较少;(3)$(\exists \omega, \omega', \omega'') S(\omega, \omega'') < S(\omega, \omega') \otimes S(\omega', \omega'')$,即在隐喻相似推理中相似算子的传递性一般也不成立。

因此,建立的认知隐喻相似推理方法,必须具备以下特点:(1)隐喻相似推理是两个不同的认知域之间的比较和映射,是跨领域的相似推理;(2)隐喻相似推理必须指明在哪些方面两者是相似的;(3)隐喻相似推理应该是有方向性的,比如人们常说"外科医生像屠夫",但不说"屠夫像外科医生",因为前者挖苦外科医生而后者却赞美屠夫;(4)隐喻相似推理应该是一种模糊性推理,A

与 B 的相似性有程度上的不同,一些事物之间的相似性可能很大而一些事物之间的相似性可能很小;(5)隐喻相似推理是针对主体的,相似性可以是客观的相似,也可以是主观的相似,但从根本上讲并不存在绝对的客观相似,不同的人可能发现相同事物之间有不同的相似性;(6)相似的程度和距离不成反比,相似性是一种特殊的度量,它存在于属性的高维空间中,对相似的估计必须考虑在某些维度上的投影,因为相似并不等同于全局的相似,还有局部相似的存在,两个事物的局部相似度高,同样说明在某方面两者很相似。

按照上述描述的特点与要求,为了更好地反映隐喻推理中的主观性,我们引入认知角度 λ 与认知域 Δ 的概念;然后在认知相似逻辑的基础上,来建立认知隐喻相似推理系统,并给出对应的归结实现方法。为此,设 Ω 为认知主体 i 的论域,那么我们首先定义如下一些重要的概念。

定义 7.7(相容关系) 如果 $R \subseteq \Omega \times \Omega$ 满足自反性和对称性,则称 R 为 Ω 上的相容关系。

定义 7.8(相容类) 若 $C_R(x) \subseteq \Omega$ 且 $C_R(x) = \{\exists y \in \Omega$ 且 $(x,y) \in R\}$,则称 C_R 是 Ω 上的 x 关于相容关系 R 的相容类。

定义 7.9(认知域) 存在 x 的相容类的集合,若
$$\Delta = \cup C_R(x) = \{\exists y \in \Omega, \exists R 且 (x,y) \in R\}$$
则称 Δ 为 x 在 Ω 中的认知域。

注意,认知域中每个相容类,又是由属性类名、属性名和属性值组成。例如,某个相容类中,有"性格"这个属性类名,还有隶属于性格的特征:活泼好动,这是属性名,属性值就是活泼好动的程度。某个认知主体的认知域是由该认知主体耳闻目睹,包括从书籍中,从文化中学到并接受的知识和认知主体获得的经验构成的。

定义 7.10(属性类集合) 我们将人们对于世界万物性质的基本归类称为属性类集合,例如属性类可以是性质、形状、颜色、大小、轻重等等。

定义 7.11(认知角度) 若存在 $\lambda \in \Delta, \lambda \in C_R(x)$,且 $\lambda \in$ 属性类集合,则称 λ 为与 x 相容的认知角度。

定义 7.12 有了上述定义,我们便可将认知隐喻相似算子定义为,

$$B_i\lambda S(A,B)$$

表示认知主体 i 相信从认知角度 λ 观察 A 和 B 所具有的相似性,取值在 $[0,1]$ 区间。其中,$\lambda \in \Delta_A \cap \Delta_B$。而模糊相似关系则记为 $\approx_{i,\lambda,\alpha}$,有

$$Bx \approx_{i,\lambda,\alpha} y \Leftrightarrow B_i\lambda S(x,y) \geq \alpha$$

称其为公式 $B_i\lambda S(x,y)$ 是 α 相似的,其中 α 称为相似水平。

在定义 7.12 给出有关相似关系的基础上,我们就可以分别给出相似闭包算子与相似关系簇的定义,即我们有:

(1)相似闭包算子 $H_{i,\lambda,\alpha}:\rho(\Omega) \to \rho(\Omega)$,使得 $\forall X \in \rho(\Omega)$ 有

$$H_{i,\lambda,\alpha}(X) = \{z \in \Omega | \exists \lambda \in \varphi, x \in X: B_i\lambda S(z,x) \geq \alpha\}$$

(2)相似关系簇 $\{\approx_{i,\lambda,\alpha}\}_{\alpha \in [0,1]}$,满足

(a) $\forall \alpha,\beta \in [0,1], \beta \leq \alpha \Rightarrow \approx_{i,\lambda,\beta} \supseteq \approx_{i,\lambda,\alpha}$;

(b) $\forall \alpha,\beta \in [0,1], \cap_{\alpha \leq \beta} \approx_{i,\lambda,\alpha} = \approx_{i,\lambda,\beta}$;

(c) $B_i\lambda S(x,y) = \text{Sup}\{\alpha \in [0,1] | x \approx_{i,\lambda,\alpha} y\}$。

性质 7.1 引入认知角度和认知域的认知隐喻相似算子具有如下一些性质:

(1)对称性:$B_i\lambda S(A,B) = B_i\lambda S(B,A)$。例如,从形状上看,月亮和盘子一样圆,盘子和月亮一样圆。

(2)传递性:$B_i\lambda S(A,C) \geq B_i\lambda S(A,B) \otimes B_i\lambda S(B,C)$,其中,$\otimes$ 可以是如下运算:minimum,product,Lukasiewicz conjunction 等。例如,当 $\otimes$ 取 product 运算时,假设认知主体 i 认为从形状上看,月亮和盘子的相似度为 0.8;从形状上看,盘子和圆球的相似度为 0.7,则从形状上看,月亮和圆球的相似度大于等于 0.56。

(3)合取律:$B_i\lambda_1(B_i\lambda_2 S(A,B)) = B_i(\lambda_1 \wedge \lambda_2)S(A,B) = B_i\lambda_1 S(A,B) \otimes B_i\lambda_2 S(A,B)$,即认知角度可以进行复合运算和合取运算。

(4)析取律:$B_i(\lambda_1 \vee \lambda_2)S(A,B) = B_i\lambda_1 S(A,B) \otimes B_i\lambda_2 S(A,B)$,即认知角度可以进行析取运算。

有了相似算子及其性质,就可以来讨论如何进行认知隐喻的相似推理问题了。我们这里列举 2 种主要的认知隐喻相似推理的模式。设 A,B 是事物的

名称，u 与 u* 为语义近似关系，λ 为认知角度，φ 为相似度的阈值，$B_i\lambda S(A,B)$ $\geq \varphi$ 表示从认知角度 λ 来看，A 与 B 的相似度超过阈值。那么两种推理模型分别规定为如下规则。

规则 7.1（推理模型 1）

若 x 是 A，则 x 是 u（可信度为 σ_1）

若 y 是 B，且 $A \neq B, \Delta_A \neq \Delta_B, \Delta_A I \Delta_B \neq \emptyset, B_i\lambda S(A,B) \geq \varphi$，u 为 λ 这个属性类中的一个属性名（u 属性值为 σ_2），则 B 是 u（可信度为 $\sigma_1 \otimes \sigma_2 \otimes \varphi$）。

规则 7.2（推理模型 2）

若 x 是 A，则 x 是 u（可信度为 σ_1）

若 y 是 B，且 $A \neq B, \Delta_A \neq \Delta_B, \Delta_A I \Delta_B \neq \emptyset, B_i\lambda S(A,B) \geq \varphi_1, B_i\lambda S(u,u^*) \geq \varphi_2$，u 为 λ 这个属性类中的一个属性名（属性值为 σ_2），则 B 是 u^*（可信度为 $\sigma_1 \otimes \sigma_2 \otimes \varphi_1 \otimes \varphi_2$）。

上述规则中，运算符 $\otimes$ 可以是如下运算：minimum，product，Lukasiewicz conjunction 等。

有了推理模式，真正要机器实现隐喻相似性的结果推导，还必须给出具体的归结方法。为此我们给出如下定义。

定义 7.13（基于隐喻相似关系的归结） 给定相似关系 S，一个一阶语言编写的程序 P，一个目标 G_0。为了引出 $P \cup \{\neg G_0\}$，一个基于相似关系的归结过程表示为：

$$G_0 \Rightarrow_{C1,\theta_1,\nu_1} G_1 \Rightarrow_{C2,\theta_2,\nu_2} G_2 \Rightarrow \cdots \cdots \Rightarrow_{Cm,\theta_m,\nu_m} G_m \Rightarrow \cdots \cdots$$

其中，$C_1, C_2, \cdots, C_m$ 为 P 中的子句，$\theta_1, \theta_2, \cdots, \theta_m$ 为一个置换序列，$\nu_1, \nu_2, \cdots, \nu_m \in [0,1]$ 为一个模糊值序列。

定义 7.14（模糊隐喻相似推理的置信度） 在给定定义 7.13 的基础上，现令：

$$\gamma = \prod_{i=1}^{m} v_i$$

我们称 γ 为模糊隐喻相似推理的置信度。

定义 7.15（模糊相似置换） 设 $\theta_1 \cdots \theta_k = \{x_1/\mu_1, \cdots, x_k/\mu_k\}$，若对于任意

置换集合中的元素 σ_i,都有

$$\sigma_i \in \{x_1/t_1,\cdots,x_k/t_k\}, 其中 t_h \in H_{I,\lambda,\alpha}(\mu_h), k \geq h \geq 1$$

我们称这样的置换为模糊相似置换。

举例说明,设 P 为一个包含如下子句的逻辑程序:

$C_1 = p(a) \leftarrow q(a)$

$C_2 = q(b)$

$C_3 = e(m) \leftarrow f(c,m)$

$C_4 = p(m) \leftarrow h(i,a,m), p(a)$

$C_5 = h(i,a,m)$

其中,$p(x)$ 表示 x 是美丽的;$q(x)$ 表示 x 是画;$r(x,y)$ 表示 x 在纸上画下了 y;$e(x)$ 表示 x 为风景,$f(x,y)$ 表示 x 欣赏 y,$h(i,x,y)$ 表示对认知主体 i 来说,x 与 y 很相似。现在有一个相似关系 S,取值如下:

$\lambda = $ 外观,$B_i\lambda S(a,c) = 0.7, B_i\lambda S(c,b) = 0.8$,美丽是外观的一种属性名。在此,暂不考虑可信度 σ_1 和属性植 σ_2。由此可知 $\lambda_2 S(c,b) \geq 0.7 \times 0.8 = 0.56$。运用归结方法归结 $P \cup \{\neg p(m)\}$ 的过程如下:

(1) $p(a) \vee \neg q(a)$ C_1

(2) $q(b)$ C_2

(3) $e(m) \vee \neg f(c,m)$ C_3

(4) $p(m) \vee \neg h(i,a,m) \vee \neg p(a)$ C_4

(5) $\neg p(m)$ 目标的否定

(6) $h(i,a,m)$ C_5

(7) $\neg h(i,a,m) \vee \neg p(a)$ (4)(5)归结

(8) $\neg p(a)$ (6)(7)归结

(9) $\neg q(a)$ (1)(8)归结

(10) W   (2)(9)归结

结果 W 的置信度为 0.56。注意,在上述归结过程中,如果不考虑相似关系,则无法得到任何结论。

总之,通过引入认知角度和认知域来重新定义认知隐喻相似算子,当给定

了推理模式后,运用机器推理的归结方法,就可以进行跨领域有效的隐喻相似点推导,从而获得隐喻的表述意义。

当然,逻辑推理方法尽管在理论层面上讲具有清晰与可靠等优点,但在具体的机器实现过程中会有众多的细节问题,落实起来往往非常困难。因此,接下来我们再介绍直接基于喻本和喻体之间合作机制的隐喻表述意义(相似点)提取方法。主要是基于隐喻互动论的思想,采用知识库与语料库相结合的方式来抽取隐喻句的表述意义。

这种基于喻本和喻体之间合作机制的方法,主要是强调隐喻语句中成分之间意义的产生在于他们之间的动态相互合作机制,避免静态地分别获取喻本和喻体的特征集,然后将两者取交集获取隐喻的表述意义的缺陷。

首先,"合作"的一些特性与隐喻的理解有许多相似之处,如"同从异出""互动""合作双方达成一致""达到双赢"等,因此提出基于合作机制的隐喻理解方法,关注隐喻的理解本质,可以更加有效地对隐喻现象进行了解。

为了能够更好地说明我们提出的这种合作机制,我们重点研究名词性隐喻的理解机制,即研究诸如"律师是狐狸""希望的肥皂泡""如银的月色""祖国,我的母亲"等等,这样一些名词性隐喻理解中的合作机制。如图7.3所示,喻本和喻体之间具有一定的合作关系。如果我们将喻本和喻体都看成是Agent,他们之间的关系也就是两个Agent之间的关系,这两个Agent显然是两个不同的个体,他们之间可能合作也可能对抗。喻本和喻体只有在合作的条件下才可能构成隐喻,才具有意义。

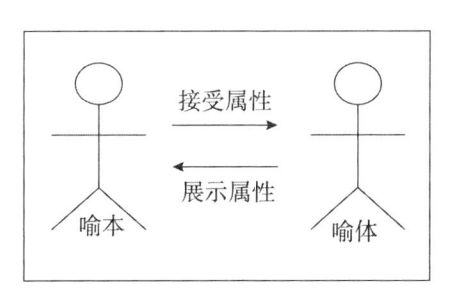

图7.3 喻本和喻体的互动关系

隐喻的一个本质属性是"同从异出",即从不同的个体中看到其中的相似之处,对于我们所说的喻本和喻体这两个 Agent,他们的合作过程就是一个求同存异的过程,也就是"同从异出"。而隐喻表述意义的获取是隐喻研究的关键问题,我们可把表述意义的获取看成是合作的成果,对喻本和喻体都带来好处。

当然在隐喻中,由于喻本和喻体的地位不同,比如喻本是主动的,喻体是被动的,其合作方式也不是固定的。一般,喻本和喻体有以下3种合作方式:

(1)喻体展示自己的属性(往往是较显著的属性),喻本也具有这个属性,则一拍即合,合作成功。

(2)喻体展示自己的属性,喻本不具有这个属性,但喻本具有的另一个属性与喻体的属性有相似之处,则喻本同意将该属性作为合作的基础。

(3)喻体展示自己的属性,喻本不具有这个属性,且喻本具有的所有属性与喻体的属性都无相似之处,则若喻本与该属性可以搭配,则喻本同意将该属性作为合作的基础。

除了上述合作方式外,如果喻本与喻体之间出现这样的状况:喻体贡献出自己的属性,喻本不具有这个属性,且喻本具有的所有属性与喻体的属性都无相似之处,这时若喻本与该属性不搭配,则喻本和喻体合作失败。此时,我们就说喻本和喻体不合作。

无论如何,只要喻本与喻体之间可以合作,那一定也是针对合作所处的认知世界的。也就是说,在隐喻中谈合作,是针对某一认知世界的。不同的认知世界中,喻本和喻体的合作可能性是不同的。在一个认知世界中,该喻本与该喻体是合作的并不能保证在另一个认知世界中他们也是合作的。

有了上述对合作机制的认识,我们就可以来系统给出基于合作机制的隐喻表述意义的获取方法。此时,除了首先要获取喻体的特征集,构建喻体特征的知识库外,主要是要给出基于合作机制的隐喻表述意义提取方法。包括对应的隐喻句形式化表示方法、喻体特征的同义词集刻画、具体的隐喻表述意义获取算法三个方面。

首先对于隐喻句的形式化表示而言,我们可以把隐喻句看成是一个三元

组 $<T,V,F>$,其中,T 是喻本(Tenor),V 是喻体(Vehicle),F 为喻体的特征集,$F = \{c_i | c_i$ 是喻体的特征,$i = 1,\cdots,n\}$。而对于喻体特征 c_i 直接定义 M_i 为:

$$M_i = \{m_{ij} | c_i \text{是喻体第 i 个特征且} m_{ij} \text{与} c_i \text{同义}, j = 1,\cdots,t\}$$

作为对应喻体特征的同义词集描述。

现在就可以给出隐喻表述意义获取算法了。设喻本为 x,喻体为 y,喻体特征集 $F_{喻} = \{c_1, c_2, \cdots, c_n\}$,对喻体的每个特征,构建对应该特征的同义词集。我们先确定选哪个特征的同义词集,再从该同义词集中选择最合适的词作为该隐喻句的表述意义。隐喻表述意义获取算法如下:

(1) 半手工构建了喻体特征的知识库,获取喻体 y 的特征集 $F_{喻} = \{c_1, c_2, \cdots, c_n\}$;

(2) 以《同义词词林》作为我们判别相似词的依据,构建特征 c_i 的同义词集 $M_i, i = 1, \cdots, n$。

(3) 选取 M_i,使 $F(M_i, x, y)$ 的值最大,即 $M^* = argmax_{M_i} F(M_i, x, y)$

其中,$F(M_i, x, y)$ 由该同义词集 S_{ci} 与喻本的关系,即可搭配程度决定,可表示为以下公式:

$$F = \sum_{m_{ij} \in M_i} P(m_{ij}, x)$$

(4) 从 M_i 中选取最合适的词作为该隐喻句的表述意义。考查该同义词集 M_i 中的每个特征与喻本的关系,看哪个词与喻本最合作。

$$m_{ij}^* = argmax_{M_i} P(M_i, x)$$

(5) m_{ij}^* 即为所求的隐喻表述意义。

为了验证我们算法的有效性,采用真实语料来分析。语料库选择为《读者》,语料库大小为 23.6M,体裁包括小说、散文、文摘等。之所以挑选《读者》作为语料库是基于以下几个原因,(1) 代表性:有一定的代表性,能反映典型的汉语语言现象;(2) 广泛性:所选语料能较全面地反映出隐喻中喻本和喻体的各种用法;(3) 真实性:语料自然真实;(4) 比喻这种修辞方式出现较多。实验系统采用 C + + Builder6.0 实现,总控模块提供系统的主界面,并可调用其他

模块完成各项功能。对于像:

(1)律师是狐狸。该隐喻句的表述意义输出为:律师是精明的。

(2)女人是水。该隐喻句的表述意义输出为:女人是温柔的。

(3)风景如画。该隐喻句的表述意义输出为:风景是美的。

(4)他是大象。该隐喻句的表述意义输出为:他是重的。

(5)岁月如梭。该隐喻句的表述意义输出为:岁月流逝快。

(6)时间是金钱。该隐喻句的表述意义输出为:时间宝贵。

系统均能给出正确的隐喻意义理解。但也有一些隐喻句系统不能理解,例如:朱丽叶是太阳。无法理解的原因是:该语料库几乎没有朱丽叶的信息。对于名词性隐喻句,系统的正确理解率为86%[1]。

经过实验,我们一方面肯定了所采用的基于合作机制的隐喻表述意义提取算法的思路及其算法实现的有效性,但同时也发现了一些分析不了和错误的地方,这为我们进一步完善基于合作机制的隐喻表述意义提取算法指明了方向。

在相似点的确认过程中,能够有效得出隐喻的表述意义,还会考虑语境信息的利用问题,才能更好地解决隐喻的计算释义问题。一般而言,语境可以补充修辞信息,语境可以消除歧义,语境可以使词语产生情景意义等。特别是对于强调"意合"的汉语,语境所起到的作用更加明显,因此在汉语隐喻的理解中,应更注重语境的影响。

如果我们将围绕在隐喻喻体周围的上下文环境看成一个语义系统,并认为对隐喻喻体特征的正确选取将是使喻体特征和该上下文的核心词的意合度达到最大,那么以此为依据来给出提取最佳隐喻表述意义的方法,就构成了一种全新的基于语境上下文语义意合度计算的相似点动态获取方法。

同样我们用一个四元组 $<T,V,S,F>$ 来表示隐喻句,其中,T 是喻本(Tenor),V 是喻体(Vehicle),均为常量;而

---

[1] 苏畅、周昌乐,《一种基于合作机制的汉语名词性隐喻理解方法》,《计算机应用研究》,2007年第9期。

$S = \{w | w$ 为该隐喻句中的名词、动词和形容词$\}$

$F = \{c_i | c_i$ 是喻体的认知特征$, i = 1, \cdots, n\}$

分别称 S 是核心词集,F 为喻体的认知特征集。例如,对于"小明是只瘦猴"这样一个隐喻句,就可以表示为四元组 $<T, V, S, F>$,其中,T = "小明",V = "猴",S = $\{$小明,瘦,猴$\}$,F = $\{$顽皮,瘦小,活泼,聪明$\}$。

很明显,一个词语的上下文环境作为一种可用资源,已经为该词语的定义提供了较为充分的语言信息。基于这一认识,我们就可以用喻体的上下文环境的核心词集合来选取喻体特征(相似点)。更明确地讲,就是"一个喻本和一个上下文决定一个表述意义",就是说在语句中,每个词的表述意义都与语句中的其他词的词义是相容的。因此,在隐喻理解中,所选择的表述意义应该与该句中的核心词(实词)相容,具有较大的匹配可能性,对核心词提供的语义增量也应较大。从这个意义上说,隐喻的理解可以看成是在一定的上下文中选取合适表述意义的过程,也可以视为一种特殊的歧义消解。为了能够根据上下文语境来动态选取喻体特征的实现具有可操作性,我们给出一种语义意合度的计算方法,并运用到这样的选取过程中。

定义 7.16(语义意合度) 一个词语的上下文环境作为一种可用资源,为该词语的定义提供了较为充分的语言信息,我们将这种语言信息量化,称为语义意合度。具体规定,语义意合度 $Agree(S, c_i)$ 由三部分构成:

(1) $Agree(T, c_i)$:喻体特征 c_i 和喻本 T 的语义意合度。

(2) $Agree(W, c_i)$:喻体特征 c_i 和除了喻本之外的名词和动词集合的语义意合度。

(3) $Agree(A, c_i)$:喻体特征 c_i 和形容词集的语义意合度。

其中,$Agree(T, c_i)$ 为主语义意合度,$Agree(W, c_i)$ 和 $Agree(A, c_i)$ 为次语义意合度。$S = \{T\} \cup W \cup A$,W 为除喻本之外的名词和动词的集合,A 为形容词集合。

注意,上述定义中,将语义意合度分为主语义意合度和次语义意合度。主语义意合度指的是特征 c_i 带给喻本的语义意合度,次语义意合度指的是特征 c_i

带给其他核心词的语义意合度。

为了具体给出主语义意合度和次语义意合度的计算方法,我们设:

$$M_i = \{m_{ij} | c_i \text{是喻体第 i 个特征且 } m_{ij} \text{ 与 } c_i \text{ 同义}, j = 1, \cdots, t\}$$

称为喻体特征的同义词集。那么主语义意合度定义如下:

$$Agree(T, c_i) = \sum_{m_{ij} \in M_i} \frac{A_{ij}}{A_i} \times P(T | m_{ij})$$

其中,P(T)为喻本的词频统计概率;A_{ij}为喻本 T 和特征 c_i 的第 j 个同义词 m_{ij} 的共现次数,即有

$$A_{ij} = freq(T, m_{ij})$$

而 A_i 为核心词 w 和特征 c_i 的同义词集合 M_i 的每个元素的共现次数的总和,即有

$$A_i = \sum_{j=1}^{t} freq(T, m_{ij})$$

$P(T|m_{ij})$ 为已知喻体特征 c_i 的同义词 m_{ij} 的条件概率。

次语义意合度的计算分成 $Agree(W, c_i)$ 和 $Agree(A, c_i)$ 两部分,其具体的语义意合度计算定义如下:

a. 首先求喻体特征对除喻本之外的核心词集提供的次语义意合度1,表示如下:

$$Agree(W, c_i) = \sum_{w \in W} Agree(w, c_i)$$

上式解释为:W 为该隐喻句的除喻本之外的核心词集,w 为某个核心词,c_i 为喻体的第 i 个特征。

$$Agree(w, c_i) = \sum_{m_{ij} \in M_i} \frac{A_{ij}}{A_i} P(w | m_{ij})$$

其中,A_{ij} 为核心词 w 和特征 c_i 的第 j 个同义词 m_{ij} 的共现次数,即

$$A_{ij} = freq(w, m_{ij})$$

A_i 为核心词 w 和特征 c_i 的同义词集合 M_i 的每个元素的共现次数的总和,即

$$A_i = \sum_{j=1}^{t} freq(w, m_{ij})$$

$P(w|m_{ij})$ 为已知喻体特征 c_i 的同义词 m_{ij} 的条件概率。

b. 求喻体特征对形容词集提供的次语义意合度 2。若喻体特征与形容词相似性高，且该喻体特征是喻体的主要特征，则该喻体特征与形容词产生共振作用，将使该喻体特征的入选率大大提高。次语义意合度 2 表示如下：

$$Agree(Adj, c_i) = \max_{a \in Adj} Sim(a, c_i) \times \sum_{m_{ij} \in M_i} \frac{A_{ij}}{A_i} P(V|m_{ij})$$

其中，Adj 是形容词集合。采用刘群提出的"基于知网的词汇语义相似度计算方法"①来计算句中的形容词与喻体的特征集中的各个特征及其同义词的语义相似度。

有了所有语义意合度分量的计算公式，就可以得到总的语义意合度 S 值的计算方法，具体分为如下 4 个步骤：

a. 将主语义意合度计算出并排序，按照排序分数高在前、排序分数低在后的方法给出相应的得分 A。

b. 将次语义意合度 1 计算出并排序，按照排序分数高在前、排序分数低在后的方法给出相应的得分 B。

c. 将次语义意合度 2 计算出并排序，按照排序分数高在前、排序分数低在后的方法给出相应的得分 C。

d. 总意合度 $S = \alpha \times A + \beta \times B + \chi \times C$

其中，$\alpha, \beta, \chi \in [0,1]$，$\alpha + \beta + \chi = 1$，取值采用问卷调查的方式来确定。

所谓问卷调查的方式，即让被调查者说明在隐喻句中的喻本，除喻本之外的名词、动词和形容词这三个因素对隐喻理解的作用大小，然后统计得出 α, β, χ 三个系数的值。统计结果，α, β, χ 的值确定为：$\alpha = 0.6, \beta = 0.1, \chi = 0.3$。说明在隐喻句中，喻本和喻体的相互作用对隐喻理解的作用最大，而若存在对隐喻目的进行说明的形容词，则对隐喻的理解也有较大的帮助。

有了 S 的计算方法，根据 S 值可知不同的喻体特征和核心词集的意合程

---

① 刘群、李素建，《基于知网的词汇语义相似度计算》，《第三届中文词汇语义学研讨会论文集》，中国台北，2002 年 5 月，http://www.keenage.com/html/paper.html。

度,于是我们就可以选择使 S 最大的 c_i 作为该隐喻句的表述意义。据此,我们就可以来构造基于语义意合度的上下文敏感的隐喻表述意义提取算法。

为此假设我们处理的隐喻句已标注出喻本和喻体,且喻本和喻体都为名词,那么具体步骤可以分为如下三个方面(选择《读者》的语料库,采用《同义词词林》作为构建喻体特征的同义词集的参考):

(1)喻体的特征获取算法:利用互信息的方法从语料库中获取喻体的准特征集,并人工判断是否符合我们的直觉,删除非喻体特征,补充我们认为是喻体所有而通过计算得不到的那些特征。因为喻体特征的准确和完整是实验成功的关键,而采用完全的机器自动获取的方法,准确率和完整性都很不理想,所以人工的干预十分重要。

(2)核心词集的确定:由于目前尚无规模较大标注有词性的隐喻语料库,所以我们选取 100 个喻本和喻体都出现的具有一定上下文信息的典型名词性隐喻句,并手工对语句中的实词进行了标注。将其中的名词、动词和形容词取出作为核心词。

(3)隐喻表述意义提取算法:

(a)构建喻体的特征集。

(b)参考《同义词词林》为每个喻体特征构建同义词集。

(c)确定隐喻句的核心词集(语句中的核心词为手工标注)。

(d)计算隐喻句的核心词集的主语义意合度并排序。

(e)计算隐喻句的核心词集的次语义意合度 1 并排序。

(f)计算隐喻句的核心词集的次语义意合度 2 并排序。

(g)计算 S 值。

(h)我们选择使 S 值最大的特征 c_i 作为该隐喻句的表述意义。

我们采用真实语料对上述算法进行了实验分析,其中主要的权值参数设置如下:喻本意合度的权重为 60%,核心词意合度的权重为 10%,形容词意合度的权重为 30%。通过处理 100 个喻本和喻体都出现的具有一定上下文信息的典型名词性隐喻句,实验结果理解正确率达到 83%。下面是实验系统处理的一些典型例句。

例句 7.1 他是一头肥猪。可选特征的语义意合度计算情况见表 7.1。该隐喻句没有喻本之外的名词和动词,因此次语义意合度 1 都为 0。因为特征"胖"的加权排名最靠前,意合度最高,所以我们将该隐喻句理解为"他真胖"。

表 7.1 例句 7.1 的可选特征语义意合度计算情况

特征	主意合度	主排名	次意合度 1	次 1 排名	次意合度 2	次 2 排名	加权平均
胖	0.24	2	0	1	0.01	1	1.6
懒	0.24	2	0	1	0.004	2	1.9
可爱	0.23	2	0	1	0.002	3	2.2
笨	0.28	1	0	1	0.0012	5	2.2
脏	0.23	2	0	1	0.0018	4	2.5
贪吃	0.08	3	0	1	0.0007	6	3.7

例句 7.2 太阳好像一朵红色的大牡丹,十分艳丽可爱。可选特征的语义意合度计算情况见表 7.2。该隐喻句没有喻本之外的名词和动词,因此次语义意合度 1 都为 0。因为特征"美丽"的排名最前,意合度最高,所以我们将该隐喻句理解为"太阳十分美丽"。

表 7.2 例句 7.2 的可选特征语义意合度计算情况

特征	主意合度	主排名	次意合度 1	次 1 排名	次意合度 2	次 2 排名	加权平均
美丽	0.0175	1	0	1	0.0134	2	1.3
富贵	0.0001	2	0	1	0.0169	1	1.6
大方	0.0001	2	0	1	0.0001	3	2.5

例句 7.3 赤红的太阳像个火蛋蛋,烤得人浑身冒汗,脑门子冒油……。可选特征的语义意合度计算情况见表 7.3。该隐喻句具有关键词:烤,冒汗,冒油等。次语义意合度 1 不为 0。因为特征"热"的排名最前,意合度最高,所以

我们将该隐喻句理解为"太阳真热"。

表 7.3　例句 7.3 的可选特征语义意合度计算情况

特征	主意合度	主排名	次意合度 1	次 1 排名	次意合度 2	次 2 排名	加权平均
热	0.0132	1	0.0136	1	0	2	1.3
红	0.0119	2	0.0044	2	0.0009	1	1.7
大方	0.0113	3	0.0023	3	0	2	2.7

例句 7.4　律师是狐狸。可选特征的语义意合度计算情况见表 7.4。该隐喻句没有关键词和形容词,因此次语义意合度 1 和次语义意合度 2 都为零。由于特征"狡猾"的排名最前,意合度最高,所以我们将该隐喻句理解为"律师很狡猾"。

表 7.4　例句 7.4 的可选特征语义意合度计算情况

特征	主意合度	主排名	次意合度 1	次 1 排名	次意合度 2	次 2 排名	加权平均
狡猾	0.0383	1	0	1	0	1	1
红	0.0009	2	0	1	0	1	1.6
大方	0.0003	3	0	1	0	1	2.2

由于语料库还不够大,我们的实验系统还无法处理那些喻本没有在语料库中出现的隐喻句。尽管如此,实验结果表明,我们提出的这种隐喻表述意义提取算法的思路及其算法实现还是相当有效的。

隐喻理解中相似点确定(相似性属性选择)是获得隐喻表述意义的关键,尽管我们分别给出了上述认知相似推理、喻本与喻体互动合作以及语境上下文语义意合度计算等三种方法,并取得了一定的效果,但就该问题的切实有效的解决而言,依然是一个开放性的问题,需要做长期不懈的努力。我们希望这里所提出的初步方法,能够起到抛砖引玉的作用,吸引很多的有识之士,来寻找解决这一难题的钥匙。

第三节　理想型计算理解系统

在分析人类隐喻理解的认知机制时,我们曾经给出了一种隐喻理解的过程模型,从中我们知道,理想化的隐喻理解计算系统,就应该按照这样的过程模型来展开相对应的计算模型研究,并进行机器实现。而综观前面论述的汉语计算隐喻理解方法,都是从某种特定的角度来进行隐喻意义的计算释义,远没有从根本上解决隐喻理解这一难题。显然,从第二章对人类隐喻思维认知机制分析的结果看,我们前面章节所给出的处理方式,要很好解决汉语隐喻的计算释义问题,都是远远不够的。而根据人类隐喻思维机制的特点,在前面第二章中,我们一再强调只有充分考虑语境、知识与语义等多信息源的综合利用,加上迂回转绎机制的计算实现,才能够弥补已有隐喻计算系统的缺陷。因此,作为理想化的汉语隐喻意义获取系统应该从完整的隐喻思维认知机制的角度,充分考虑大语境信息获取与利用的意义涌现神经动力学机制,来给出隐喻理解过程的计算模型,才是一种根本出路。此时,就必须解决涉身性隐喻知识获取的适应性学习、复合隐喻意义获取的推断性理解以及基于语境信息利用的神经动力学涌现计算等三个关键问题。

如图 7.4 所示,首先需要解决的问题是涉身性隐喻知识的学习获取问题,其中包括动态隐喻知识的描述模型、语言情景分析方法、涉身概念习得的具体算法以及涉身性感知辅助等功能的实现。

对于给定情境的隐喻话语,根据我们已有有关隐喻语句的依存句法分析和分类识别结果,我们容易得到隐喻分类识别的结果,因此这里只需关注针对隐喻知识的感知学习方法本身的构建。

我们知道,在本体论隐喻知识描述方法中,当我们将隐喻知识采用本体模型来表示时,隐喻涉及的概念,无论是始源域本体中的概念,还是目标域本体中的概念,均可以看作是某个本体模型中处于错综复杂关系中的一个节点。根据定义 7.6 隐喻映射的定义,其中隐喻关系涉及的就是跨本体概念之间的某种联系,可以用候选相似点来表示其中的"某种情况下"的此种联系。这样,如果将所有按照本体模型组织起来的全部概念空间,看作是一个隐喻知识库,那么针对隐喻映射而言,形成这样一个隐喻知识库最为关键的任务,就是要在不同本体之间建立起有效动态组织的全部可能候选相似点。

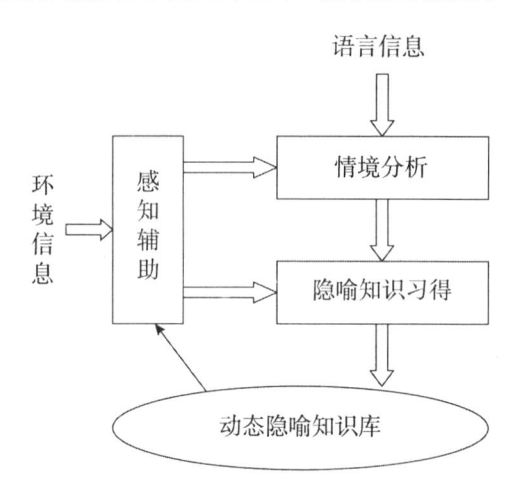

图 7.4 汉语涉身性隐喻知识获取方法原理图

现在,对于任意两个概念(一个可以看作是始源域本体中的概念,另一个则看作是目标域本体中的概念),要动态建立其隐喻映射 Ω_i,那么就可以将其所有可能存在的隐喻关系对应的候选相似点,罗列记为相似点 d_{ij},代表着该隐喻映射所有可能拥有的相似点,每个相似点 d_{ij} 均带有权值 q_{ij}($q_{ij} \in [0,1]$,$j = 1, \cdots, k_i$),我们规定每一个隐喻映射下罗列的相似点权值 q_{ij} 满足 $q_{ij} \neq 0$($j = 1, \cdots, k_i$)且 $\sum_{j=1,\cdots,k_i} q_{ij} = 1$。这样,对于给定的喻本和喻体概念(分别属于目标域本体和始源域本体),如果根据涉及本体中知识(包括定义 7.4 中定义涉及的概念集及其诸种关系以及相似度计算度量值等)某个关联相似点权值不为 0,那么该相似点就激活有效;对于同一隐喻映射关系,喻本与喻体对应有唯一相似点激活,那么该隐喻映射激活,对应激活的相似点就是喻底意义计算的依据。如果激活的相似点超过一个,就需要利用上下文语境信息来进行选择,然后据此再计算出隐喻概念的理解值。这样我们就给出了一种刻画本体之间隐喻映射关系的动态表示方法。

有了上述带有候选相似点表示的隐喻映射表示方法,我们就可以实现隐喻知识的适应性学习过程,从而不断丰富用此模型表示的隐喻知识,提高隐喻意义理解能力。为了既能处理根据直接涉身经验获得的基本隐喻概念,又能处理经隐喻概念组合形成的复合隐喻概念,我们采用增强学习算法来进行适应性学习。具体策略是在当前隐喻知识库的基础上,根据当前情境提供的涉身感知信息或后续复合隐喻理解过程中提供的修改信息,不断积累本体之间基本隐喻映射或调整已有隐喻映射中的候选相似点及其权值分布。

所谓增强学习,是指能够感知环境,并通过学习选择达到其最优目标的一种学习算法。针对我们的隐喻知识感知学习问题,算法原理可以描述为如下:

a) 计算回报植 $r_t = \gamma(s_t, a_t)$ 并产生一个后继感知状态(隐喻知识库状态)

$$s_{t+1} = \delta(s_t, a_t)$$

其中 δ 和 γ 是信息环境的一部分,系统并不知道。一般 δ 和 γ 可为非确定性函数,这里假设是确定性的。

b) 学习一个策略 $\pi : S \rightarrow A$,基于当前观察到的感知状态 s_t 选择下一个相似点分布格局 a_t,即 $\pi(s_t) = a_t$。现定义累积回报值为:

$$V^\pi(s_t) = \sum_{i=0\cdots\infty} \lambda^i r_{t+i} \quad 0 \leq \lambda < 1 \text{ 为一常数}$$

其中回报序列 r_{t+i} 是重复运用 π 和 γ, δ 函数得到的,即由

$$r_{t+i} = \gamma(s_{t+i}, a_{t+i})$$
$$s_{t+i} = \delta(s_{t+i-1}, a_{t+i-1})$$
$$a_{t+i} = \pi(s_{t+i})$$

递推而来。

c) 优化策略:使系统学习到一个策略 π,使得对于所有感知状态 s,$V^\pi(s)$ 为最大,即求:$\pi^* = \mathrm{argmax}_{\pi, s} V^\pi(s)$。

d) 只要给定了 $\gamma(s, a)$,$V^\pi(s)$,$\delta(s, a)$,就可以根据上述描述来求最佳 π^* 了。

在上述算法中,s_t 为 t 时刻系统的感知状态,即隐喻知识库的当前内容;a_t 为隐喻知识库中所有隐喻映射(相似点)的一个分布描述;r_t 为评介隐喻知识库及其相似点分布优劣的度量值;而 $\gamma(s, a)$,$V^\pi(s)$,$\delta(s, a)$ 就是我们针对隐

感知适应学习问题,在研究中必须设定的三个基本函数。

解决了隐喻映射中候选相似点知识的学习问题,接下来需要解决的就是喻本与喻体间相似性属性(即所谓相似点)的选择确定问题。当然,我们可以采用本章第二节中我们已经给出的方法来解决这一问题。但在隐喻理解的计算研究中,相似点选择问题是一个最困难,也是最关键的问题,目前已有隐喻计算模型之所以未能很好地给出隐喻意义的理解,其中最主要的原因就是没有解决好这个问题。为了能够更好地给出理想型的隐喻理解计算系统,我们必须给出更加理想的相似点选择方法。

对于我们的研究目标而言,有了上述隐喻知识的适应性学习方法,加上第五章给出的认知理解推演方法,如何按照涉身认知本身的规范,充分利用语境信息来给出相似性属性选择的动态确认方法,就成为我们建立隐喻理解的理想型计算模型的核心问题。事实上,一旦构建好相似性属性选择计算引擎,那么上接高层认知理解推演,下连低层知识适应性学习,整个基于涉身认知原理的隐喻理解计算模型的系统框架也就形成了。

为此,根据我们提出的一种语言理解的意群动力学观点,我们对相似性属性选择确认策略就是充分利用上下文语境信息,在当前隐喻知识库的基础上,采用强调整体关联计算的、具有动力学行为表现的协同神经系统模型计算方法,来进行喻本与喻体间相似性属性的动态选择确认。

我们知道,在协同神经系统模型中,神经系统状态是用函数 $q(r,t)$ 来刻画,表示在 t 时刻 r 处的神经元发放值。因此函数 q 整体反映的是神经系统随时间变化各层次上神经元兴奋性与抑制性的空间分布。神经元激活图式 v 则对应于一种特定的神经元激活格局,代表一定的信息。某一时刻不同可能激活格局的线性组合就反映了整个系统的状态函数,即我们有:

$$q(r,t) = \sum_{k=1\cdots m} c_k(t) v_k(r)$$

其中,$v_k(k=1,2,\cdots,m)$ 代表神经系统中 m 个不同的有确定意义的激活图式,$c_k(k=1,2,\cdots,m)$ 代表对应激活图式的概率系数,可以看作是神经系统的序参数。那么,当外加环境刺激作用于系统时,系统解构为某个确定的激活图式,系统便获得了一种确定信息。这一过程可描述为:

$$q(r,t) = \sum_{k=1\cdots m} c_k(t)v_k(r) \rightarrow q(r,t_0) = v_{k0}(r)$$

其中 $v_{k0}(r)$ 便是最后突显的结果信息。

如果此时我们将神经元激活图式 $v_k(k=1,2,\cdots,m)$ 对应为不同可能选择的相似点，$c_k(k=1,2,\cdots,m)$ 代表对应相似点激活图式的权值系数，那么在上式线性组合中，每一种激活图式由一个对应的系数代表，描述着对应图式将被作为相似点选择结果的可能性，于是依赖于时间的系数定量刻画了对应图式的含义。这样，根据协同神经动力学理论，在一定的空间中，系数就可以用标量积来表示：

$$c_k(t) = <v_k, q> = \iint v_k(r) * q(r,t)drdt$$

即不同分量的系数为总分矢在不同分矢上的投影。这里，星号（*）表示复共轭。至于系统模型中每个神经元的动态时空整合，则由所有与之连接的神经元决定。如果 J 表示连接权值矩阵，那么其计算公式就是：

$$q(r_2,t_2) = \iint J(r_1,t_1,r_2,t_2)q(r_1,t_1)dr_1dt_1$$

系统通过展示其构成神经元之间众多内部相互作用来变换自身。因此，对应于相似点选择确认理解，J 代表的就是意群之间全部语义依存关系的整体关联结构描述。

很明显，上述给出的神经系统模型是以显式方式来给出神经系统的空间信息编码的，而对于我们相似点选择确认而言，只要通过建立适当的对应关系，我们同样很容易建立起具有相似点选择确认的描述方程。剩下的问题就是如何具体给出这种模型的实现算法。就这一点而言，只要细致地针对相似点选择确认本身的规律和特点，充分利用上下文依存句法语义关系，借助现有丰富的神经网络算法显然是不难完成的。

解决了隐喻相似点属性选择引擎的构造策略，我们就可以构建基于涉身认知原理的、理想化的隐喻理解计算模型的总体构想框架，见图 7.5。

对于给定的含有隐喻的汉语话语及相关的情境说明，按照图 7.5 给出的总体框架，我们给出的计算模型构想，大致计算步骤可以描述如下。

首先，根据提供的汉语话语和情境中有关话语背景信息，对话语进行逐句汉语依存句法分析，给出所有语句的依存句法结构。

第二,进行隐喻语句的分类识别,给出语句的隐喻构成结构(包括喻体及其所有角色、属性标注等)及其分类信息。

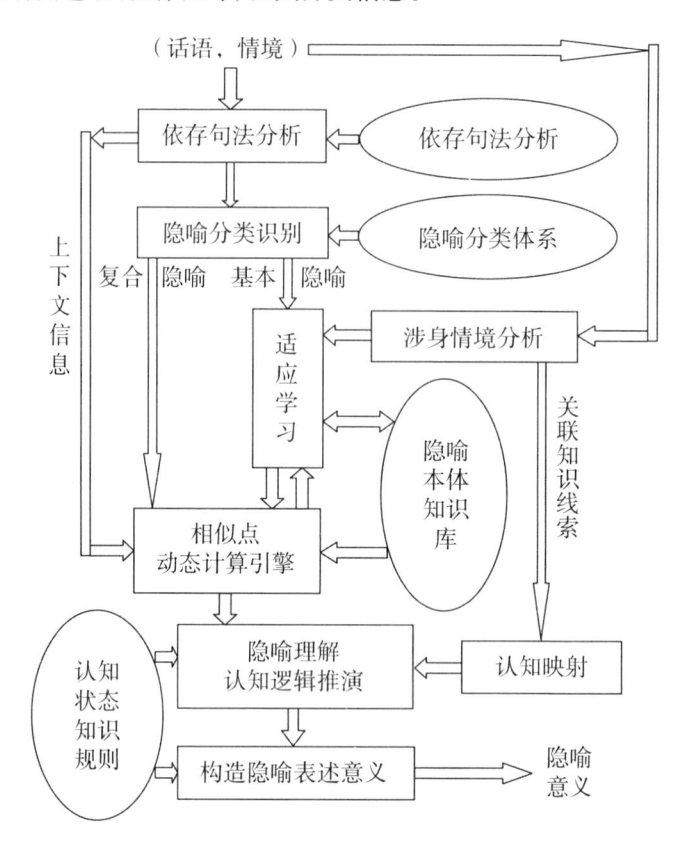

图7.5 汉语隐喻理解的涉身计算模型总体框架

第三,如果是复合隐喻,直接转到相似性属性选择引擎;否则,接受来自情境分析给出的涉身感知信息,进行基本隐喻知识的适应性学习处理。注意,图7.5中的隐喻本体知识库,主要按照本体模式组织起来的诸种概念及其关系表示。

第四,无论是基本隐喻,还是复合隐喻,均在当前隐喻本体知识库的基础上,充分利用话语上下文语境信息,通过协同神经动力学引擎的计算,来选择确认隐喻的相似性属性。确定后的相似性属性及其相关信息,还要反过来通过适应学习,来丰富当前隐喻本体知识库。

第五，对提供的话语依存句法结构和选定的隐喻相似性属性，进行隐喻理解的认知推演，获得隐喻的表述意义。其中认知映射主要是根据情境中有关关联知识线索，来确定认知主体的认知状态知识。

第六，将得到的隐喻表述意义，用显式的语言方式表达出来。整个计算过程结束。

这样，通过系统贯彻涉身认知理论的思想，充分利用我们已有的研究成果，采取上下文、情境、背景知识多源语境信息利用策略，从理论上是可以给出一种比较理想化的汉语隐喻理解计算模型的。当然这样的计算模型仅仅只是一种构想，尽管在构建方案中已经尽可能利用了我们在第三章、第五章、第六章和本章第一节中的已有成果，但作为整体方案，其能否真正实现，以及效果如何，还有待于将来切实进行的实证研究。

第八章

结　语

为了理解隐喻表述,听者需要某些比他的语言知识、他对表述条件的认识和他与说者共有的背景假设更多的东西。

[美]塞尔①

隐喻的运用反映了人类复杂的思维能力,尤其对于新奇隐喻更是如此。从这个意义上讲,对隐喻认知机制的计算实现,无疑等于说要对人类思维进行计算实现,不说是全部,起码是大部,因此这其中的困难就可想而知了②。为了能够对此有比较清醒的认识,从而厘清隐喻计算研究的限度与范围,作为最后的结语部分,我们对这其中的部分困难与遗留问题,做些分析,为进一步开展隐喻计算研究提供参考性建议。

第一节　隐喻思维的复杂性

从广义的角度看,隐喻涉及的范畴最广泛,诗性的、创造性的、认知的、象征的、符号性的等问题都是要考虑的内容,因此比起一般语言思维,隐喻思维更要复杂。而在隐喻中,由于常规隐喻的约定俗成化,使得隐喻思维的复杂性

---

① [美]A. P. 马蒂尼奇,《语言哲学》,商务印书馆,1998,第812页。
② 周昌乐,《无心的机器》,湖南科学技术出版社,2000。

更多体现在新奇隐喻的运用中;而根据我们第一章论述的观点,新奇隐喻思维是一种更多借助于象征机制来产生创新意义的认知活动。因此,其复杂性更多体现在象征性指称的达成机制、悖论性陈述的超越机制以及创新性意义的涌现机制三个方面。

首先,意大利学者埃科就强调,全面论述隐喻意味着至少要论述象征,并指出:"当某物在解释上是可接受的时候,但这些解释又是含混的、不确切的,并且它们是不能相互解释、特别是矛盾的时候,便产生具有含混和开放之符号的一种特殊类型,它将被定义为象征。"①从这种象征定义的角度看,意义与命名之间有一道不可逾越的鸿沟,或者说我们就根本无法谈论意义与命名之间的直接关系。很显然,"正是由于语言有这种内在的象征能力,所以比喻才能成立。而且,对于比喻作用来说,如果成为它的媒体的象征不具有事实性的话,那么它也就不具有任何意味"②。于是,讨论隐喻思维复杂性时,首先需要讨论象征思维能力的复杂性。

那么,到底什么是象征呢? 其实对于象征一词,希腊语的意思相当于"和……一起扔掉"再"放到一起"使其"吻合",因此"就词源学来说,事实上,象征是一种辨认的手段,它能辨认一个硬币或被分割开的徽章的两半。这种类推作用引起了哲学词汇编辑者的注意。我们有着一个东西的两半,而其中的一半可替代另一半(和符号的古典定义一样;某物替代某物),但只有当这个东西(硬币)的两半重新接合而能构成一体时,才有着完全的效能。"③

于是按照埃科观点,就有这样的界定,"象征是借助类推作用的相符性表现另一物的东西"④。当然,象征是一种人们认识到经验复杂性的活动,象征活动不是用于命名已认识的世界,而是用于命名可认识的未知世界。象征只有在适用于象征的世界中才会起作用。卡西莱尔在《象征形式的哲学》一书中指出:"象征不是思维的纯偶然的外衣,而是思维的必然和本质的工具……,任

---

① [意]U. 埃科,《符号学与语言哲学》,百花文艺出版社,2006,第70页。
② [日]渡边护,《音乐美的构成》,人民音乐出版社,1996,第39页。
③ [意]U. 埃科,《符号学与语言哲学》,百花文艺出版社,2006,第239页。
④ [意]U. 埃科,《符号学与语言哲学》,百花文艺出版社,2006,第240页。

何真正朝气蓬勃而精确的思维都只在象征论、在符号学中找到它的固定点,它是建立在符号学之上的。"①

必须强调指出的是,象征指称意义根本上就具有含混性,这也是象征思维复杂性的主要原因之所在。因为真正的象征往往是多义的、带有无穷暗示的。瓦蒂莫指出:"一种思想有价值……不是靠它说出的东西,而是靠它没有说出但却使人明白的东西,以一种非叙述的方式唤出的东西。"②正是这种暗示性指称的丰富性,构成了语言特殊的诗性,也是隐喻性象征手段的必要存在性和普遍性。"无人可以逃脱象征化的作用,这种作用把生活经验组织成有意义的意识,并赋予这种生活经验以价值。"③

象征大体上可以分为概念象征与体验象征两类,前者强调意义的传达作用,常称为传达象征或超越象征;后者则强调内心的体验作用,也称为内在象征。概念象征是一般语言思维能力的体现,而内在象征,才更多体现了隐喻思维的特质。"无疑,使感性的东西迅速地消失掉,从而把意味内容集中于非本来的、概念性的东西上的超越象征,的确是人类所具有的一种卓越的能力。但是能够在把感性的东西与非感性的东西分离的同时,又能使之融合起来的内在象征的能力,则可以说更是不可思议。"④应该说新奇隐喻正是通过这种不可思议的内在象征机制达成其新奇意义的传达。"在内在象征中,被象征的事物与象征体相互融合同时存在,因此在很多情况下被象征的事物与象征体有某种相似性。"⑤通过这种相似性,使得内在象征能力成了新奇隐喻不可或缺的思维基础,新奇隐喻的思维复杂性也就主要体现在内在象征的思维复杂性之上。

的确,内在象征活动具有十分复杂的思维机制,其主要体现复杂性的思维特征包括:①内在象征要求主体有高度集中的注意力;②内在的象征体验和感

---

① [意]U. 埃科,《符号学与语言哲学》,百花文艺出版社,2006,第250页。
② [意]U. 埃科,《符号学与语言哲学》,百花文艺出版社,2006,第278页。
③ [美]F. J. 斯特伦,《人与神——宗教生活的理解》,上海人民出版社,1991,第73页。
④ [日]渡边护,《音乐美的构成》,人民音乐出版社,1996,第20页。
⑤ [日]渡边护,《音乐美的构成》,人民音乐出版社,1996,第19页。

情融合在一起,不可能纯粹从知性上去理解;③内在象征的内容比起传达象征的内容来,更需要从主体性上去加以把握;④内在的象征体验具有时间性;⑤内在象征是脆弱的,具有向超越象征转移的倾向;⑥内在象征的内容退到背景的位置上,在知觉层面上消失了。

内在象征这种复杂的思维机制甚至还可以达成精神体验的升华,使主体领悟到不可言说的真谛。"对象征的体验使我们获得对不可说的真实的体验。因为正是在象征之中并且通过象征,在我们之间实际产生了对语言界限彼岸的理解。"①所谓"言下大悟",说的便是这种体验和理解,也就是说,借助于象征我们甚至可以对不可言说进行言说。

要之,如上分析,隐喻思维的复杂性首先体现在象征机制的思维复杂性之上,这对于象征性的新奇隐喻尤为显著。因为对于新奇隐喻而言,在最初的显现中往往需要拥有某种意义又不能完全表达这种意义的某种形式,除了象征,别无可能;当新奇隐喻发展到较为成熟的阶段时,意义的表达完全明确化了,此时新奇隐喻也不再新奇,于是新奇隐喻变成了常规隐喻,甚至是亡隐喻,相应地,处理这种蜕变隐喻的思维也变得相对简单。从这个意义上讲,可以直言,正是隐喻中的象征性成分,构成了隐喻思维复杂性的一个重要因素。

当然,新奇隐喻的思维复杂性不仅仅局限于象征机制之上,也还体现在悖论性陈述的超越机制之上、体现在超越字面矛盾的思维复杂性之上。象征与隐喻不同之处在于,象征的字面意义也是合理的,但隐喻的字面意义往往是不连贯的。这就需要在处理隐喻语言时,运用到一种超越悖论获取喻意的思维机制。

比如对于好的隐喻,埃科就指出:"'好的'隐喻不是能很快终止研究的隐喻(如对板凳的隐喻),而是能允许不同的、相互补充的和矛盾审视的隐喻。"②也就是说,好的隐喻是开放的,有不同的认知解释的隐喻,其意义的产生需要进行"矛盾审视"。其实,这也是一般隐喻意义获取的根本机制。"一般来说,

---

① [瑞士]H. 奥特,《不可言说的言说》,生活·读书·新知三联书店,1994,第36页。
② [意]U. 埃科,《符号学与语言哲学》,百花文艺出版社,2006,第224页。

仅仅在一个语句被看作是假的情况下我们才可以把它看作是一个隐喻,才开始去搜寻那种隐含的暗示。"①利科在引用比尔兹利的话:"在诗中,获得这种结果(隐喻意义的创造性)的主要战术是逻辑谬论。"然后进一步阐述其中奥秘时指出:"逻辑谬论引出了我们要选择的一种情境:或是保留主语和限制语的字面意义,然后得出结论整个语句是荒谬的,或是把新的意义归属于修饰语,使作为整体的语句讲得通。现在,我们不仅仅面对'自我矛盾'的属性,而是面对一种'有意义的自我矛盾'的属性。"②

进一步分析我们还会发现,不仅一般隐喻意义的显现需要通过悖论来达成,即使是对于真性的描述也同样如此,是不可以用字面语言描述的,而是需要用悖论性语言描述或隐喻语言描述来刻画③。就隐喻语言刻画真性这一点,Lakoff 也有充分的认识,指出:"As we have seen, truth is always relative to a conceptual system that is defined in large part by metaphor."④要知道,语言的使用与概念世界密不可分,而一旦落入了概念世界,也即意味着"分别"之心油然而生,从而根本上潜伏着不一致性的根源。因此,破除"不一致性"达到"同一"的途径只能依赖自反映能力而不能借助于语言,这也就是禅宗"不立文字"的缘由。只是 Lakoff 这里没有认识到悖论刻画真性的机理罢了。

事实上,语言陈述一旦涉及了逻辑悖论,其语义分析就变得十分复杂了⑤。大略而言,对于悖论语句的语义分析需要采用非线性动力学方程来进行,其结果往往是不同的悖论描述语句,对应着不同内部语义的复杂结构,也就是说悖论语句是具有十分复杂的语义结构的。对于隐喻而言,字面表述互涉的语境信息越多,语义结构涉及的维数也就越多、结构也越复杂,往往引发对应语义混沌行为的复杂性,这也正是需要更多语境信息的新奇隐喻就越深奥的原因

---

① [美]A. P. 马蒂尼奇,《语言哲学》,商务印书馆,1998,第860页。
② [法]P. 利科,《解释学与人文科学》,河北人民出版社,1987,第178页。
③ 周昌乐,《禅悟的实证》,东方出版社,2006,第六章。
④ G. Lakoff and M. Johnson, Metaphors We Live By, The University of Chicago Press, Chicago and London,1980:159.
⑤ 周昌乐,《逻辑悖论的语义动力学分析及其意义》,《北京大学学报》(哲学社会科学),2008年第1期。

所在了。

利科指出:"语义学冲突的决定作用导致了逻辑的荒谬性;使作为整体的语句有意义的那一点意义的被给予。"① 于是对于隐喻意义的获取,就必然涉及复杂的包括情境在内的语境信息利用问题。

关于这一点,埃科明确指出:"符号化过程一旦开始,便很难指出一种隐喻的解释在何处停止:这取决于语境。解释者被一个或多个隐喻导向寓意的解读或象征的解读的情况是很多的。但从隐喻出发,开始解释的过程时,隐喻的解读、象征的解读和寓意的解读之间的界限往往是很难确定的。"② 从另一个方面说,隐喻字面意义上的矛盾,正是通过给定语境的消解,才达成了隐喻意义的解释。"我们已经看到,就某些谈论而言,把情境引入考虑是必要的。例如,我们称为'悖论'的谈论,若这种语言在与讲它的情境相分离的状态下被研究,也就是说,若用纯句法分析进行研究,那么它看起来必然像'自相矛盾'的无意义话语。但是,若把这种语言放到试图表达某些观察到的洞见的人的背景之中,它就会产生绝妙的意义。用我们自己的术语来表述,语言必须与话语情境相关联。"③

可见隐喻意义的解释,不是纯形式的一致性逻辑分析,而是要根据字面上矛盾的意义通过语境来确定的。于是,也就引发了隐喻思维复杂性机制的一个新问题,也就是说,隐喻意义的产生是如何通过语境来获取的思维机制问题。这个问题对于新奇隐喻的意义解释尤其显得重要,这便构成了隐喻思维复杂性的另一个维度。

更全面地说,除了可以通过设置字面意义矛盾来产生新奇隐喻外,产生新奇隐喻的条件还有许多。如(1)提出新的运用语境;(2)符号化转移中的新情况的出现;(3)具有审美功能的语境给出隐喻新的解释;(4)通过复杂主体起到新的作用;(5)主体重新构成了隐喻的义素,并通过感知体悟丰富了隐喻的义

---

① [法]P. 利科,《解释学与人文科学》,河北人民出版社,1987,第175页。
② [意]U. 埃科,《符号学与语言哲学》,百花文艺出版社,2006,第230页。
③ [英]J. 麦奎利,《谈论上帝——神学的语言与逻辑之考察》,四川人民出版社,1997,第110页。

素;(6)由于对词汇的无知,隐喻也会再次创造出来。这些场景产生的新奇隐喻,都存在一个解释意义涌现产生的机制问题,一个主体如何"顿悟"式产生隐喻意义的问题。

"产生'顿悟'意味着屈从呈现出的和现存的东西,然后,为使之成形而进行加工,以便一种猝然而至的智慧能越过并渗入到这种东西还未被表现出的意义的幽深处。"①显然这是通过一种语境来使之成为凸现点,从而达到这种幽深处。

那么,如何才能够达到隐喻喻底的这种幽深处呢?首先我们必须清醒地看到,不管隐喻意义多么幽深,总是离不开字面话语提供的线索的。戴维森指出:"隐喻不同于通常的话语,前者为后者增色,但前者并未使用超乎后者所依赖的手段之外的语义手段(后者是前者的全部基础)。"戴维森这里的意思是说:"隐喻的含意无非就是其所涉及的那些语词的含意(按照对这些语词的最严格的字面上的解释)。"②只不过,"在隐喻中,某些语词呈现出新的(或人们常说的'扩展出的')意义"③。也就是说,隐喻所凸现出来的这种新的意义,"都无疑以某种方式依赖于其中语词的原有意义。……(因此)对隐喻的适当解释必须使语词的最初意义或原有意义依赖在其隐喻环境中发挥积极作用。"④这便是隐喻意义产生的第一个前提条件。

问题是对于隐喻表述意义的产生,单单依靠隐喻语句的字面意义显然是不够的。很明显,隐喻的真实含义并不能等同于隐喻话语的字面意义,这是最为浅显的道理,否则,隐喻也就成为多余的了。实际上,"隐喻的概念包括两方面:不一一说出的东西的重要性和二者之间的合情合理的关系。在谈到形象时,隐喻的概念使人感觉到这种联系,说出的东西以这种概念唤起那些并没说出来的东西。"⑤甚至还有这样的情况:"在言谈中,我们不断地使用一些其意

---

① [意]U. 埃科,《符号学与语言哲学》,百花文艺出版社,2006,第 296 页。
② [美]A. P. 马蒂尼奇,《语言哲学》,商务印书馆,1998,第 843 - 844 页。
③ [美]A. P. 马蒂尼奇,《语言哲学》,商务印书馆,1998,第 847 页。
④ [美]A. P. 马蒂尼奇,《语言哲学》,商务印书馆,1998,第 848 页。
⑤ [法]F. 于连,《迂回与进入》,生活·读书·新知三联书店,1998,第 383 页。

义我们不甚明了的词语,但我们却蛮有把握地用它们声称我们所说的为真从而是在传达正确的信息。"①就是说,意义在某种程度上是主观认定的,是"自以为是"性的,是基于个体"知道"的"内容"的。这一点对于隐喻意义的把握尤其贴切。"如果它们不存在本文之前,那么,各种符号、任何隐喻也不会说出什么,除了一物就是一物外。但隐喻却说出那个物(语言的)同时也是另一物。"②

的确,隐喻思维的主要作用就是可以创新意义,通过约定俗成的字面话语来进行意义的创新。"一般可以这样说:语言一方面必须是在人与人之间可懂的,但是另一方面,语言总是不断有创新。"③因为创新的语言用法更富有表现力和生命力,于是就少不了隐喻的使用,通过隐喻思维机制来实现"突现的意义"的达成。因此,隐喻思维的复杂性,关键就在于这种"突现意义"产生机制的复杂性。

针对象征,奥特是这样描述这种"突现意义"的产生过程的:"因此,常常发生诸如此类的事情,某些特定的诗歌和宗教象征好像对某些特定的人毫无意义,对他们而言'什么也没说'。但是另一方面,恰好在象征的言说中发生了这样的事情:或缓或急,或者作为获释的、喜人的体验或者作为引起恐惧和惊愕的邂逅,理解终于出现了,它使我们突破界限和无言——当然现在通过另一种完全不同的理解。"④将意义的突现看作是一种顿悟式的体悟情况。

法国学者于连则不同,他通过对中国文学作品表达方式的研究,认为这种隐喻式思维主要是一种迂回性思维的表述方式,强调一种迂回式进入的交往模式可以产生这种意义。于连认为:"最成功的中国作品甚至把关联作为其运作的原则:在中国如此普遍运用的平行表达之中,每一个相对的表达都通过另一个得到理解,正如人们所说必须'互文见义'。所以,在中国,意义的迂回没有任何过分雕琢:因为当我说这一个时,另一个已经涉及,而说另一个时,我更

---

① [英]M. 达米特,《形而上学的逻辑基础》,中国人民大学出版社,2006,第81页。
② [意]U. 埃科,《符号学与语言哲学》,百花文艺出版社,2006,第23-24页。
③ [捷]L. 兹古斯塔,《词典学概论》,商务印书馆,1983,第70页。
④ [瑞士]H. 奥特,《不可言说的言说》,生活·读书·新知三联书店,1994,第77页。

深切思考的是这一个。这就是为什么迂回自身提供了进入。"①

我们认为,真正体现隐喻思维复杂性的是这种"意义突现"的自组织机制,是隐喻理解主体大脑神经动力学过程,因此涉及非线性混沌动力学性质②。而其中的迂回、进入以及冲突与顿悟,都是这一自组织非线性动力学过程中的环节。隐喻思维之所以复杂,问题不在于隐喻话语的规模(相反,隐喻话语往往都是言简意赅),而是在于隐喻意义的产生机制,即这种具有非线性混沌行为的自组织过程。从这个意义上讲,隐喻思维确实是无比复杂的。

隐喻优美深邃、意味深长、耐人寻味,之所以能够产生这样的效果,非其形式结构胜于直陈话语,而是隐喻言简意赅,喻义丰富所致。这种喻义丰富的根源,就是在于运用了复杂的隐喻思维机制。如上所述,包括象征性指称的达成机制、悖论性陈述的超越机制以及创新性意义的涌现机制,使得单位语句内获得的信息比达到极大,便于大脑作同时性感悟,得到意味深长的认知体悟。如果变为没有象征性指称的长文直陈,逻辑上完全一致性的意念把握,又没有新奇意义的"顿悟"式涌现,是不可能实现创造性意义的描述的。隐喻所蕴含的深刻含义,正是在这种语义群的同时性冲突交融之中应运而生的,这一切便取决于隐喻思维的复杂性机制。

第二节 计算所面临的困境

从隐喻语言理解机制的研究角度看,主要涉及理论语言学、心理语言学和计算语言学三个方面的内容。理论语言学研究的是语言内部结构的普遍规律,强调的是语言结构的描写问题,以便用最简练的语言模型来解释最普遍的语言现象和规律,其集中研究的是语音学(音位学)、词汇学(词典学)、语法学(词法和句法的语形、语义和语用三层面研究)和语篇学(话语和篇章语言学)等。而心理语言学研究的是语言运用过程的普遍规律,强调的是语言过程的

---

① [法]F. 于连,《迂回与进入》,生活·读书·新知三联书店,1998,第385页。
② 周昌乐,《脑与行为的自组织》,《科学中国人》,1998年第10期。

建模问题(语言的认知神经机制及其建模),有时考虑到语言习得和语言机制起源问题,往往也应涉及语言知识和能力的获得问题。最后计算语言学则是研究如何将语言内部结构和运用过程,通过形式化模型手段,具体落实到计算实现的层面上。

当然,因为出发点不同,对计算语言学的理解也不同。广义的说法是代表传统语言学家的看法,认为计算语言学就是"应用计算机技术研究语言的科学"[1]。而狭义的说法则代表了计算机科学家的看法,认为计算语言学是"应用计算机科学技术研究人类语言机制的计算机实现的科学",因此也常常可以看作是人工智能的一个分支,称为自然语言处理。两者看法有许多重合之处,但立场上的差别是显然的:前者视计算机科学及其技术为研究语言学的一种新工具、新方法和新技术;而后者则不然,其目标是要让计算机具备部分人类语言的能力,是通过计算机科学和技术,来人工创造具备语言能力的机器[2]。这显然是比前者更加困难的问题而且前途未卜。

在广义的说法中,用计算机哪怕只是进行语言材料的统计,也均无疑是属于计算语言学的研究范围;但却未必是符合狭义的说法,除非这种统计是直接为构造具备语言能力机器而用的。当然,广义的说法包涵了狭义的说法,这也是毫无疑问的,但对于隐喻理解的计算实现来说,更关心的只是狭义的计算语言学。不过,我们也必须看到,没有对整个语言学研究成果及语言现象和规律透彻的理解和掌握,孤立地停留在狭义的计算语言学研究之上,那显然也是不可能的。不仅如此,"学诗在诗外",计算语言学的深入研究,也同样离不开诸如"语言哲学""神经科学""认知科学""数理逻辑"等相关学科。

狭义的计算语言学关心的主要是语言活动中言语从产生到理解的心理、神经过程和机理并落实到计算实现的层面上。就此而言,即使是围绕着隐喻语言的理解实现这个问题,明显可知理论语言学和心理语言学都是计算语言学的必要准备。因此,从这种狭义计算语言学研究观点看,其目标只有一个,就是解决意义的表达和理解问题。此时,除了必须兼顾到修辞、逻辑、认知等

---

[1] 夏征农,《辞海》,上海辞书出版社,1979,第433页。
[2] 周昌乐,《计算语言学及其应用技术》,《今日科技》,1996年第12期。

诸多方面外,当以语法(语言法则)为核心,而由于语义学又是语法学中的核心问题,因此语言法则又当以语义法则为重点。

遗憾的是,目前自然语言处理研究方面,却只有在语形法则上有所作为,而语义则相对薄弱,至于语用更不待说,迄今尚无所进展。形式语言理论可以解决语形问题,逻辑理论只能部分解决语义问题;语用问题尚待动力学理论的应用,前景并不乐观。因此,就狭义计算语言学的研究目标而言,"机"比起"人"来讲,还只起了个头,千难万难的事情还在后头。且不说诗艺、修辞,就是语用、语义也是很难逾越的鸿沟①。

我们知道,自然语言与形式语言的差别主要体现在语义解释层面上。形式语言的语义解释是确定的、无歧义的;而自然语言的语义解释则是不确定的、含糊的,有时解释法则是灵活地依赖于被解释对象的,这便是自然语言难以把握的根源所在。那些歧义性、双关语、隐喻、潜台词、含糊性等等,都是这种根源体现出来的语言现象,他们是有用的,并且正是因此有了这许多丰富的语言现象,才使自然语言能够在人类思想和情感交流中应付自如,包括能够表示"言外之意"。

我们必须清楚地看到,含糊性和歧义性是自然语言与形式语言之间最显著的区分特征,这也是自然语言的优势所在,也是自然语言难以形式化、计算化的根源。利科指出:"天然语言表达的许多含混性还具有积极价值,这种含混性与这类表达可进入无限多语境的能力有关,因而就是与语言的创造性有关。这样,这种意义的不确定性,对语境的敏感性,从符号逻辑观点来看是严重的缺欠,而对于日常语言理论来说却表明具有重要的功能作用。结论是,对天然语言的描述本身不可能从形式语言的理论中产生。"②

从某种意义上讲,包括隐喻在内的自然语言理解,说到底是一种解读,将歧义性的语句通过语境作用得出其尽可能确切的意义,并用机器可以严格无歧义处理的内部记号系统加以再表述。这里就有解读层次、歧义消解与结果

---

① 周昌乐、丁晓君,《汉语机器理解的困境与对策:一种意群动力学的观点》,《现代汉语》,2000年第2期。
② [法]P. 利科,《哲学主要趋向》,商务印书馆,1988,第348页。

表达等诸多困难问题需要解决。

首先,解读语言需要确定解读层次的问题,意义依赖于解读的层次和被解读对象的层次之间的相容性关系。比如站在人类行为意义层次去试图解读单个蚂蚁行为的意义注定是会一无所获的,但如果去解读蚁群的行为,那就会发现显明的行为意义。也许可以说蚁群层次相当于人类单个大脑层次,而人类社会层次则高于蚁群层次。其他也如此,物理层次的意义是无法通过生物机制层次的解释所能显现的,而有意向性的生物行为,也同样不能归结为某种机械设计装置的解释,如此等等。同样反之,生物意义也不能归结为物理的解释,尽管生物意义最终是物理之上的结果。问题是,这种预设的解读层次依赖于意识觉知能力的主体整体判断能力,绝非基于逻辑的机器所能胜任[1]。

其次,即使解决了解读层次的定位问题,还有一个歧义消解问题。此时正如我们上一节论述的那样,存在一个复杂的意义涌现机制的刻画问题,是不可分析的。道理很简单,如果整体的把握不仅依赖于其所包括的各部分把握,而且反过来各部分的把握也依赖于整体的把握,那么所要处理的问题,就是一个不可分析的或是综合性的问题。很明显,对于自然语言语句的歧义消解问题,由于其依赖于各种尺度语境综合作用,因此是不可分析的,起码部分是不可分析的[2]。

一个更为关键的问题是,对于语言的真正理解,必须依据给定的情景,将一般编码的意义与当下表达的意思区分出来,这对于隐喻的理解尤为重要。按照英国哲学家达米特的说法:"得把一次陈说的意思同它的意义(meaning)区分开来——不仅得同它借语词在语言中所意指的东西而得的那种意义区分开来,而且得同说话者认为它具有从而想加以传达的那种意义区分开来;只有在知道其意义的情况下,我们才能去追问其意思。其意义是它在其中被表达出来的那种语言所特有的,或者说,是说话者对那一语言的纯个人的使用或理解所特有的;而意思则要以我们借以评定某人作出某种非言语行为的动机的

---

[1] 周昌乐,《无心的机器》,湖南科学技术出版社,2000。
[2] 周昌乐、丁晓君,《汉语机器理解的困境与对策:一种意群动力学的观点》,《现代汉语》,2000年第2期。

同样的方式加以评定。"①只有获得了具体的意思,才能将其结果表述出来,用一种记号系统去再表述自然语言所描述的"意思"。所以对于结果表达而言,关键便在于如何根据情景,从语言的编码意义来获得具体的意思,实际上这构成了对机器实现自然语言理解,特别是隐喻理解的又一种挑战。

概而言之,理解就是一种解读,没有无理解的解读,也没有无解读的理解,正因为这样,我们也常说"理解是一种再创造的活动",甚至"误解也是一种理解"。这样,无论如何看待"理解",有一点是可以肯定的,那就是理解是一种作用过程,过程中的体验和把握都是针对语言载体中的意义而言的,因此理解是对内容的理解,是一种主观主动参与的过程,是理解主体与被理解对象相互作用的过程。于是,从非线性动力学理论角度看理解过程可能就更能反映理解过程的本质规律。因此,对于语言理解研究,核心问题也将是意群整合中整体意义非线性突现的实现机制。这种机制,正如我们第二章中论述的,对于隐喻理解也同样如此,因此对于机器实现这种超逻辑的突现机制而言,其中的困难就可想而知了。不同的是,除了字面意义的理解外,隐喻理解还有一个如何从字面意义转绎到隐喻意义的问题,因此更添一种困难。

在隐喻理解过程中,尽管隐喻意义和字面意义有着某种共同属性,并且这种共同属性相互联系,然而并非所有的隐喻意义都得通过对字面意义的理解才可获得。隐喻意义表达的实现不仅仅是创造性表达实现的孤立行为,而是从一个知识域投射到另一个知识域的系统行为。为此,机器如要能够完成隐喻意义的理解,除了面临一般语言理解的困境外,还需要构建一个百科全书式的知识库作为知识投射行为实现的支撑。但要构筑一个合理、一致、有效的语言意义知识库几乎是不可能的,因为这里首先会涉及语言哲学对意义本身的研究。比如"独角兽是虚构的",作为属性"虚构的"来说明对象,该对象必须是存在的,不存在的事物无所谓属性;但"虚构的"本身又指明"独角兽"是不存在的,于是便产生了一种矛盾。更一般的,哥德尔早就指出了描述能力足够强大的逻辑系统的不完备性,而作为语言系统,光就其语义逻辑关系方面,就不得不落入哥德尔定理设下的陷阱之中,因此也就谈不上一致合理的有效性了。

---

① [英]M. 达米特,《形而上学的逻辑基础》,中国人民大学出版社,2006,第88页。

但如果因此说"独角兽是虚构的"是没有意义的,则显然不符合我们通常意义下的语言使用。

其实,隐喻本身就是对机械式计算方式的一种破坏。就此,埃科有明确的认识:"隐喻的探讨是围绕着两个方面进行的:a)语言就其本性而言,在起源上就是隐喻的;隐喻的机制创造出语言活动,任何规则和后来的规约都是为了缩编、整理(和减少)把人定义为符号动物的隐喻财富而产生的;b)语言(和任何符号系统)是由各种规则,预见的机器——它指出哪些语句能够生成,哪些不能生成,在能生成的语句中哪些是'好的'、'正确的'或'具有意义的'——支配的一种约定的机制,隐喻是对这种机器的破坏、掠扰,是这种机器无法解释的结果,同时也是更新它的动力。"①其实,不仅如此,隐喻还与会话潜台词、预设都有密切关系,而这些问题都是很难加以严格的逻辑分析。也就是说,即使哪怕自然语言(非隐喻性的)能够找到描述规则,也无法限制隐喻对这些约定机制的超越性突破,因而依然无济于解决隐喻的计算理解问题。

除此之外,隐喻的理解还要涉及一种在语言范畴之外的非语言思维过程,这不仅是机器隐喻理解研究面临的考验,而且也成为语言学研究面临的考验。"至此,问题还未结束:在仔细地研究了语词语言之后,隐喻对任何语言学家来说都是令人难堪的事,因为隐喻事实上是在几乎所有符号系统中出现的符号化机制,但使用这种方式时要从语言的解释退到各种符号化的机制,可它们又不是语词语言的。……问题是语词的隐喻为了在其起源上得到解释往往要求退回到视觉、听觉、触觉和嗅觉的经验。"②

显然,对于这些非语言的思维过程,立足于计算假说就很难解释了,因为作为信息加工的计算机处理,离不开某种形式的语言表征。说到底,正如埃科总结指出的:"对隐喻来说,并不存在着一种程序:隐喻是不可能通过计算机的确切指令预先描述出来的,它不取决于我们在计算机中引入的有组织的信息量。隐喻的成功在于,作为解释者的主体的百科全书社会文化格局发挥了功能。在这种前景上讲,只有在丰富的文化结构的基础上,或者说在解释者——

---

① [意]U. 埃科,《符号学与语言哲学》,百花文艺出版社,2006,第171页。
② [意]U. 埃科,《符号学与语言哲学》,百花文艺出版社,2006,第172页。

他们能在符号上决定诸属性的类似性和相异性——的网络中组织起来的内容全域的基础上,才产生出隐喻。"①

总之,对于隐喻理解的问题,机器所面临的困境较之一般自然语言理解所面临的困境还要突出,除了上面所指出的外,还有上一节提到的象征性指称的达成机制、悖论性陈述的超越机制以及创新性意义的涌现机制三个方面的难题,都是机器难以跨越的鸿沟。因此,只要我们还停留在基于图灵机理念之上的计算手段,那么要机器完全实现隐喻意义的理解,将是永不可及的目标,除非我们放弃完全实现的目标,而仅仅面向部分目标的达成。即使如此,也有众多的疑难问题等待着我们去探索。在隐喻计算理解的征途上,我们任重道远。

第三节 若干开放性的问题

我们说隐喻问题是一个难题,这不仅仅针对计算理解研究而言,但凡涉及隐喻现象的所有方面,如哲学方面、语言学方面、诗学方面、美学方面、逻辑学方面和心理学方面等等,无不如此。情况之所以这样,关键所在便是隐喻思维机制的复杂性。因此,针对目前隐喻研究的现状,为了更好地理解人类这种复杂的隐喻思维机制,也为了更加有助于隐喻计算化研究的进一步深入,我们认为亟待开展如下五个方面的开放性研究工作:即隐喻思维的认知神经机制研究、面向隐喻认知的意义理论研究、隐喻歧义消解方法研究、隐喻相似性描述的形式化研究以及隐喻意义获取的语境信息利用方法研究。

首先我们知道,在过去很长的时间里,对于隐喻语言问题的研究往往只停留在比喻修辞学、隐喻现象学、隐喻语言学方面,而对隐喻语言的脑机制研究相对薄弱,已有的研究也往往局限于脑区活动的差异性观察之上,因此脑水平的隐喻认知机制研究受到很大限制。所幸的是,近二十年来,随着 NIRS、PET、MEG、EEG 和 FMRI 成像技术的迅速发展,使得语言脑机制这一难题的解决有了新的契机,这为隐喻思维的脑机制研究奠定了重要基础。

---

① [意]U. 埃科,《符号学与语言哲学》,百花文艺出版社,2006,第 234 – 235 页。

目前,通过已有大量的有关语言神经机制的研究结果,特别是过去有关失语症、裂脑实验、功能分区等已经积累了较为可观的脑功能知识,我们从中可以获得大量的语言神经机制的事实①。在此基础上,许多国外学者就试图凭借不断改进的影像技术和分析方法来研究隐喻认知的神经机制,借助 ERP 或 fMRI 等技术做了一些有关隐喻理解方面的实验,同时探讨了隐喻认知神经加工方面的理论,获得了有关隐喻理解加工的模式、顺序和脑区的初步知识。这无疑为隐喻思维认知神经机制的进一步研究,提供了重要的参考依据。

当然,仅仅获得这些初步的隐喻活动规律,对于理解隐喻思维机制的复杂性还是远远不够的。我们必须从更高的层次,来建立起隐喻思维的一般认知机制的模型,得到能够反映人脑隐喻思维活动规律的隐喻认知动力学方程。只有这样,才能从根本上刻画并分析人类隐喻思维活动的过程,真正从本质上了解隐喻认知机制的复杂性。

显然,随着对人脑的科学研究的不断深入,依据当今认知神经科学的研究成果,基本上肯定包括隐喻思维活动在内的心理活动不过都是一些神经活动。用克里克、塞尔、卡尔文等不同领域的科学家和哲学家的话讲,一切高级的心理认知功能都原则上可以归结为低层神经活动。当然这并不意味着就一定是机械还原论式的归纳,也还是可以看作低层神经活动的自发相互作用的结果。这样一来,就意味着不管是隐喻思维活动还是隐喻思维活动所要揭示的其他心智活动,如内在象征、类比思维、感知形象等等,都可以看作是脑内神经活动。于是隐喻思维的发生机制、作为喻底意义源泉的神经活动相关物以及隐喻字面意义与喻底意义的共生关系问题,也就可以看作是不同神经活动及其关系的界定问题,从而原则上可以构成脑科学研究的重要课题。

只有这些关系到隐喻思维机制研究最基础的神经机制问题得到解决,哪怕是部分解决,才能从根本上有助于对隐喻思维机制的认识有全新的突破,从而才能全面推动隐喻难题解决的实质进展。

第二个有待于解决方面的开放性问题是关于隐喻哲学问题,或者更进一步说就是面向隐喻认知的意义理论的构建问题,从而可以有效指导一切隐喻

---

① I. Honjo, Language Viewed from the Brain, GER Publisher, 1999.

现象与规律的研究工作，整体推动隐喻研究深度与广度。

语言哲学关心的是语言根本问题，比如语言的起源、语言为何、语言如何能够传情达意、语言交流的可能性等等。其中语言的本质问题和语言的意义理论是语言哲学的两个核心问题。随着认知神经科学的不断成熟，我们越来越了解了人脑活动的机制和规律，于是过去一直争论不休而无法划清的问题，在新的科学事实和规律揭示下就成为容易解决的问题了。建立隐喻哲学的目的就是要从不断丰富的认知神经科学知识和成就的背景下，来重新审视中西方有关隐喻问题的语言哲学研究的内容，以能划清一些含糊不清的问题或问题的提法，从新的起点构建更为合理的隐喻认知的意义理论。

按照语言哲学的学说，不管是中国古代的，还是现代西方的，都强调语言传递思想和情感的作用并以此来界定语言的本质和语言与意义关系讨论。不同的学说在这些问题的讨论中强调观点不同。比如就语言本质问题，有持约定俗成观点的，也有持语言在使用中显现观点的，还有持固定天意观点的等等；而就言意关系问题，则分为言物论（名实论、指称论、指物论），主要讨论语言与事物的关系问题（分为直接关联；间接关联，即通过形象关联）；言情论，主要讨论语言与感情的关系（语言与情志、语言与情感）；言道论，强调文以载道（语言与思想、语言与禅道、语言与理性等）；等等。那么，针对隐喻的意义传达交流问题，到底哪种观点与理论更为合理呢？我们就可以按照认知神经科学的研究成果，来对这些理论与观点进行检验，从而建立自洽的且又能融合这些语言哲学研究成果的隐喻意义理论体系。这便构成了一个隐喻认知的意义理论研究问题，有待于进行系统研究。

很明显，要建立一种有效的隐喻认知意义理论，会引发许多问题值得去讨论和研究，比如包括如下这些基本问题的探讨：

（1）人脑内部神经编码与隐喻表达意义之间的关系问题，也即存在不存在如下关系：

$$隐喻表达意义 \subset 有意识内部意义 \subset 内部意义$$

也就是说，言语心智活动是否一定都是有意识的心智活动或者说言语活动能力的最大限度发挥是否可以看作是有意识心智活动的伴随性心智活动？是否存在无意识的心智活动且不被言语活动关联？是否存在着无意识的言语活动？隐喻语言活动一定是一般言语活动的子集吗？如此等等。

（2）字面意义的神经表达与隐喻意义的神经表达的关系问题，以及相互作用、相互转化的神经机制问题，从字面意义到隐喻意义的转换是否是拓扑对等的？如何理解外部语境信息的参与活动？

（3）不可言说的所谓语言黑洞是否存在？象征性隐喻机制（说如此，听也如此）是否真的能够唤起对语言黑洞的意识？言语心智活动是否也能显现为无意识的心智活动？内部语言及其表达的意义存在不可言说的部分吗？如不可名状的感受、不可言说的禅悟等？内部意义等同于全部可能的心智活动状态吗？

（4）我们第一章中提出的"言为心声"意义理论是合理的吗？能够从认知神经科学的角度给出科学的验证吗？或者说"意识"的"意"与"意义"的"意"是相同的"意"吗？代表着就是"心上音"（可意识到的有意识心智活动部分）吗？如果这样，"言为心声"就是"言意关系"的最好脚注。

（5）建立的意义理论应该能够广泛地解释诸种言意关系学说，或者说能够说明名以指实、言以缘情、文以载道等学说不过都是"言为心声"的不同方面；即事物经感知变为形象与语言的关系、情感与语言的关系、思想与语言的关系；并能够说明禅道（终极本体）的感悟与人脑内部状态的可达性问题。

语言神经活动是神经系统中形成发展起来的一种伴随性神经活动机制，其所伴随的神经活动可以是非语言神经活动，也可以是语言神经活动本身。她们代表的正是具体语言神经活动所表达的"意义"，而隐喻思维机制恰恰在其中起到了核心转绎作用。如果从认知神经科学的成果，果真能够对此进行验证，那么就完全可以用此结论来解释中国古代语言哲学思想的种种学说、论述，以寻求或构建更为完善的语言哲学体系。

第三个开放性的隐喻研究问题就是关于隐喻意义的歧义消解问题。我们知道，自然语言与形式语言的最大差异在于自然语言的歧义性，一旦自然语言能够约简为无歧义性的形式语言，那么机器对自然语言处理就不存在本质的困难。但遗憾的是，任何自然语言都是充满歧义性的，应该说正是有了歧义性，才使得自然语言具有丰富的表现能力、富有弹性和生命力，这一点对于隐喻语言，尤为突出。因此，消除歧义性，也就成为自然语言处理中最为核心的任务。

首先我们来看隐喻歧义现象的普遍性。事实上,一般许多语句都有多种意义,例如"Every woman loves some man"就有两种字面意义:

1) There is some man M such that, for every woman W, W loves M.

2) For every woman W, there is some man M such that W loves M.

有些语句则有多种隐喻意义,有些则字面意义和隐喻意义同时存在。有多种意义的例子如"Her lips are cherries"的意义有三种:

1) 字面上此句为真 iff her lips are cherries

2) 隐喻上此句为真 iff the erotictactile pleasure he experiences in kissing her lips is the same kind of pleasure as the gustatory tactile pleasure he experiences in eating cherries

3) 或另一种隐喻上此句为真 iff the functional role of her lips in the cannibal feast is the same as the functional role of cherries in our cooking: her lips play the role of garnishes in the cannibal culinary arts just as cherries play the role of garnished in our culinary arts.

对于语言歧义现象的必然存在性,法国学者福柯指出:"事实上,符号多少可以是或然的,多少可以脱离自己的所指物;符号不是自然的,就是任意的,而它作为符号的本性和价值却丝毫不受影响——所有这些事实都足够清楚地表明了:符号与其内容的关系并不被物本身中的秩序所确保。符号与其所指物的关系现在存在于这样一个空间中,在其中,不再有任何直接的形式把它们联结在一起:把它们结合在一起的是知识内部的一物的观念与另一物的观念之间建立起来的纽带。"①因此,普特南进一步强调指出:"我将证明,即使我们具有确定一语言中任何语句在任何可能世界中的真值的不管什么性质的制约,个别词项的指称仍然是不确定的。……这意味着,对于一语言的谓词,总是存在着无穷多的不同诠释,它在一切可能世界中把'正确的真值'赋予语句,而不管这些'正确的'真值是怎样选择出来的。"②

---

① [法]M. 福柯,《词与物——人文科学考古学》,上海三联书店,2001,第85页。
② [美]H. 普特南,《理性、真理与历史》,上海译文出版社,1997,第38–40页。

实际上自然语言中有众多普通常见的语词意义都是含糊不确定的。其中首当其冲的就是语义概念本身的含糊不确定性，并导致相邻概念之间语义界限的不明确性。语言概念的含糊性，交流的近似性，都是隐喻产生的基础，也是导致隐喻与字面之间不存在明确界限的根源。从隐喻到字面，实际上是连续性过渡的，只有程度问题，没有清晰的界限问题。因此，概念如果有的话也只能以整体关联的形式存在于一个密不可分的整体中，对任一"概念"的分析都会动一牵百，无法独立进行。比如概念的具体分析，离不开时间和空间的参与，而时空概念本身，又反过来是知觉对象概念基础上的产生。或者这样说，所有我们朦胧感觉到的分别概念，实际上却只能是一个不可分别的浑然整体，因此任何概念分析要么是同义反复、循环论述，要么就是归于悖论——都是不可能进行形式分析的。这些便是语言及隐喻性语言歧义性产生的根源，因此语言的歧义性是不可回避的现象。于是，对于隐喻理解而言，歧义性微妙变化的意义消解也就成为一个重要的研究问题。

我们要说的第四开放性问题则是相似性的形式描述问题。我们知道，相似性是隐喻意义达成的基础。因此，对于隐喻而言，这一问题就成为如何在隐喻的计算理解中给出相似性的形式度量，从而确切决定隐喻意义的相似点。

首先，相似性是隐喻的要素，也是一切事物之间的纽带。从某种意义上讲，语言本性上就是隐喻性的。"没有记号，即没有相似性。相似性世界只能是有符号的世界。……相似性知识建立在对这些记号的记录和辨认上。"[1]因此，相似概念在任何关于字面表述的阐释中都起关键的作用。这是因为任何普遍词项的字面意义，通过确定一组真值条件，也确定了衡量对象之间相似的标准。知道一个普遍词项适用于一组对象，就那个词项详细说明的性质而言，就是知道它们是相似的[2]。可以这么说，"正是通过相似性，表象才能被认识，这就是说，表象与类似的表象相比较，被分析成要素（这些要素是它与其他表象所共有的），并与那些会显出部分同一性但最终被列入有序图表的表象相

---

[1] [法]M. 福柯，《词与物——人文科学考古学》，上海三联书店，2001，第36页。
[2] [美]A. P. 马蒂尼奇《语言哲学》，商务印书馆，1998，第808页。

结合。"①

当然,在隐喻话语中,发现并定量分析相似性是困难的,因为"在这一有限和相对的位置中,相似性位于想象一方,或者更为精确地说,只有求助于想象,相似性才能得到体现,反过来,想象也只有依靠相似性,才能得到实施"②。一方面,体现相似性的想象思维是很难给出形式度量方法的;另一方面这种想象与相似性的相互依赖性,不仅给计算化描述带来了根本性的困难,就是非计算性的认识,也存在着莫大的困难。"在知识的外部边缘,相似性就是那个几乎未被勾画出的形式,是认识必须在最大范围内加以涵盖的基础关系,但是,相似性又以沉默和不能消去的必然性方式,继续无止境地存在于认识的下面。"③于是,相似性的形式描述问题构成了一个真正的开放性问题。

最后一个开放性问题就是语境信息的有效利用问题。在隐喻理解中,无论是歧义消解还是相似点的选择,都离不开语境信息的作用机制,因此如何有效利用语境信息来获取隐喻意义,自然就成为隐喻计算理解的关键问题之一。

在语言理解过程中,语境信息不仅仅是指话语的上下文,还包括主体背景知识、话语情景信息等诸多方面。我国学者李幼蒸在论述话语意义的整体性获得时指出:"话语的意义性不只存于局部的直接句层,而且也存于整体层次。……在话语语义学分析中,言语使用者的综合作用十分重要。这就是运用各种文本的、情境的和认知的信息,并将它们纳入整体之中。……因此在局部的和整体的一致性的建立中仍需要其它知识,也就是需要更具动力性的和创造性的话语构造能力。这样,话语并非简单地'具有'意义,而是由语言使用者在某种相互作用和环境中根据前述认知过程'赋予'其意义。"④

意义与语境,也可以看作是语境与语意所处语境之间相互交融的结果,并且如果语境包括言语环境和社会文化背景,那么这样的意义与语境也就含有主客观相互交融的意思在内了。但更一般地意义与语境可以看作是多层次、跨尺度相互作用的整个方面,小到字境、词境,大到物境、文化背景、社会环境,

---

① [法]M. 福柯,《词与物——人文科学考古学》,上海三联书店,2001,第 92 页。
② [法]M. 福柯,《词与物——人文科学考古学》,上海三联书店,2001,第 92 页。
③ [法]M. 福柯,《词与物——人文科学考古学》,上海三联书店,2001,第 91 页。
④ 李幼蒸,《理论符号学导论》,中国社会科学出版社,1993,第 372 – 377 页。

都可以在语言运用中体现。因此,具体话语意义的产生,主要是由语境的选择压确定的。此时往往具有某种非线性的混沌效应包含其中,即微小的语境变化差异,往往会导致完全不同的意义结果。这里,微小差异主要应该指主观心理上感知到的差异,而不单单是客观度量上的差异。当然,从某种意义上讲,一切判断都必然是主观性的、个体性的,伴随着过去全部历史的痕迹,即所谓的时空束系问题。

于是,要解决语境信息的利用问题,不可避免地会涉及意群动力学的思想与方法。这种方法的思想核心是,与其说意义空间是以分离的符号形式来表述的,倒不如说是以某种认知动力学机制作用下的相空间吸引子(及发散点)分布形式来表现的(多维相空间)。知识域对应动力学系统的相空间吸引域,而喻底吸引子就是相似点。隐喻语言偏离中的"不规则"也是受动力学"势函数"支配的结果,问题在于习惯和规范之间相互作用的时间演化的错综复杂的结果。经济原则起着重要的作用,丰富性、多样性和规则性都是这种非线性相互作用的结果。这样,就可以采用以下具体的构想:(1)相似点是动态创建的;(2)强调隐喻意义的过滤作用;(3)两个概念的意义系统同时在大脑动力系统中激活,发生相互作用;(4)概念的词义相空间分布场表达词义的多样性;(5)两个词义场之间的动态叠加;(6)整体相互作用的动力学过程(协迫耦合系统)的吸引子即为隐喻意义的结果。

这样一来,就有众多问题应运而生,比如意义的分布分析,可不可以借助于动力学相空间的理论来进行? 这是一个有趣的课题,具体包括的问题有:①决定相空间的语义动力学是什么? ②如何描述相空间流形的势函数? ③语义运用中的活动轨迹又有什么实际意义? ④如何看待结构稳定性和结构不稳定性问题? ⑤吸引子或吸引域又当如何看待? ⑥歧义现象对应的突变点集的分类问题? ⑦语义表述或理解可能出现混沌现象吗? 所有这些,都是必须考虑的问题。

隐喻思维不仅是解决语言认知问题的钥匙,也是深刻理解人类思维本性的关键,如果能够切实解决上述五个方面的开放性问题,并建立起一种隐喻认知的形式化理论,那就能够以此理论为核心构建语言认知的计算化描述体系。

参考文献

（以下中文文献按作者汉语姓名拼音字母排序）

[1] [瑞士]H. 奥特:《不可言说的言说》,林克、赵勇译,北京:生活·读书·新知三联书店,1994。

[2] [意]U. 埃科:《符号学与语言哲学》,王天清译,天津:百花文艺出版社,2006。

[3] 蔡仲德:《中国音乐美学史》,北京:人民音乐出版社,1995。

[4] [宋]陈骙:《文则》,北京:人民文学出版社,1998。

[5] [宋]陈骙:《文则注译》,刘产成注译,北京:书目文献出版社,1998。

[6] 陈望道:《修辞学发凡》,上海:上海教育出版社,2001。

[7] 成伟钧、唐仲扬、向宏业:《修辞通鉴》,北京:中国青年出版社,1991。

[8] [英]M. 达米特:《形而上学的逻辑基础》,任晓明、李国山译,北京:中国人民大学出版社,2006。

[9] 戴帅湘、周昌乐等:《隐喻计算模型及其在隐喻分类上的应用》,《计算机科学》,第5期,2005。

[10] [日]渡边护:《音乐美的构成》,张前译,北京:人民音乐出版社,1996。

[11] 桂诗春:《实验心理语言学纲要》,长沙:湖南教育出版社,1991。

[12] 冯广艺:《汉语比喻研究史》,武汉:湖北教育出版社,2001。

[13] [法]M. 福柯:《词与物——人文科学考古学》,莫伟民译,上海:上海三联书店,2001。

[14] [法]A. 格雷马斯:《结构语义学》,蒋梓骅译,天津:百花文艺出版社,2001。

[15] [春秋]公孙龙:《公孙龙子》,上海:上海古籍出版社,1990。

[16] 韩玉民:《比喻的审美层次》,《修辞学习》,第4期,1991。

[17] [清]何文焕:《历代诗话》,北京:中华书局,1981。

[18] [美]D. 侯世达:《哥德尔、艾舍尔、巴赫——集异璧之大成》,郭维德等译,北京:商务印书馆,1997。

[19] 胡经之:《中国美学史资料选编》,北京:中华书局,1988。

[20] 黄孝喜、周昌乐:《隐喻理解的计算模型综述》,《计算机科学》,第8期,2006。

[21] 金元浦:《文学解释学》,沈阳:东北师范大学出版社,1997。

[22] [美]W. 蒯因:《从逻辑的观点看》,江天骥等译,上海:上海译文出版社,1987。

[23] 蓝吉富主编:《禅宗全书》,台北:文殊出版社,1988。

[24] 李剑锋、杨芸、周昌乐:《面向隐喻计算的语料库建设》,《心智与计算》,第1期,2007。

[25] 李剑锋、杨芸、周昌乐:《面向汉语隐喻信息处理的句法依存模式匹配算法》,《厦门大学学报》(自然科学版),第4期,2008。

[26] [法]P. 利科:《活的隐喻》,汪堂家译,上海:上海译文出版社,2004。

[27] [法]P. 利科:《哲学主要趋向》,李幼蒸、徐奕春译,北京:商务印书馆,1988。

[28] [法]P. 利科:《解释学与人文科学》,陶远华等译,石家庄:河北人民出版社,1987。

[29] 李运益主编:《汉语隐喻辞典》,成都:四川辞书出版社,1992。

[30] 李幼蒸:《理论符号学导论》,北京:社会科学文献出版社,1993。

[31] [南北朝]刘昼:《刘子集校》,林其锬、陈凤金集校,上海:上海古籍出版社,1985。

[32] 刘群、李素建:《基于知网的词汇语义相似度计算》,《第三届中文词

汇语义学研讨会论文集》,中国台北,2002年5月,http://www.keenage.com/html/paper.html.

[33] 刘文典:《淮南鸿烈》,冯逸、乔华点校,北京:中华书局,1989。

[34] 刘挺、马金山等:《基于词汇支配度的汉语依存分析模型》,《软件学报》,第9期,2006。

[35] [南朝]刘勰:《文心雕龙》,北京:中华书局,1986。

[36] [汉]刘向:《说苑》,上海:上海古籍出版社,1990。

[37] [唐]刘知几:《史通通释》,上海:上海古籍出版社,1978。

[38] [英]L. 罗宾斯:《普通语言学概论》,李振麟、胡伟民译,上海:上海译文出版社,1986。

[39] [战国]吕不韦:《吕氏春秋》,上海:上海古籍出版社,1989。

[40] [美]A. 马蒂尼奇:《语言哲学》,牟博等译,北京:商务印书馆,1998。

[41] [英]J. 麦奎利:《谈论上帝——神学的语言与逻辑之考察》,安庆国译,成都:四川人民出版社,1997。

[42] 梅家驹:《同义词词林》,上海:上海辞书出版社,1983。

[43] [德]F. 尼采:《古修辞学描述》,屠友祥译,上海:上海人民出版社,2001。

[44] [德]H. 尼曼:《模式分类》,周冠雄、李梅译,北京:科学出版社,1988。

[45] 钱钟书:《钱钟书论学文选》,广州:花城出版社,1990。

[46] [美]H. 普特南:《理性、真理与历史》,童世骏、李光程译,上海:上海译文出版社,1997。

[47] [美]G. 桑塔耶纳:《美感》,缪灵珠译,北京:社会科学文献出版社,1982。

[48] 沈剑英:《因明学研究》,北京:东方出版中心,1985。

[49] [美]X. 斯特伦:《人与神——宗教生活的理解》,金泽、何其敏译,上海:上海人民出版社,1991。

[50] 苏畅、周昌乐:《隐喻逻辑研究进展》,《计算机科学》,第8期,2007。

[51] 苏畅、周昌乐:《一种基于合作机制的汉语名词性隐喻理解方法》,

《计算机应用研究》,第9期,2007。

[52][清]孙诒让:《墨子闲诂》,孙以楷点校,北京:中华书局,1986。

[53][美]R. 索尔索:《认知心理学》,黄希庭、李文权、张庆林译,北京:教育科学出版社,1990。

[54]唐松波、黄建霖:《汉语修辞格大辞典》,北京:中国国际广播出版社,1989。

[55][晋]陶弘景:《鬼谷子》,上海:上海古籍出版社,1990。

[56][汉]王充:《论衡》,上海:上海古籍出版社,1990。

[57][汉]王符:《潜夫论笺校正》,北京:中华书局,1985。

[58][清]王先谦:《荀子集解》,沈啸寰、王星贤点校,北京:中华书局,1988。

[59][明]王守仁:《王阳明全集》,北京:红旗出版社,1982。

[60]王雪梅、周昌乐:《从隐喻认知的角度来看汉语比喻分类问题》,《和田师范专科学校学报》(汉文综合版),第2期,2005。

[61]汪荣宝:《法言义疏》,陈仲夫点校,北京:中华书局,1987。

[62][意]G. 维柯:《新科学》,朱光潜译,北京:商务印书馆,1989。

[63]夏征农:《辞海》,上海:上海辞书出版社,1979。

[64][汉]许慎:《说文解字》,北京:中华书局,1963。

[65][宋]叶适:《习学记言序目》,北京:中华书局,1977。

[66][古希腊]亚里士多德:《修辞学》,罗念生译,北京:生活·读书·新知三联书店,1991。

[67][英]W. 燕卜荪:《朦胧的七种类型》,杭州:中国美术学院出版社,1996。

[68]杨芸、周昌乐等:《基于理解的汉语隐喻分类研究初步》,《中文信息学报》,第3期,2004。

[69]杨芸、周昌乐:《汉语隐喻的语言形式特征及其对隐喻机器理解研究的影响》,《心智与计算》,第4期,2007。

[70]杨芸、周昌乐、李剑锋:《基于隐喻角色依存模式的汉语隐喻计算分类

体系》,《语言文字应用》,第 3 期,2008。

[71]杨芸、李剑锋、周昌乐:《隐喻识别心理过程的无差别性及其意义》,《心理科学》,第 5 期,2008。

[72]杨芸、周昌乐、李剑锋、黄孝喜:基于实例的汉语语义超常搭配的自动发现,《计算机科学》,第 9 期,2008。

[73][法]F. 于连:《迂回与进入》,杜小真译,北京:生活·读书·新知三联书店,1998。

[74]游维,周昌乐:《基于统计的汉语隐喻生成模型及其系统实现》,《心智与计算》,第 1 期,2007。

[75]曾华琳、周昌乐、陈毅东、史晓东:《基于特征自动选择方法的汉语隐喻计算》,《厦门大学学报》(自然科学版),第 3 期,2016。

[76]张威、周昌乐:《汉语隐喻理解的逻辑描述初探》,《中文信息学报》,第 5 期,2004。

[77][梁]钟嵘:《诗品注》,陈延杰注,北京:人民文学出版社,1961。

[78]周昌乐:《探索汉语隐喻计算化研究之路》,《浙江大学学报》(人文社会科学版),第 5 期,2007。

[79]周昌乐、丁晓君:《汉语机器理解的困境与对策:一种意群动力学的观点》,《现代汉语》,第 2 期,2000。

[80]周昌乐、唐孝威:《对语言神经机制的新认识》,《心理科学》,第 4 期,2001。

[81]周昌乐:《关于构建新的汉语比喻分类体系的思考:一种认知计算的观点》,《外国语言文学研究》,第 3 期,2005。

[82]周昌乐:《隐喻、类比逻辑与可能世界》,《外国语言文学研究》,第 2 期,2004。

[83]周昌乐:《作为认知手段的隐喻及其涉身性分析》,《心智与计算》,第 3 期,2008。

[84]周昌乐:《认知逻辑导论》,北京:清华大学出版社,2001。

[85]周昌乐、杨芸、李剑锋:《汉语隐喻识别与解释计算系统》,计算机软件

著作,证书登记号:2008SR18228,2008。

[86]周昌乐:《无心的机器》,长沙:湖南科学技术出版社,2000。

[87]周昌乐:《禅悟的实证》,北京:东方出版社,2006。

[88]周昌乐:《逻辑悖论的语义动力学分析及其意义》,《北京大学学报》(哲学社会科学),第1期,2008。

[89]周昌乐:《脑与行为的自组织》,《科学中国人》,第10期,1998。

[90]周昌乐:《计算语言学及其应用技术》,《今日科技》,第12期,1996年。

[91]周昌乐:《知识体系及其语言理解》,《计算机工程与设计》,第5期,1986。

[92]周昌乐:《心脑计算举要》,北京:清华大学出版社,2003。

[93]周振甫:《文心雕龙选译》,北京:中华书局,1980。

[94][宋]朱熹:《周易本义》,上海:上海古籍出版社,1987。

[95][宋]朱熹:《四书章句集注》,北京:中华书局,1983。

[96][宋]朱熹:《朱子七经类语》,上海:上海古籍出版社,1992。

[97][战国]庄周:《庄子集解》,郭庆藩辑,北京:中华书局,1981。

[98][捷]L. 兹古斯塔:《词典学概论》,北京:商务印书馆,1983。

(以下外文文献按作者名字母排序)

[1] AhrensnK. : When Love is not Digested – Underlying Reasons for Source to Target Domain Pairing in the Contemporary Theory of Metaphor, Proceedings of the First Cognitive Linguistics Conference, Taipei, 2002.

[2] Anderson M. L. : Embodied Cognition – A Field Guide, Artificial Intelligence 149, 2003:91 – 130.

[3] Blooks R. : Cambrian Intelligence – The Early History of the New AI, Cambridge:MIT Press,1999.

[4] Bonnaud V. , R. Gil, P. Ingrand: Metaphorical and Mon – metaphorical Links – a Behavioral and ERP Study in Young and Elderly Adults, Clinical Neuro-

physiology, 32,2002:258 - 268.

[5] Burgess C., C. Chiarello: Neurocognitive Mechanisms Underlying Metaphor Comprehension and Other Figurative Language. Metaphor and Symbolic Activity, II(1), 1996: 67 - 84.

[6] Clark A.: Being There - Putting Brain, Body, and World Together Again, The MIT Press, 1998.

[7] Corcho O., Mariano Fernández - López, A. Gómez - Pérez and O. Vicente: WebODE - An Integrated Workbench for Ontology Representation, Reasoning, and Exchange, Lecture Notes in Computer Science, Vol. 2473, 2002: 295 - 310.

[8] Daly J. J., F. Marie - Claire, et al.: World Wide Web Consortium Issues RDF and OWL Recommendations, 2004, http://www.w3.org/2004/01/sws - pressrelease.html.en.

[9] Diao R., Chao F., Peng T., et al.: Feature Selection Inspired Classifier Ensemble Reduction, IEEE Transactions on Cybernetics, 2014(44): 1259 - 1268.

[10] Dong Z. D. and Q. Dong: HowNet and the Computation of Meaning, Singapore: World Scientific Publishing Co. Pte. Ltd, 2006.

[11] Fauconnier G., M. Turner: Conceptual Integration Networks, Cognitive Science 22(2), 1998: 133 - 187.

[12] Fauconnier G., M. Turner: The Way We Think - Conceptual Blending and The Mind's Hidden Complexities, Basic Books, 2002.

[13] Feldman J.: From Molecule to Metaphor - A Neural Theory of Language, The MIT Press, Cambridge, Massachusetts, 2006.

[14] Feldman J. and S. Narayanan: Embodied Meaning in a Neural Theory of Language, Brain and Language, 89(2), 2004:385 - 392.

[15] Geem Z. W., Kim J. H. and Loganathan G. V.: A New Heuristic Optimization Algorithm: Harmony Search, Simulation, 2001(76):61 - 68.

[16] Gentner D.: Structure - Mapping - A Theoretical Framework for Analogy,

Cognitive Science(7), 1983:155 - 170.

[17] Gibbs Jr. R. W., P. L. C. Lima and E. Francozo: Metaphor is Grounded in Embodied Experience, Journal of Pragmatics, 36(7), 2004:1189 - 1210.

[18] Gibbs Jr. R. W.: Embodied Experience and linguistic Meaning, Brain and Language, 84(1), 2003:1 - 15.

[19] Gibbs Jr. R. W.: Evaluating Contemporary Models of Figurative Language Understanding, Metaphor and Symbol, 16(3&4):2001:317 - 333.

[20] Gineste M. D., V. Scart - Lhomme: Comment Comprenons - nous les Métaphores? L'Année psychologique, 99, 1999:447 - 92.

[21] Glucksberg S., P. Gildea, H. A. Bookin: On Understanding Speech - Can People Ignore Metaphors? Journal of Verbal Learning and Verbal Behavior, 21, 1982:85 - 98.

[22] Glucksberg S.: The Psycholinguistics of Metaphor, Trends in Cognitive Sciences, 7(2), 2003:92 - 96.

[23] Goatly A.: The Language of Metaphor, Rout ledge, London /New York, 1997.

[24] Grady J., T. Oakley, et al.: Blending and Metaphor, Metaphor in Cognitive Linguistics, RaymondGerard, Amsterdam, John Benjamins Publishing Company, 1997:101 - 124.

[25] Gruber T.: A Translation Approach to Portable Ontology Specification, Knowledge Acquisition, 1993, 5:199 - 220.

[26] Herbert C. H., P. Lucy: Understanding What is Meant from What is Said - A Study in Conversationally Conveyed Requests, Journal of Verbal Learning and Verbal Behavior 14, 1975:56 - 72.

[27] Honjo I.: Language Viewed from the Brain, GER Publisher, 1999.

[28] Huang X. X., Y. Yang and C. L. Zhou: Emotional Metaphors for Emotion Recognition in Chinese Text, Proceedings of First International Conference Affective Computing and Intelligent Interaction, Lecture Notes in Computer Science,

Vol. 3784, 2005: 319-325.

[29] Huang X. X., C. L. Zhou: A logical Approach for Metaphor Understanding, Proceedings of 2005 IEEE International Conference on Natural Language Processing and Knowledge Engineering, Oct. 30 - Nov. 1, Wuhan, China, 2005: 268-271.

[30] Huang X. X., C. L. Zhou: An OWL - based WordNet lexical ontology, Journal of Zhejiang University SCIENCE A, 8(6), 2007: 864-870.

[31] Hubbell J. A., M. W. O'Boyle: The Effect of Metaphorical and Literal Comprehension Processes on Lexical Decision Latency of Sentence Components. Journal of Psycholinguistic Research, 24, 1995: 269-287.

[32] Kim J. H., Geem Z. W. and Kim E. S.: Parameter Estimation of the Nonlinear Muskingum Model Using Harmony Search, Journal of the American Water Resources Association, 2001, 37(5): 1131-1138.

[33] Lakoff G., M. Johnson: Metaphors We Live By, Chicago: The University of Chicago Press, 1980.

[34] Lakoff G., M. Johnson: Philosophy in the Flesh - The Embodied Mind and Its Challenge to Western Thought, New York: Basic Books, 1999.

[35] Li J. F., Y. Yang and C. L. Zhou: An Embedded Tree Matching Algorithm on Metaphorical Dependency Semantic Structure Extraction, In Proceedings of 2007 International Conference on Convergence Information Technology, IEEE Computer Society, 2007: 607-611.

[36] Magnani L. (eds): Logical and Computational Aspects of Model_based Reasoning, Kluwer Academic Dordrecht, 2002.

[37] Martin J. H.: A Computational Model of Metaphor Interpretation, Boston: Academic Press, 1990.

[38] Mason Z.: CorMet - A Computational, Corpus - Based Conventional Metaphor Extraction System, Computational Linguistics, 30(1), 2004: 23-44.

[39] Maedche A., Er. Maedche, R. Volz: The Ontology Extraction Mainte-

nance Framework Text – To – Onto, Proceedings of the ICDM'01 Workshop on Integrating Data Mining and Knowledge Management, San Jose, California, USA.

［40］Ogden R. , S. Hawkins, J. House, M. Huckvale, J. Local, P. Carter, J. Dankoviová and S. Heid:ProSynth – An Integrated Prosodic Approach to Device – independent, Natural – sounding Speech Synthesis, Computer Speech & Language,14(3),2000: 177 – 210.

［41］Ortony A. : Metaphor and Thought, Cambridge: Cambridge University Press, 2nd ed. ,1993.

［42］Radman Z. :Metaphors – Figures of the Mind, Kluwer Academic Publisher,1997.

［43］Richards I. A. : The Philosophy of Rhetoric, Oxford University Press,1936.

［44］Robinson J. J. :Dependency Structures and Transformational Rules, Language,46(2),1970:259 – 285.

［45］Rodríguez A. M. , M. J. Egenhofer:Determining Semantic Similarity Among Entity Classes from Different Ontologies, IEEE Transactions on Knowledge and Data Engineering,15(2),2003: 442 – 456.

［46］Steinhart E. C. : The Logic of Metaphor: Analogous Parts of Possible Worlds, Kluwer Academic Publishers,2001.

［47］Su C. , C. L. Zhou:Constraints for Automated Generating Chinese Metaphors, Proceedings of Third International Conference on Information Technology and Applications, Vol 1, 2005: 367 – 370, Sydney, Australia.

［48］Su C. , C. L. Zhou:Cognitive Dependency Logic, In Proceedings of 2008 International Conference on Intelligent Systems & Knowledge Engineering, Nov. ,17 – 19, Xiamen, China,2008:82 – 84.

［49］Su C. , C. L. Zhou, Y. J. Chen:Cognitive Similarity Logic and its Application in the Comprehension of Metaphor, Journal of Computational Information Systems, 3(2), May, 2007:705 – 708.

[50] Terai A., M. Nakagawa: A Neural Network Model of Metaphor Understanding with Dynamic Interaction Based on a Statistical Language Analysis, Artificial Neural Networks – ICANN 2006, Lecture Notes in Computer Science, Vol. 4131,2006:495 – 504.

[51] Tesnière L.: Eléments de Syntaxe Structurale, Paris, klincksieck, 1959.

[52] Thelen E., G. Schoner, C. Scheier, B. Smith L: The Dynamics of Embodiment – A Field Theory of Infant Perservative Reaching, Behavioral and Brain Sciences, 24,2001:1 – 86.

[53] Tversky, A.: Features of Similarity, Psychological Review 84(4),1977: 327 – 352.

[54] Yang Y., C. L. Zhou, W. Zhang: A Logic Description of Metaphor Analysis, The Second International Conference of Philosophy and Cognitive Science, Guangzhou, China, July 3 – 5, 2006.

[55] Yang Y., C. L. Zhou, X. J. Ding, J. W. Chen and X. D. Shi: Metaphor Recognition: CHMETA, A Pattern – based System, Computational Intelligence, 25 (4): 265 – 301,2009.

[56] Zeng H. L., Lin X. M., Zhou C. L., Chao F., Towards Chinese Metaphor Comprehension Based on Attribute Statistic Analysis. Proceedings of 16th UK Workshop on Computational Intelligence, Lancaster University, Lancaster, England, SEP 07 – 09, 2016. Advances in Intelligent Systems and Computing, vol. 513, pp. 207 – 217, 2017.

[57] Zhou C. L., Y. Yang, X. X. Huang: Computational Mechanisms for Metaphor in Languages: A Survey, Journal of Computer Science and Technology, 22 (2),2007.

后 记

我们发现在未知领域有个奇特的脚印,为了解释脚印的起源,我们提出了一个又一个深奥的理论。最后,我们终于成功地重建了能够留下这种脚印的生物。天哪! 原来他就是我们自己。

[英]Arthur S. Eddington①

人类的语言系统是十分复杂的,所以学者们往往从不同的侧面来进行深入研究,比如可以从词语、语句、篇章等不同尺度开展语言研究,也可以从语形、语义、语用等不同层次开展语言研究,还可以从社会、文化、心理等不同视角开展语言研究,如此等等。但无论如何,语言研究的核心是意义问题,这一点是不会改变的。而根据我们第一章的论述,语言意义达成的核心机制,则是人类隐喻认知思维机制。因此,从这个意义上讲,隐喻认知机制的计算描述与实现,必然也是计算语言学研究的核心问题,其所对应的隐喻语言处理技术也必将成为目前自然语言处理技术走出困境的一条最为重要的途径。正是在这个意义上,本书所开展的研究内容无疑具有十分重要的学术意义。

或许读者会问,在自然语言处理研究中有那么多的问题有待于去研究解

---

① 原文为:"We have found a strange footprint on the shores of the unknown. We have devised profound theories, one after another, to account for its origin. At last, we have succeeded in reconstructing the creature that made the footprint. And lo! It is our own. ",引自[美] Zdravko Radman, Metaphors: Figures of the Mind, Kluwer Academic Publisher,1997:59 (章首语)。

决,作者为什么偏偏要选择隐喻问题作为研究的核心呢?其实,在我的学术研究生涯中,语言一直是所关注的中心问题之一,从时间上看,我第一篇正式发表的学术论文,就是关于语言的①。我的恩师马希文教授是中国开展计算语言学研究的先驱之一(今天正好是恩师诞生70周年纪念日),因此受恩师的影响,博士毕业后,就一直没有间断过计算语言学的研究工作。起初我也是按照常规的想法,主要是针对汉语开展一般性自然语言处理方面的研究,研究成果主要总结在《心脑计算举要》第二章"语言理解"之中②。但后来随着研究的深入,渐渐认识到隐喻在语言研究中的重要地位,自2000年起开始指导我第一个博士生张威,在国内率先开展汉语隐喻计算方面的研究工作,迄今已有九个年头了。目前呈现在读者眼前的这部著作就是这九年来研究工作的总结。

正像书中指出的那样,隐喻不但是一个非常重要的语言研究话题,而且也是一个非常棘手的语言研究话题,尤其是要实现隐喻意义的计算释义,更是如此。必须清醒地看到,就目前的计算理论、方法与技术而言,完全要实现隐喻的机器理解是不可能的,也是不现实的。或许读者又会问,既然这样,为何还要花费这么多的时间和精力去研究隐喻的机器理解问题呢?要回答这样的问题,涉及科学研究前瞻性与带动性这两个体现开展科学研究驱动力的重要方面。

首先是科学研究工作必须具有前瞻性,这种前瞻需要科学家有一般常人所不具备的超前意识,历史上许多重大的科学成果,往往都远远超出了当时人们的理解水平,却对后来的科学发展带来了重大贡献,有的甚至是关键性的贡献。因此一项科学研究课题的意义,不能仅仅根据当时人们的认识水平以及技术条件来衡量和规定。比如像哥白尼的日心说、孟德尔的遗传律,以及图灵的化学钟等等,都是最好的例证。

科学研究驱动力的第二个方面就是科学研究的带动性。我始终认为,某项科学研究工作,尽管所遭遇的难题就当时的情景而言是难以解决或实现的,

---

① 周昌乐,《知识体系及其语言理解》,《计算机工程与设计》,1986年第5期。
② 周昌乐,《心脑计算举要》(第二章 语言理解),清华大学出版社,2003。

但不等于说这样的研究工作就真的毫无收获,只要问题本质是重要的、甚至是核心的,那么哪怕不能够实现原初的目标,起码对于澄清研究对象的本性有十分重要的促进作用。特别是通过研究所获得的理论、方法与技术等"副产品"同样可以推动其他学科的发展进程。比如,在计算机科学与技术的发展中,有多少不是得益于人工智能研究的结果,尽管人工智能迄今为止并没有实现其自身原初的目标。我想,同样可以从这种科学研究的带动性角度,来看待有关隐喻的计算化研究,是有着十分重要意义的。

对于隐喻的计算化研究,为了不引起人文学科学者们的争议,还有一点需要说明的就是,对于像隐喻这样复杂的研究问题应该提倡从多学科交叉的角度去开展研究,没有必要担心自然科学研究不断"侵入"人文学科研究领域这样的问题。应该清醒地看到,对于这样的"侵入",尤其说是"威胁"了人文学科的阵地,倒不如说是纯洁了人文学科的研究界限,使得人文学科更加明确其所要揭示的研究对象正是自然科学研究力所不及的方面。这正像科学使艺术更为净化一样,自然科学也使人文学科更为净化了,而不是取代,哪怕是部分取代也不是。要知道,自然科学研究的原则要求一致性,这就限制了其领域的广度和深度,必然使自然科学的研究圈子大为局限;而人文学科追求的则是完善性(完美性),恰恰是弥补了自然科学研究不能容纳矛盾和冲突的不足。因此人文与科学,是研究问题互补性的两个方面,尤其是对于像隐喻这样复杂问题的探索研究,两者都不可偏废。

就本书所开展的研究工作,也当如此看待。也就是说,我们对于汉语隐喻的机器理解方面的研究,一方面固然有人工智能研究工作的需要,使得机器具备尽可能复杂的语言理解能力,发展机器思维的新方法;另一方面也是希望从计算的角度来考察隐喻思维机器实现的难度,使得人文学科更加清楚对于隐喻研究应该持有的研究角度和研究范围。从而更加明确地认识到隐喻研究的有些方面,依靠计算的方法,甚至自然科学的方法,是不可能解决的。但愿这部著作也能够达到我们这样的初衷。

最后,对于研究工作取得初步的成果,我首先要感谢浙江大学和厦门大学先后为我的研究工作所提供的研究条件,特别是感谢浙江大学同意聘任我为浙江大学语言与认知研究中心的兼职教授、博士生导师,使得我有机会与人文学科的学者们开展深入合作与交流;感谢该中心主任黄华新教授为我提供科研活动经费和工作条件,本书的研究成果也同时归属于该研究中心。此外,对在汉语隐喻计算方面开展研究工作的、我历届培养的博士生张威、黄孝喜(以上浙江大学计算机应用技术专业)、张峰辉、宋潇潇、周红辉、王倩(以上浙江大学语言学与应用语言学专业)、杨芸、苏畅、郑旭玲、曾华琳、练睿婷(以上厦门大学人工智能基础专业)和硕士生戴帅湘、李剑锋、王金锦(以上厦门大学计算机应用技术专业)、王雪梅(厦门大学语言学与应用语言学专业)等所从事具体与汉语隐喻研究相关的科研工作表示感谢,本书的最终形成与他们的辛勤劳动是分不开的。

作者识于厦门大学海韵园
2009 年 5 月 23 日定稿